高校社科文库
University Social Science Series

教育部高等学校
社会科学发展研究中心

汇集高校哲学社会科学优秀原创学术成果
搭建高校哲学社会科学学术著作出版平台
探索高校哲学社会科学专著出版的新模式
扩大高校哲学社会科学科研成果的影响力

伦理关系论
On Ethical Relation

朱海林/著

光明日报出版社

图书在版编目（CIP）数据

伦理关系论 / 朱海林著 . -- 北京：光明日报出版社，2011.4（2024.6 重印）
（高校社科文库）
ISBN 978 - 7 - 5112 - 1039 - 5

Ⅰ . ①伦… Ⅱ . ①朱… Ⅲ . ①伦理学—研究 Ⅳ . ①B82

中国版本图书馆 CIP 数据核字（2011）第 043053 号

伦理关系论

LUNLI GUANXILUN

著　　者：朱海林

责任编辑：刘书永　宋　悦　　　　责任校对：丁博杰　李剑楠
封面设计：小宝工作室　　　　　　责任印制：曹　净

出版发行：光明日报出版社
地　　址：北京市西城区永安路 106 号，100050
电　　话：010-63169890（咨询），010-63131930（邮购）
传　　真：010-63131930
网　　址：http：// book. gmw. cn
E － mail：gmrbcbs@ gmw. cn
法律顾问：北京市兰台律师事务所龚柳方律师

印　　刷：三河市华东印刷有限公司
装　　订：三河市华东印刷有限公司
本书如有破损、缺页、装订错误，请与本社联系调换，电话：010-63131930

开　　本：165mm×230mm
字　　数：270 千字　　　　　　　印　　张：15
版　　次：2011 年 4 月第 1 版　　　印　　次：2024 年 6 月第 2 次印刷
书　　号：ISBN 978 - 7 - 5112 - 1039 - 5 - 01
定　　价：68. 00 元

序 一

在当代我国学术界，对伦理关系和伦理秩序进行系统地理论研究，基本上还处于起始阶段，没有出现成熟的专著。《伦理关系论》一书的出版可以说是弥补其缺，具有重要意义，值得祝贺。

该书作者朱海林同志曾在中国人民大学哲学院攻读博士学位三年，他的博士论文对伦理学难题"伦理关系"作了深入、系统的研究和出色的阐释，获得校内外评议专家的一致好评。我主持过他的博士论文答辩，在多次交谈和评阅论文过程中，了解到他的专业功底比较扎实，研究态度认真，理论思维严谨，很是欣赏。近几年，他的相关研究成果不断出现在一些重要的学术刊物上，在博士论文基础上修改完善的书稿得到有关方面的资助出版，这是一件很有意义的事。作者约我写篇序言，我义不容辞。

说起伦理关系，确实有很多话要说。在伦理思想史上，对伦理关系的存在肯定者不少，但真正从理论上系统阐明者不多。中国传统伦理思想的一个重要特点，是重视经验的伦理关系，一般称作"人伦"，不仅重视人与人的伦理关系，而且也把人与天、人与物的关系，都纳入统一的"宇宙大化"的秩序之中，并视之为"天秩"。在这样的观念中，伦理就意味着天、地、人统一的天道秩序，其理在"天道"，伦理关系不过是"天道"的显现和作用。这种视野无疑是广阔的、富有智慧的，但同时又是极为局限和朴素的。因为从总体看来，这种观念多限于对现象的经验性观察和朴素的哲学构想，而缺乏系统、深入的理论思辨和逻辑论证；有时又陷入对天道、天秩的近乎神秘的推测，而缺乏对自然、社会和历史的科学分析。当然，从积极方面去看"天人合一"、"宇宙大化"的秩序，倒是可以开启宏观探求伦理关系和秩序的奥秘。现代社会的伦理关系和秩序比起古代和近代都更加复杂了，但如能充实现代意义，仁、义、礼、智、信，这些伦理的范畴和道德规范，仍然可以作为调治人伦的常规，正是所谓"天道调四时，人道治五常"。

在理论的阐释中，我这里对"道德"和"伦理"两个概念是在既有联系又有区分的意义上使用的。简单地说，伦理被看做人与人之间合理的经由因缘和人为治理的关系，道德被看做伦理秩序应有的调节规范和人之德操。道德作为人的活动的社会存在方式，一方面塑造着个体的德性或德操，另一方面又形成着群体的道德风尚。那些被社会所确定并推广的道德观念、规范的总和，构成所谓社会道德的意识形态。由此可见，伦理意味着客观的关系，也意味着关系之"理"。这关系之"理"，也就是关系之"道"。"理"和"道"都是精神的东西，若要指导人生行为还必须构成礼，礼再成为规，成为仪，由此而塑造个人的德操和群体的风尚。德是普遍性的道体现于具有个性的个人操守和群体风尚。按照道家《化书》的思辨，道不但是自在的，而且是变化的，所谓"道在天地间不可见，可见者化而已；化在天地间不可见，可见者形而已"。道——化——形，这个简单的公式体现着道与德的历史和逻辑的统一；张载说，"仁以敦化而深，化行则显"。这个精辟的论断体现着主体行为由内而外、由隐而显的过程。"化"的本义是变化，是道与德转化的中介。这也是道之由虚而实，由隐而显，由体而用，由变而常，由道而成德的过程。从道德本身来说，这就是由道而化德，由德而显道，所谓"道能自守之谓德"。这也正是人类道德文明进步所蕴涵的哲理奥秘。

宇宙万物是统一的。万事万物在相互关系和作用中存在和发展，物对人或人对物总会作出自己的反映或反应，人若粗心地对待物，物就会对人进行报复，犹如脚踢石头会被碰得脚痛，破坏大自然的平衡必定遭到报应。现代应用伦理学，从人类社会系统与地球生态系统生命攸关来思考统一的地球伦理秩序，强调人类社会只是自然生态系统中的一个子系统，必须尊重生态系统统一的原则。因此，人类不仅应对人讲道德，还应对一切非人类的物种讲道德，重视生态伦理关系，对生态伦理秩序担当道义责任。

在西方伦理思想史上，大体说来，古代和中世纪注重品行和美德的教养，近代开始注意到伦理关系，到德国古典哲学就对伦理、伦理关系作了比较系统的研究和阐述。康德说在他那个时代，人们习惯上几乎是把伦理和道德当做同义词使用的，但他的道德哲学体系则崇尚道德，贬低伦理，甚至凌辱伦理。他认为，伦理只是外在客观性和普遍性加于主体自身的他律，是对自由意志的束缚。与康德不同，黑格尔特别重视伦理，尽管他认为从语源学上说道德和伦理本是同义词，但他还是主张在学理上要严格区分"伦理"和"道德"这两个概念：伦理是客观精神的发展过程，道德只是伦理发展的一个环节。按照黑格尔的法哲学体系，它的研究对象包括伦理和道德，有时单指伦理。所以恩格斯说，"黑格尔的伦理学或关于伦理的学说就是法哲学，其中包括（1）抽象法；（2）道德；（3）伦理，其中又包括家庭、市民社会、国家。在这里，形式是唯心的，内容是现实的。"在黑格尔看来，伦理关系"本质上是现实合理性的秩序中的关系"，也可以说是现实合理性关系中的秩序，它不但是人伦之实，人伦之理，还有人伦之规，表现为道德规范、法律和习俗等人的活动的社会存在方式。从实际的功能和作用来看，伦理关系就是生活的全部，就是现实的家庭、社会和国家等复杂的组织系统；它体现为超出个人主观意见和偏好的规章制度与礼俗伦常，表现为维系和治理社会秩序和个人行为的现实力量。这一思想对理解道德行为的自律和他律、个人与社会统一的伦理具有重要意义。

马克思在他的早期著作中使用过"伦理关系"概念，特别是在论述婚姻、家庭问题时重视"伦理关系"、"伦理制度"和"伦理理性"论证；强调国家立法必须尊重伦理，认为"任何立法都不能承认不合伦理的事情是合法的"，国家形式应该是一个"合乎伦理和理性的共同体"。对于立法者来说，"维护伦理关系的生命不仅是立法者的权利，也是他的义务，是他的自我保存的义务"，决不能把立法者个人的任性变成法律，要求其他人"盲目地服从超伦理和超自然的权威"。在这种意义上，马克思认为任何一个有理性的人都不会有非分的要求，以为自己的行为就是他一个人享有的特权；相反，每个有理性的人都会认为自己的行为应是合法的、其他人都可以做的行为。在社会和国家制度都不能适合历史发展的合理性、正当性要求时，在国家法律维系的特权伦理秩序违背人民意志和根本利益时，马克思主张实现社会制度的根本变革，建立没有阶级和阶级对立的"每个人的自由发展是其他一切人自由发展的"自由人联合体，实现人类和平、和谐相处、自由幸福的社会理想。

就现实社会来说，道德行为规范与社会伦理要求本应是一致的，但在实践中却普遍存在伦理关系和行为规范要求彼此错位甚至冲突的现象。有些合理、适宜的规范往往难以在现实生活中实行，而有些已经失去合理性和正当性的规范还在强行发生作用；甚至有些不正当的、非法的东西还以"潜规则"的方式在顽固地发挥作用。事实上，生活中有秩序并不能证明它的伦理秩序本身就是合理的、正当的。在社会结构的转型时期，新旧伦理关系变动、行为规范更替是常有的事。在这样的社会状态中，社会伦理秩序不仅充满着矛盾和冲突，而且也会伴随某种暂时的伦理秩序紊乱。这种紊乱状态的风险及其消长，有赖于新的伦理关系及其和谐秩序的确立和发展，有赖于社会发展的主导力量自觉地、有理有效地引导、调节和控制。在这种意义上，黑格尔的法哲学突出了伦理关系、伦理秩序的精神性本质，是有道理的。因为就其本质来说，伦理关系和伦理秩序恰恰在于其精神性，在于其对关系和秩序的必然性在精神上自觉的把握。因此，他认为伦理学作为一种哲学的研究，不仅要讲"应当如何"，而是应讲"必然如何"，要揭示和描述伦理关系和秩序发展的规律性。

文明是人类力量不断地完善和发展，也是人类对外在的自然界和内在的本性的有限度的控制。社会和谐是一种社会调节和控制。社会调节和控制的主要手段是法律和道德，在一定范围和限度上还有习俗和宗教，其中法律的控制对于社会、国家的治理是根本的。法律控制不仅是刚性的，而且是最具普遍性和最有效力的。但法律也带有依赖强力和强制的一切弱点，难以直接调控人的隐秘的内在良心。比较法律来说，道德的调节是非强制的，它是外在规范导向和内在良心的主宰；它不仅要规范人的外在行为，而且能养育人的内在良心，也就是中国传统伦理所说"谨乎其外"，且"养乎其内"。教化就在于通过科学、道德和法律文明，培养人的良好心性和行为，形成文明和谐的社会风尚。

法律和道德都与人的自由相关。对人的自由来说，如果说法律对人发生约束力，人本身必需知道它但不必自愿地希求它，那么人对道德约束力本身不但必须知道它，而且必须诚心、自愿地希求它，实现"自化"、"自律"。所以说道德就是自由，是自由体现在人的内心里，体现在自觉主体的人的自身。因为法律对人来说是国家对个人强行的约束，个人对法律来说是不能不遵守的；而道德虽然是公共利益对个人的要求，个人应当与之相一致，但它只能是通过个人内在良心的认同和自觉自愿的希求，否则它就不具有实际的约束力，所以道德又必须以尊重人的自由为前提，否认这种前提往往是由于对"自由"理念的误解，或者只是出于某种专制特权的需要。正因为如此，社会对个人的道德要求必须尊重个人的权利，而只有自由的负责任的道德选择才能真正体现它作为有教养的公民的价值和尊严，也才能体现社会管理的民主和宽容。事实上，人们对道德要求的自知、自择、自为这种内在的良心活动，以及在主体内部达到的理性、情感、欲望的中和状态，也就是有教养的道德行为之内在的必然，即必然向善的伦理秩序。由此，我们可以进一步理解恩格斯所说的"如果不谈谈所谓自由意志、人的责任、必然和自由的关系等问题，就不能很好地讨论道德和法的问题"。

"社会和谐"是一个历史的概念，也是个相对的概念。对于人和人类社会来说，和谐并不意味着完美，而意味着改革和改善，意味着矛盾的不断化解。真正的社会和谐是在正义的法律和道德原则主导下不断改革和完善的社会和谐。这里的要点是正义。正义的关系和秩序总是和谐的，但和谐的关系和秩序未必都是正义的。和谐总是与不和谐相因又相对而存在。社会的和谐是从社会的不和谐经过渐进或飞跃曲折地走向和谐的历史过程。利益的一致或对立是社会和谐或不和谐的根本内容和实质。利益根本对立的社会也有特殊时期或局部状态的相对和谐，利益根本一致的社会也有特殊时期和局部状态的不和谐甚至动乱。社会的和谐从其内容和实质来说，指的就是不同利益集团之间的协调共处的状态，但这种和谐状态又总是以矛盾和冲突的调节为前提的，没有矛盾、没有冲突和不和谐状况的社会，也没有和谐可言。从这种意义上说，和谐社会并不是没有矛盾和冲突的社会，而是存在着矛盾和冲突但又能适当地调节、控制矛盾和冲突、实现相对和平发展或兴盛的社会。和谐社会应当是以公正支撑的合理的伦理秩序的社会，也就是民主、法制、公平、正义的社会。只有这样，才能建设团结合作、安定有序、人与自然界协调相参的社会。从这个意义上看，从理论和实践的结合上研究伦理关系和伦理秩序，对于伦理学的发展和社会主义道德建设，对于推进中国现代化建设和构建和谐社会，都具有重要意义。

以上赘言，勉为序。

宋希仁

2010 年 11 月 1 日

于北京圆明园花园别墅三镜斋

序　二

伦理关系是伦理学的一个非常重要的范畴，也是一个重要的基础理论问题，同时还是一个重要的现实课题。作为一个重要的理论问题，伦理关系在伦理学理论体系的建构中具有基础性意义，对伦理关系问题的认识直接关系到伦理学的研究对象、基本问题、道德原则及道德权利等一系列基础理论问题的回答和解决。作为一个重要的现实课题，伦理关系是一种特殊的社会关系，对伦理关系的把握和调整直接关系到人们认识和处理社会关系的现实实践，是和谐社会建设的客观需要。但是目前，学界普遍把伦理学规定为"关于道德的学问"，而对伦理关系的研究并未予以足够重视，专门研究伦理关系的成果不多，尚未出现专门研究伦理关系的专著。这种状况与伦理学理论和实践发展的要求相比，还有很大差距。

朱海林同志的《伦理关系论》一书是在博士论文的基础上修改充实而成的。他选择这一课题的目的是试图对伦理关系这一范畴展开系统研究，力求展示伦理关系理论的全貌，为推动学术界对这一问题的更多重视和理论深化作出努力。在写作过程中，他除了详细地占有资料、对中西有关伦理关系的研究成果进行较系统地梳理之外，还广泛地向全国伦理学界的前辈和同行请教、讨论，不断提炼思想，形成独到见解。在论文评阅和答辩中，获得了各位专家一致的高度评价。毕业后的这两年，朱海林同志继续在思考、探索这一课题，对论著不断进行修改和完善，其相关研究成果也不断见诸各种核心期刊。

作为一本系统研究伦理关系问题的专著，本书在学术思想、内容范围、结构体系及写作特点等方面均有突破。作者运用多学科研究的方法，在充分吸收中外伦理思想史上有关伦理关系的思想资料、牢牢把握目前学界关于伦理关系的研究现状的基础上，选取理论－实践、宏观－微观、结构－过程、现象－本质等四个基本视角，循着理论－历史－实践的基本思路，对伦理关系的本质与基本特征、结构与实体表现、伦理关系的历史演进、伦理关系的调整以及伦理秩序等问题进行了深入研究。不仅有严谨独到的理论分析，在一系列基础理论问题上形成了自己的独到见解，而且有强烈的实践观照，体现出作者关注现实、理论联系实践的学术品格。

本书体现了作者具有较强的创新意识。作为一个伦理学理论功底比较扎实的青年学者，朱海林同志多年来一直从事伦理学方面的教学与研究。目前主持国家社科基金项目和教育部人文社科研究项目各 1 项，参与完成国家、省部级课题多项，在《高校理论战线》、《道德与文明》等重要学术刊物上发表了不少有一定理论深度的论文，多篇论文被人大复印资料等刊物全文转载或摘录。在对伦理关系问题的研究中，他坚持以辩证唯物主义与历史唯物主义为根本哲学原则，以哲学的抽象为基本思维方式，以比较研究为重要技术手段，广泛涉猎有关文献资料，充分占有国内外现有的科研成果，提出了诸多具有较高理论意义和现实意义的独到见解。如对伦理关系的界定，作者从黑格尔、马克思以及目前国内几种有代表性的观点入手，对目前学界其他学者的观点进行评析，并在对伦理与道德进行区别的基础上作出了自己的解释；对伦理关系的本质，作者从特殊的社会关系、贯穿应然规定的价值关系以及主体间伦理的权利与义务关系等由浅入深的三个层面进行考察；对伦理关系的历史演进，作者从发生学的角度考察伦理关系的产生，从主体、存在形态和范围等三个方面把握伦理关系发展的标志，在此基础上揭示伦理关系发展的内外动力，并对中国和西方传统伦理关系的发展进行了比较研究；对伦理关系的结构与实体表现，作者从伦理关系的两极、中介及内核等三个要素和客观实体关系、主观精神关系两个方面把握伦理关系的结构，并在揭示现实社会生活中伦理关系的实体表现的基础上，论述中西伦理关系两种不同的推展模式。此外，对伦理关系调整的方式、目标及内外机制，伦理秩序的形成、结构、功能以及良性伦理秩序的构建等问题的分析也都不乏独到的见解和观点。

总之，本书论题鲜明而前沿、结构严谨合理、论证言出有据、资料充分详实、语言流畅明快，是一本具有较高学术价值的专著。尽管书中对某些问题的分析尚失之简约，对个别问题的论述还值得商榷，但作为"一家之言"，本书对推动学界对伦理关系的进一步研究是有学术价值的。

葛晨虹

2010 年 11 月 3 日于北京

CONTENTS 目 录

绪 论

　　伦理关系是伦理学理论中一个非常古老的话题，在中西伦理思想发展的历史长河中，历来都有重视伦理关系研究的传统。比如，中国古代早有"人伦"的概念，用来表示人与人之间不同类型、不同等级的关系及其应该遵循的准则。而西方早在古希腊时期，伦理思想就围绕个人与城邦的关系展开，个人与城邦的关系本身既是一种政治关系，也是一种伦理关系。但是目前，学术界对伦理关系这一范畴并没有予以足够的重视，直接探讨伦理关系的论著并不多见。这种状况与伦理学理论和实践发展的要求相比，存有很大差距。本书试图对伦理关系问题进行研究，为推动学术界对这一问题的更多重视和理论深化作出积极努力，为人们认识和处理现实伦理关系提供有益的理论支持。

一、关于本书的研究论域

　　一般地说，伦理关系不仅包括人与人的关系，也包括人与自然的关系，人与自然的关系也可以纳入伦理关系之中来讨论。从中西方伦理思想史看，许多思想家对伦理关系的探讨都包含了人与自然的关系。比如，中国传统伦理思想不仅重视人与人的伦理关系，而且重视人与天、人与物的关系，"天人合一"、"天人合德"的思想源远流长，其中就包含了关于人与自然之间关系的一种基本观点。从人与自然之间的关系看，"'天人合一'在中国古代表达的是人与自然的非对立关系"①，其结果是实现"自然界与人的统一，人的精神、行为与外在自然的一致，自我身心的平衡与自然环境的平衡与统一，以及由于这些统一而达到的天道与人道的统一"②。虽然，"天人合一"、"天人合德"的观念不可能对伦理关系作出科学的解释，但它启发我们，在更广泛的意义上，人

----

① 葛晨虹：《儒家德性思想研究》，同心出版社 1998 年版，第 268 页。
② 张岱年，方克立：《中国文化概论》，北京师范大学出版社 1994 年版，第 381 页。

与自然的关系也是伦理关系的一个方面，因而也可以纳入伦理关系之中来讨论。

同样，在西方伦理思想史上也有关于人与自然统一的思想，认为人是自然的一部分。现代英国的进化论伦理学，"坚持从生物进化论到社会进化论的自然主义原则，把人类道德生活现象的最终说明诉诸于'社会有机体'的进化过程。"① 比如，斯宾塞的广义进化论认为，社会进化是整个自然进化中的一个环节，人的道德行为仅仅是动物自然行为进化的一种表现，人的道德行为与自然生物以及动物的进化行为之间只存在高低不同层次的量的差别，而不存在质的差别。从这个意义上看，伦理关系不仅存在于人与人之间，也存在于人与自然和所有的自然物之间。现代环境伦理学讨论的一个重要问题就是人与自然之间有没有伦理关系。其中，非人类中心主义者肯定人与自然之间存在伦理关系，他们认为主体与客体的区分是相对的，"人并不是仅有的主体，动植物也是具有不同程度的主体性的主体"②；并不是只有人才具有内在价值，即使没有人类世界，各种生物也有其价值。显然，在非人类中心主义者那里，人与自然的关系也是伦理关系的重要方面。

可见，从一般意义上说，伦理关系既包括人与人的关系，也包括人与自然的关系，研究伦理关系不能排除人与自然的关系。但是，由于篇幅及笔者笔力所限，本书拟把研究的范围限定在人与人之间的关系方面。之所以如此，还有以下三个方面的考虑：

其一，虽然人与自然的关系也常常被纳入伦理关系之中来讨论，但从本质上说，伦理关系是存在于人与人之间的关系。在抽象思维中，我们可以把伦理关系的构成理解为包括客观关系和主体意识两个方面。其中，客观关系是伦理关系的实体表现，即伦理关系的物质承载者；主体意识是伦理关系形成不可或缺的主观条件。比如，在父子伦理关系中，客观关系是以血缘关系为基础的父子关系，主体意识主要包括作为父亲对儿子"应该怎样"和作为儿子对父亲"应该怎样"的意识。这其中，以血缘为基础的父子关系就是父子伦理关系的实体表现；父子双方"应该怎样"的意识是父子伦理关系的深层次主观要素。毫无疑问，这种对人与人之间的关系"应该怎样"的意识只有人才能具有，它是人把自身作为主体与客体对象区分开来的重要标志。在这个意义上，伦理

---

① 万俊人：《现代西方伦理学史》上卷，北京大学出版社 1990 年版，第 103 页。

② 卢风，肖巍：《应用伦理学导论》，当代中国出版社 2002 年版，第 83 页。

关系本质上是存在于人与人之间的关系。

其二，从两类关系的地位看，较之于人与自然的关系，人与人之间的关系更为直接、更为根本，因而更具有实质性意义。考察两类关系的地位，必须从它们的基础和根据——实践中来进行。马克思主义认为，实践是思考全部社会关系的基本根据。实践不仅创造着人们必需的生活资料，而且也产生着人与人之间的社会关系。人正是通过实践使自己处于各种关系之中的。伦理关系也不例外。实践作为人的存在、活动的基本方式，也是伦理关系产生、变化和发展的基础和根据。从伦理关系的实践内容，即从人的实践活动形成的对象性关系——人与自然的关系和人与人的关系这两个方面的地位来看，人与人之间的关系是一种更具本质意义的关系。正如马克思所说的："人们在生产中不仅仅同自然界发生关系……为了进行生产，人们便发生一定的联系和关系；只有在这些社会联系和社会关系的范围内，才会有他们对自然界的关系，才会有生产。"① "自然界的人的本质只有对社会的人说来才是存在的"。② 可见，人与自然的关系是人与人的关系在自然中的进一步展开，离开人与人之间关系的统摄性，谈人与自然的关系是无法成立的，也是没有意义的。

其三，从两类关系之间的关系来看，从深层的意义上说，人与自然之间的关系实质上也是人与人之间关系的反映和表现。可以说，人们之所以把人与自然的关系纳入伦理关系之中，是把它作为人与人之间关系的具体表现形式，实质上仍然是研究人与自然之间关系背后的人与人之间的关系。因此，根据发生机制我们可以把伦理关系分为原生性的和派生性的两大类。其中，原生性伦理关系指的是"在人类社会实践中，产生、发展于实践主体间的伦理关系"；派生性伦理关系，则是指"从主体间的伦理关系演生而来的人与自然的关系"。③事实上，不管是人与人之间的关系还是人与自然之间的关系都是与人类的实践活动密切相关、受到人的主体性规定的关系。其中，人与自然之间的关系是由人与人之间的关系派生出来、反映人与人之间关系的一类关系。

综上所述，从一般意义上说，伦理关系既包括人与人的关系，也包括人与自然的关系，人与自然的关系也可以纳入伦理关系之中来讨论。但由于人与人之间的关系是根本性、原生性的关系，人与自然之间的关系是从属性、派生性

---

① 《马克思恩格斯全集》第 6 卷，人民出版社 1961 年版，第 486 页。
② 《马克思恩格斯全集》第 42 卷，人民出版社 1979 年版，第 122 页。
③ 龚群：《当代中国社会伦理生活》，四川人民出版社 1998 年版，第 60 页。

的关系，也由于篇幅和笔力所限，本书拟把讨论的范围限定在人与人之间的关系方面。

二、研究伦理关系的重要意义

伦理关系是伦理学的一个非常重要的范畴。从某种意义上说，伦理学不仅是研究道德和道德现象的科学，也是研究伦理关系及其调整的学问。因此，研究伦理学必须研究伦理关系，这不仅具有重要的理论意义，而且具有重要的实践意义。

（一）理论意义

从理论上看，研究伦理关系是我国伦理学理论发展的客观要求。新中国伦理学经过五十多年的发展，经过一大批伦理学理论工作者的艰辛探索，已经建构了一个比较完整的伦理学理论体系。但是同时，也还存在一些不容忽视的问题。其中一个重要方面，就是对伦理关系问题未能予以足够的重视，这与伦理关系在伦理学理论体系中的重要地位是不相称的。在一定意义上可以说，伦理关系作为伦理学研究一个不容回避的重要问题，在伦理学理论体系的建构中具有基础性意义。

第一，研究伦理关系有助于回答和解决伦理学的研究对象问题。一般地说，伦理学是研究道德和道德现象的，这当然是对的。但是同时，道德现象极其复杂，到底在何种意义和范围上来研究道德，不同的人有不同的理解。从历史上看，伦理学家对这一问题的看法可以说众说纷纭，莫衷一是：如有人认为伦理学是研究善恶的；有人认为伦理学是研究人生价值的；有人认为伦理学是研究幸福、德性的；有人认为伦理学是研究义务、责任的；此外，宗教伦理学认为伦理学是研究上帝和神学的德性的。笔者认为，在"伦理学研究什么"的问题上，之所以会出现这么多的不同看法，一个重要的原因是未能充分认识到伦理学也是研究伦理关系及其调整的学问。如果能够把伦理关系摆在应有的位置，从与伦理关系的联系中来理解道德，定能消除许多争议。

同时，从道德这一研究对象看，一般地说，道德的总体社会结构包括关系结构、现象结构以及水准结构三大部分。其中，关系结构包括人际、群体及社会等各个层面的伦理关系。从道德现象看，它包括道德意识现象、道德规范现象和道德活动现象，它们都产生于人与人之间的社会交往和社会关系，社会关系的产生和发展是道德起源的直接基础。而社会关系是非常复杂的，它首先表现为劳动关系、经济关系，进而表现为政治关系、法律关系和伦理关系等。可见，伦理关系也是众多社会关系中的一个重要方面。而且，在众多的社会关系中，伦理关系与道德之间的联系最为密切，从某种程度上可以说，道德产生于伦理关系之中。可见，从伦理学的研究对象看，研究伦理关系是完善伦理学理论体系不可或缺的重要一环。

第二，研究伦理关系有助于回答和解决伦理学的基本问题。虽然，目前学界在伦理学的基本问题上也还存有很大争议，但不管是哪种观点，都不同程度地涉及到伦理关系问题。比如，有学者认为，"人己关系是伦理思想所研究的中心问题。"① 有学者认为，"伦理学的基本问题，就是道德和利益的关系问题。这个问题包括两个方面：一方面是经济利益与道德的关系问题，……另一方面，就是个人利益和社会整体利益的关系问题。"② 有学者认为，伦理学的基本问题是"善与恶的矛盾关系问题"③。有学者认为，伦理学的基本问题是"道与德、义与利、群与己的关系问题"④。此外，还有学者认为，道德与社会历史条件的关系问题是伦理学的基本问题；"应有"和"实有"的关系问题是伦理学的基本问题，人的存在发展要求和个体对他人、对社会应尽的责任义务关系问题是伦理学的基本问题⑤，等等。从关于伦理学基本问题的各种观点中可以看到，虽然目前学术界对这一问题尚未达成一致，但在伦理学基本问题都包含或涉及伦理关系这一点上是一致的。可见，从伦理学基本问题的角度看，研究伦理关系也是伦理学理论体系发展和完善的必然要求。

第三，研究伦理关系有助于回答和解决道德原则问题。道德原则是伦理学理论中一个具有重大理论意义和实践意义的问题，从一定意义上说，道德原则是区分各种伦理学体系的基本标志之一。本书从伦理关系的道德调整的角度来思考道德原则问题，认为道德原则的确立应该以伦理关系本身为依据；从伦理关系出发确立道德原则，必然得出集体主义的结论。这是因为，伦理关系的观点就是关系的观点和应然的观点。从关系的观点出发，人们在思考人与人、个人与社会之间关系的时候，要立足于关系双方的需要和利益，而不能仅立足于自己一方的利益；从应然的观点出发，人们在认识和处理伦理关系的时候，应该立足于对方的利益和双方的共同利益，把对方的利益和双方的共同利益放在更重要的位置，只有这样才能体现道德性和应然性。而个人主义不以关系的观

① 张岱年：《中国伦思想的基本倾向》，《社会科学战线》1989 年第 1 期。
② 罗国杰：《伦理学》，人民出版社 1989 年版，第 11 页。
③ 魏英敏：《新伦理学教程》，北京大学出版社 1995 年版，第 128 页。
④ 肖群忠：《伦理学基本问题新论》，《道德与文明》2007 年第 1 期。
⑤ 参见朱贻庭主编：《伦理学大辞典》，上海辞书出版社 2002 年版，第 67 页。

点看问题，把个人视为孤立存在的个体，把集体视为个人的简单相加，因而未能正确反映人的存在方式，也不符合伦理关系主体的存在方式。同时，个人主义主张个人利益至上，一切从个人利益出发，甚至为了个人利益不惜损害他人、集体和社会利益。这在很大程度上不仅不是道德的要求，在更多情况下甚至会丧失最基本的道德底线。可见，个人主义不符合伦理关系的客观要求。应该说，从伦理关系出发来思考道德原则问题，为解决这一问题提供了一个新的视角和思路。

第四，研究伦理关系有助于回答和解决长期争论、至今仍在争论的伦理学领域的权利与义务关系问题。权利问题虽然在80年代中期以后开始受到我国伦理学界的关注，但学界对这一问题一直存在争议，归纳起来主要是两种对立的观点：一种观点认为道德权利是存在的，研究和重视道德权利具有重要的理论和实践意义；另一种观点认为，伦理学是"义务之学"，道德具有规范性和约束性，道德的规范和约束作用只能通过义务表现出来；而且，权利往往与个人利益相联，在道德上认可权利的存在，难免导致个人主义①。实际上，80年代中期以来我国学界关于道德权利问题的争论，主要是对伦理学领域的权利与义务关系从狭义层面进行的理解，即把它视为与经济、政治、法律等各种权利与义务相并列的道德权利与义务。

我们还可以从广义层面来理解伦理学领域的权利与义务关系，这就是伦理关系中主体间伦理的权利与义务关系。伦理的权利与义务关系是从价值应然的角度对经济、政治、法律等其他各种权利与义务关系的反思、评价或规定。显然，从广义层面理解的伦理的权利与义务应该是对等的关系，它意味着经济、政治、法律等各种权利与义务在社会成员间符合应然价值规定的分配，因而是一种相对公正、合理的分配。而从狭义层面来理解道德权利与义务，就产生了上述争论。笔者认为，思考道德权利与义务问题，也可以而且应该从伦理关系出发才能得出客观的结论。如上所述，伦理关系的观点就是关系的观点和应然的观点。从关系的观点和应然的观点出发，人们在认识和处理伦理关系的时候，往往是立足于对方的利益和双方的共同利益，把对方的利益和双方的共同利益放在更重要的位置。这从权利与义务关系的角度看，在伦理关系中，每一主体都必须着眼于履行自己的义务。当然，从客观方面看，虽然"道德权利不是道德义务的简单对应物，但从结果看，道德主体在履行了一定的道德义务

---

① 参见余涌：《道德权利研究》，中央编译出版社2001年版，第19~21页。

之后，客观上理应得到相应的权利回报。"① 应该说，伦理关系为我们思考权利与义务问题提供了一个新的视角和思路。深入研究伦理关系，有助于对这一问题作出客观的回答。

（二）实践意义

从实践上看，长期以来，由于在理论上对伦理关系在社会关系中的重要地位认识不足，实践上缺乏对人们进行认识和处理伦理关系的正确引导，导致人们在处理伦理关系和社会关系的实践、公民道德建设等方面未能实现最好的效果。解决这些问题，都必须首先从理论上加强对伦理关系的研究。

首先，研究伦理关系是人们认识和处理社会关系实践的客观需要。从外延上看，在一定程度上可以说，伦理关系是一个与社会关系同等程度的概念。伦理关系渗透在经济、政治、法律等其他社会关系之中，一切社会关系中都蕴涵着伦理关系。从内涵上看，伦理关系作为社会关系的一个方面，既渗透在经济、政治、法律等其他社会关系之中，同时又有自己相对独立的特殊的存在领域——人与人之间的关系"应该怎样"的领域，即"应然"领域。这从人类把握世界的"真"、"善"、"美"三种方式的角度看，伦理关系主要存在于善的领域，是一种表达善的关系，因而比其他社会关系有着更高的价值地位。在这个意义上可以说，伦理关系是决定社会关系合理性、应然性的一种关系。从某种意义上说，任何社会关系都可以被抽象为客观实存的关系和应然的具有善价值的关系两部分，伦理关系就是定位社会关系应然性的因素。因此，要正确认识和处理各种社会关系，就必须首先正确认识伦理关系，即把握各种社会关系的"应该"，按照社会关系"应该怎样"的要求来对待和处理各种社会关系，才能实现社会关系的和谐。为此，必须加强对伦理关系问题的研究。

其次，研究伦理关系是加强公民道德建设的客观需要。从总体上看，我国的道德建设取得了一系列重大成就，但也存在一些问题。其中一个重要方面就是由于理论上缺乏对伦理关系的系统深入研究，实践上缺乏对人们进行有关认识和处理伦理关系问题的正确引导，从而导致道德建设在很大程度上未能达到最好的效果。这是因为：一方面，从某种意义上说，道德教育、道德建设的过程，从人民群众的角度看，就是一个学会正确认识和处理各种伦理关系的过程，人与人之间的各种伦理关系都处理好了，道德建设的目的也就达到了。另一方面，道德建设必须把他律性的道德原则、道德规范和道德要求转化为主体

① 葛晨虹：《建立道德奉献与道德回报机制》，《道德与文明》2001 年第 3 期。

自律性的内在要求才能取得更好的效果。而这些他律性的道德原则、道德规范和道德要求都是为调整人与人之间包括伦理关系在内的各种社会关系而提出来的，要把它们内化为主体的自觉自愿，必须首先使人们正确认识各种伦理关系以及自己在这些关系中所应承担的责任和义务。从这个角度看，研究伦理关系是推进公民道德建设不可或缺的重要一环。

再次，研究伦理关系也是和谐社会建设的客观需要。从伦理学的角度看，和谐也是一种伦理要求。作为一种伦理要求，和谐代表了人与人、人与社会、人与自然之间公正有序、协调完善的关系和秩序状态。和谐社会的建设，包括经济、政治、文化以及社会建设等各个方面，一个重要的方面，就是要制定、实施一系列有利于促进社会和谐的制度和政策。而制定、实施制度和政策的目的，是为了实现社会公平和正义、保持社会秩序与活力，实现人与自然和谐发展，是为了让人们的生活更加幸福美好。可见，制度和政策的制定和实施都应该是具有合理性、正当性和应然性的。而这正是伦理关系的领域。从这个意义上说，伦理关系及其道德调整，是和谐社会的道德基础。

事实上，从伦理关系与其他社会关系特别是政治关系自古以来就是密切联系在一起的，可以说从来都没有截然分开过。比如，在中国古代，伦理关系与政治关系都是紧密结合在一起的。比如，中国古代制礼的目的，就是要为伦理关系以及个人的行为予以具体规定；大人、君子、小人的划分，尤其是从天子到庶民这种政治上的等级，都充分说明在中国传统社会伦理关系与政治关系的密切联系。西方在古希腊时期，人们的道德生活是和政治生活紧密联系在一起的，个人与城邦的关系，既是一种政治关系，也是一种伦理关系。黑格尔把家庭、市民社会和国家视为伦理发展的三个阶段，在家庭、市民社会和国家中论述伦理关系。其之所以如此，只有一个解释，即伦理关系与社会经济生活、政治生活是紧密联系在一起的。可以说，伦理关系是否和谐，直接关系到社会关系是否和谐，经济、社会能否顺利发展。因此，要使社会更加和谐，人们生活更加合理、幸福，就必须使人们正确认识和处理各种伦理关系，根据伦理关系的应然性要求来认识和处理各种社会关系。为此，也必须加强对伦理关系的研究。

三、中西传统伦理关系思想述略

中西伦理关系思想都源远流长。无论是中国还是西方，历代思想家们都从不同的立场和观点出发，从各个不同的角度对伦理关系问题进行了不同程度的研究，取得了许多理论成果。这些成果对于我们今天进一步认识和把握伦理关系仍然具有重要的借鉴价值。

（一）西方传统伦理关系思想概述

西方传统伦理学的概念、范畴和学说体系大多是从伦理学理论本身出发去把握的，因而西方思想家对伦理关系问题的关注，更多的是从理论层面进行考察和分析，从而在不同程度上触及到了伦理关系的本质。

在古希腊时期，人们的道德生活是和政治生活紧密联系在一起的，个人与城邦的关系，既是一种政治关系，也是一种伦理关系。这一时期思想家们围绕个人与城邦的关系对智慧、公正、勇敢、节制等四个基本德目所作的不同解释都不同程度地涉及到伦理关系问题。比如，普罗塔戈拉用神话的方式说明道德是为调节人与人的关系而产生的：众神之王宙斯为拯救人类，把尊敬、公正等德行分给每个人，"人人都认定每人具有公正、诚实与其他政治德行"①，才能使城邦免于分裂，人与人之间保持友谊与和好。在个人与城邦的关系上，他认为，不能把城邦的利益作为外在必然性来服从，而应以个人的欲望和利益来决定人的行为。与普罗塔戈拉相反，苏格拉底把人的感性欲望和利益从道德中完全排除出去，把对人与人、人与外部世界关系的认识，完全局限于人们的心灵世界。这两种观点虽然都是不科学的，但都在不同程度上触及到了伦理关系的某些方面。

在柏拉图那里，道德是一种治国安邦的手段，道德是从属于政治的。柏拉图对智慧、公正、勇敢、节制等四德目的论述，在很大程度上反映了他所追求的理想伦理关系和伦理秩序。在《理想国》中，他把社会成员分为统治者、武士以及农夫和手工匠等生产者三个等级，并赋予不同等级的人以不同的道德要求：统治者要有智慧、武士要勇敢、农夫、手工匠等生产者要节制。社会各等级的人都恪尽自己的职责，这样的社会就是公正的社会。显然，柏拉图所追求的理想伦理关系和伦理秩序，是一种典型的政治伦理关系和政治伦理秩序。

亚里士多德认为政治学高于伦理学，因为政治学要研究和解决国家的善的问题，而伦理学只研究和解决个人的善的问题。在伦理关系问题上，他把伦理关系归于政治关系，虽然也未能够作出科学的解释，但在某种程度上认识到了伦理关系与政治关系的关系问题。特别是在对"友爱"这一范畴的论述中，亚里士多德比较具体地论述了一些具体的伦理关系。他把友爱分为平等的和不平等的两大类。平等的友爱用来调节社会地位相同的人比如朋友、兄弟之间的

① 周辅成：《西方伦理学名著选辑》上卷，商务印书馆1964年版，第22页。

关系，不平等的友爱用来调节社会地位不同的人如统治者与被统治者、父子、夫妇之间的关系。亚里士多德认为，从归根结底的意义上说，友爱是出于自爱："人人都爱自己，而自爱出于天赋，并不是偶发的冲动"①，从而在实际上把私有制产生以来人们的自私心理概括为自爱，用以调节人与人之间的关系。

中世纪神学伦理学把人与人的伦理关系完全归于人与神的关系，因而也不可能对伦理关系问题作出科学的解释。近代以来，西方伦理学家在批判神学伦理学的同时，从人性论观点出发来寻找人与人之间关系的理论依据，也不可能对伦理关系作出科学的说明。不过，以下一些思想家关于伦理关系（道德关系）的论述都为我们深入把握伦理关系的本质提供了不同的视角或思路，值得我们批判地分析和借鉴。

培根把人与人之间的关系问题视为政治哲学的任务，认为道德哲学是使个人达到内在的善，而要得到外在的善，必须研究人类群体即人与人之间的关系。他提出要从人们之间的相互交往、处事以及政治等三个方面来研究人类群体。这表明培根对人与人之间的伦理关系已经有了某种自觉的认识。他在对人的职责和义务的分析中直接论及到了伦理关系问题。在培根那里，人的职责包括个人作为公民对国家应尽的共同职责和个人在具体职业和社会地位中应尽的特殊职责。培根认为，以前的伦理学对共同职责研究很多，但对特殊职责没有足够重视。因此，他强调要在人对人、人对职业、人对社会和国家的关系中研究职责和义务，因为在夫妇、亲子、朋友、同事、君臣等之间都有一定的职责和义务。这在很大程度上切中了伦理关系中的权利与义务问题。

洛克在考察道德法和道德行为的过程中论述了道德关系问题。在洛克那里，道德关系有两层含义：一层含义是指行为与道德规则的关系："行为与道德规则相比较就进入一种关系，这就是道德关系。"② 另一层含义是指在一定道德规则之下形成的人与人之间的关系。在洛克看来，在公民社会形成之前的家庭统治形式的社会中，人与人之间的关系包括夫妻、父母与子女以及主仆关系。在公民社会形成之后进入社会和国家的人，同时处于多种关系之中，具有多重社会身份，如父子、兄弟、夫妻、敌友、臣民、主仆以及各种职业角色等等。洛克把这些根据人们在社会生活中形成的关系称为"制度的关系"，而所谓道德关系，就是体现在这些关系之中、由一定道德规则所维系的关系。

---

① 亚里士多德：《政治学》，商务印书馆1965年版，第55页。
② 罗国杰，宋希仁：《西方伦理思想史》下卷，中国人民大学出版社1985年版，第97页。

以边沁、密尔为代表的功利主义思想家们对个人利益与社会利益关系问题的研究，从伦理学角度看，这也是西方思想史上对伦理关系考察的一个重要组成部分。边沁认为社会利益是个人利益的总和，增进还是减少当事者的幸福是道德的标准，个人利益是个人利益与社会利益统一的基础。密尔力图解决边沁理论中利己与求最大多数人最大幸福之间的矛盾，认为人性中所具有的社会感情会使个人不再作损害他人和社会的事情，道德的基础和不是一个人的幸福，而是全体人的幸福，即最大多数人的最大幸福。为此，他主张以法律和良心来调节个人利益与社会利益的关系。其中，用法律来调整个人利益与社会利益的关系，就是要人们去追求自己利益时，不去损害他人和社会的利益；良心则使人与人、个人与社会联成一体，有效协调个人利益与社会利益的关系。

18世纪法国一些启蒙思想家也或直接或间接论及到伦理关系问题。比如，伏尔泰从人的自爱与爱他人的本性中思考人与人之间的伦理关系。他认为，人的本性既是自爱又是爱他人的。人的自爱心是人们联系的纽带，推动了社会的进步；人对同类的爱和怜悯心也是人生而就有的感情，这种爱他人的本性，必然导致爱人类。人的这种双重本性，可以通过法律的调整取得协调一致。而法律又是建立在一种普遍永恒的道德规律之上的。因此，人的利己和利他心最终要由道德来调整，道德就是从人与人之间的关系中产生的。

孟德斯鸠在观察人类社会历史、考察社会风俗礼仪的过程中，注意到了道德关系问题。他认识到道德关系主要通过君臣、主仆、亲子、夫妻、朋友以及人类之间的关系表现出来的；道德关系是不断发展变化的：在人类社会产生之前就已存在，人类社会产生之后，新旧道德关系不断发生更替，他希望通过这种更替，实现"爱一切人"的社会道德关系。为此，他强调公民应该热爱祖国、热爱法律，强调道德精神的实质是为公共利益作出自我牺牲，他"要求人们不断地把公共的利益置于个人利益之上"①，从而在处理人与人、个人利益与社会整体利益的关系实践中形成"爱一切人"的道德关系。

卢梭考察人类产生以来人与人之间的关系，认为在进入社会状态之前的自然状态，人与人之间是平等的，进入社会状态之后，产生了不平等，当这种不平等发展到顶点的时候，人类又会复归平等。道德来自对自己和对他人的"双重关系"之中：关于个人对自己的关系，卢梭强调自爱，"为了保持我们

---

① 孟德斯鸠：《论法的精神》上册，商务印书馆1961年版，第34页。

的生存，我们必须要爱自己"①；关于个人对他人的关系，卢梭又强调仁爱，仁爱的情感通过爱情、友谊和社会交往中的同情表现出来。他认为从自爱向仁爱、从利己向利人的发展，实际上就是个人利益与他人利益、公共利益相结合的过程。可见，在卢梭那里，自爱与仁爱、利己与利人的关系，即个人利益与他人利益、公共利益的关系是一以贯之的基本关系。

爱尔维修和霍尔巴赫对个人利益与公共利益之间关系的考察也涉及到了伦理关系问题。他们主张在个人利益的基础上把个人利益与公共利益统一起来。所不同的是，爱尔维修认为人的本性是利己的，自爱心是道德的唯一基础；而霍尔巴赫认为，人除了有自爱利己之心外，还有一种利他的良心或人道心。正是这种良心使人们应该在对家庭、朋友、社会的各种人中履行自己相应的义务，在追求个人利益时不损害他人和公共利益，从而使个人利益与公共利益统一起来。

康德只研究"形式道德"而不管伦理，未能从正面对伦理关系进行阐释。正如黑格尔所说的，在康德的伦理学中，"各项实践原则完全限于道德这一概念，致使伦理的观点完全不能成立，并且甚至把它公然取消，加以凌辱。"②值得注意的是，康德在具体举例说明普遍道德律的时候运用了一些经验内容，这些经验内容在一定程度上涉及到了人与人之间的伦理关系。比如，他的第二条律令，即"人是目的，绝不能当作手段"，就不仅涉及人与自我的关系，也涉及人与人之间的关系。

在西方传统伦理思想史上，真正从正面直接论述伦理关系最全面最深入的要算黑格尔。黑格尔对康德把道德一词用来表达个体道德领域的做法予以了肯定，但他不满足于此，而是对伦理和伦理关系予以了真正的足够重视。黑格尔把他的伦理学称为"法哲学"，把伦理视为独立并超越于个人之上的外在力量，进而强调伦理关系的客观性和实体性。他认为，人是社会存在物，每个人都是社会联系的一个环节，因而必然与他人、与社会共同体发生关系。伦理作为至善的法则即是调节这些关系的应然的价值尺度。黑格尔把家庭、市民社会和国家作为伦理的三个不同环节，并在其中具体论述人与人的关系，就是因为在他的思想体系中，"伦理"就是社会应然法则"客观精神"或"理念"的最高逻辑阶段。从家庭到市民社会再到国家，一步步显现的"客观精神"，就

---

① 卢梭：《爱弥儿》上卷，商务印书馆1978年版，第289页。
② 黑格尔：《法哲学原理》，商务印书馆1961年版，第42页。

是这个客观理念的现实"实体"。

当然，黑格尔对伦理关系的论述存有明显的局限性。其中最重要的一点，就是他把"客观精神"作为包括家庭、市民社会、国家等一切社会现存的本质所在，而一切社会关系都是这种精神理念的外化和显现。对此，马克思予以了深刻的批判。马克思对黑格尔把国家制度当成伦理理念的实现这一根本唯心主义观点进行了批判，反复批判黑格尔把理念当做主体、把伦理精神视为伦理实体，而把家庭、市民社会以及国家等都看作精神实体的外化的做法。他说："既然黑格尔的出发点是被他当做主体、当做现实本质的'理念'或'实体'，现实的主体就只能是抽象谓语的最后谓语。"① 这实际上颠倒了存在与思维的关系问题。同时，黑格尔"不认为人的内容是人的真正现实"。② 马克思认为，"人的真正现实"只能是人们在社会生产活动中形成的社会关系。

（二）中国传统伦理关系思想概述

重视伦理关系是中国传统伦理思想的一个显著特点。中国古代早有"人伦"的概念，用来表示人们不同类型、不同等级的关系及其应该遵循的准则。早在春秋时期，一些思想家对某些具体的伦理关系如人与人、国与国、君与臣以及婚姻家庭伦理关系等就有了一定的认识，并用"仁"、"义"、"信"、"忠"等道德规范来调整这些关系。比如，孔子在对当时社会生活中人与人之间的关系进行了深入考察的基础上，对各种人伦关系从理论上进行了总结，归纳出五类最基本的关系："君臣也，父子也，夫妇也，昆弟也，朋友之交也。五者，天下之达道也。"③ 孔子看到了君臣上下级之间特殊关系的典型性，认为君臣之间的关系应该是："君使臣以礼，臣事君以忠。"④ 孔子也非常重视家庭关系，而家庭关系是从夫妇关系开始的，"君子之道，造端乎夫妇"⑤，其次是父子关系、兄弟关系，由近及远，"四海之内，皆兄弟也"⑥。另外，孔子还看到了社会上更为普遍的一般人际关系，主张多交良友，主张"泛爱众，而亲仁"⑦。孔子对人伦从理论上所进行的总结对后世儒家的人伦学说产生了十分深远的影响。

---

① 《马克思恩格斯全集》第 1 卷，人民出版社 1956 年版，第 263 页。

② 同上，第 346 页。

③ 《礼记·中庸》。

④ 《论语·八佾》。

⑤ 《礼记·中庸》。

⑥ 《论语·颜渊》。

⑦ 《论语·学而》。

孟子继承孔子的人伦理论，把社会生活中人与人之间的关系归纳为"五伦"，即"父子有亲，君臣有义，夫妇有别，长幼有序，朋友有信"①，也是强调人与人之间的伦理关系及相应的规范和准则：关于"父子有亲"，孟子强调子女对父母的义务，认为孝是子女做人的根本；关于"君臣有义"，孟子认为君与臣应该是相互尊重的关系，在君与民的关系上则主张"民为贵，社稷次之，君为轻"②，具有一定的民主性；关于"夫妇有别"，他的基本观点是男尊女卑；关于"长幼有序"，他主张"从兄"、"敬长"；只有"朋友有信"是一种真正平等的关系："不挟长，不挟贵，不挟兄弟而友。"③ 孟子对基本人伦关系及其道德规范的概括，为此后两千多年我国封建社会人们认识伦理关系和进行道德评价提供了一个基本范式。

　　荀子提出了"涂之人可以为禹"的命题，从理论上肯定了人与人的平等关系。但在实践中他又主张对君子小人进行严格区分，并得出了"小人劳力，君子劳心；劳心者治人，劳力者治于人"、"小人可以为君子而不肯为君子，君子可以为小人而不肯为小人"④ 的结论。"三纲"虽然到了西汉才明确提出，但在荀子那里已经接近形成。荀子说："若夫君臣之义，父子之亲，夫妇之别，则日切磋而不舍也"⑤，又说"君臣父子兄弟夫妇，始则终，终则始，与天地同理，与万世同久，夫是之谓大本。"⑥ 荀子主张维护"分"、"辨"、"别"，他有两种办法：一是按血缘关系把人分为父子、兄弟、夫妇等；一是按社会地位把人分为农、商、工、士大夫、公侯以及君主等。显然，这实际上就是封建社会的等级差别制度和等级伦理关系。

　　西汉时期，董仲舒明确提出了"三纲"的概念："王道之三纲，可求于天。"⑦ 他虽然并未直接说"君为臣纲，父为子纲，夫为妻纲"，但"三纲"的内容还是很明确的：他肯定君臣、父子、夫妇这三种关系是封建社会里最基本的伦理关系。在此基础上，董仲舒还提出以"五常"作为调整人们之间关系的根本准则。需要指出的是，"三纲"与"五伦"所规定的人伦关系要求是不同的："先秦儒家的'五伦'，是建立在仁学的人性论基础之上的，因而每

① 《孟子·滕文公上》。
② 《孟子·尽心下》。
③ 《孟子·万章下》。
④ 《荀子·性恶》。
⑤ 《荀子·天论》。
⑥ 《荀子·王制》。
⑦ 《春秋繁露·基义》。

'伦'的双方基本上是互相对应的对等关系……无论哪一伦，双方都有应尽的义务，从而也相应地保证了对方所应得的权利。"① 但"三纲"中的每一"纲"的双方都变成了上下从属、下对上的服从关系。从董仲舒开始，以"三纲五常"为核心的等级型伦理关系和秩序开始完全定型，不过君臣、父子、夫妇之间的单向服从与被服从的关系并没有绝对化，董仲舒也强调在君、父、夫的主导地位的前提下，君臣、父子、夫妇之间也应该相互爱护，双方都要承担相应的道德责任。

宋明理学的产生和发展，特别是作为理学集大成者的朱熹把封建道德观念夸大为神化的绝对，从而使以"三纲五常"为核心的封建等级型伦理关系日益绝对化甚至僵化。朱熹认为"五伦"是天理规定的，而"五常"就是上天赋予人们用以调整这些关系的。他说："自天之生此民，而莫不赋之以仁义礼智之性，叙之以君臣、父子、兄弟、夫妇、朋友之伦，则天下之理，固已无不具于一人之身矣。"② 在"五伦"中，朱熹最重视君臣、父子和夫妇"三纲"，而在"三纲"中，朱熹又尤其重视君臣和父子关系。在人与人之间的伦理关系问题上，朱熹比前人更加强调上下、尊卑的绝对服从和被服从的关系，从而使封建等级伦理关系日益绝对化甚至僵化。

自明中叶以后，一些具有市民色彩的思想家如何心隐、李贽、黄宗羲、顾炎武、王夫之、唐甄等试图突破上下尊卑的界限，提倡人与人之间相互平等的观念，虽然未能动摇封建等级伦理关系的主流地位，但对封建等级伦理关系形成了巨大冲击。如何心隐认为既要打破传统父子的亲亲界限，又要打破传统君臣的尊贤界限，处理人与人之间的关系必须贯彻"中"、"均"、"群"的原则，做到不存私心，公平合理，平等相待，推己于君臣、父子、夫妇、昆弟、朋友等群体之中。特别值得一提的是，何心隐把传统伦理关系"五伦"中处于最低层次的朋友关系提到了与君臣关系并列的地位，甚至把朋友关系视为人伦关系中最重要的关系，认为只有朋友之交"可以拟天地之交"。李贽提倡"致一之理"，反对臣对君的绝对服从关系，认为君也有一定的道德义务；夫妇之间应该互敬互爱，主张男女自由结合。黄宗羲认为君臣关系应该是同事关系而不是主仆关系。顾炎武认为君民之间的关系是平等的，君和民的道德义务是相互的。王夫之认为父子、兄弟、夫妇等关系都是相对性的。清初的思想家

---

① 徐儒宗：《人和论——儒家人伦思想研究》，人民出版社 2006 年版，第 16 页。
② 《经筵讲义》。

唐甄强调"不平则倾"，无论是政治制度的巩固，还是社会伦理关系、伦理秩序的维持，都离不开平等，平等是处理"五伦"各种关系的基本原则：在君臣关系上，不是君为臣纲，而是君要作臣的道德榜样；在夫妻关系上，不是夫为妻纲，而是男女平等。

近代以来，龚自珍、魏源、洪秀全、康有为、谭嗣同、章太炎、孙中山等许多思想家对以"三纲五常"为核心的封建等级伦理关系和伦理秩序进行了不同程度的批判。比如，龚自珍提出了"尚平"的主张；洪秀全提出了"凡间皆兄弟"的博爱观念；康有为提出了"以人为主"的人道主义原则来反对封建纲常伦理秩序，认为君主不能独尊，父子关系应该是一种平等、独立的关系，男女平等才符合天赋人权的公理；章太炎认为个人与社会是统一的、不可分割的关系，道德是调整个人与社会之间关系的手段；孙中山以"自由、平等、博爱"的三民主义，作为自己的政治纲领和处理人与人之间关系的基本原则。

"五四"新文化运动特别是它的后期，一些初步具有马克思主义思想的知识分子如李大钊等人，对以"三纲五常"为核心的封建等级伦理关系予以了全面否定，反对君臣、父子、夫妻之间的依附和服从关系，要求实现人格独立、男女平等，主张用新的伦理关系取代旧的伦理关系。

从总体上看，虽然中国传统社会有着关于伦理关系的丰富思想，但由于中国传统伦理思想的概念、范畴和学说体系大多不是从伦理学的理论本身出发去把握，而是从人本身出发，去考察人的地位和作用、人的责任与义务、人的品质和修养以及人与人、人与神以及人与自然的关系，古代思想家们对伦理关系问题的关注，大多不是从社会生活中去寻找伦理关系的基础，而是从人与人、人与天、人与物的统一秩序中去探寻伦理关系的根据，他们有时把伦理关系视为"天道"的一种体现，有时又诉诸抽象的人性。这在一定程度上都是一种纯自然角度的经验性认识。而且，在许多思想家那里，伦理关系与政治关系都是紧密结合在一起的。比如，中国古代制礼的目的，就是要为伦理关系以及个人的行为予以具体规定；大人、君子、小人的划分，尤其是从天子到庶民这种政治上的等级，都充分说明在中国传统社会伦理关系与政治关系的密切联系。因此，中国传统伦理思想虽然重视伦理关系，并为此建立了十分系统、严密的人伦纲常体系，但从总体上看，在中国传统伦理思想史上，思想家们对伦理关系的认识，大多仅停留在对伦理关系的某些具体方面进行描述和分析上，带有明显的经验性特征，真正从理论上论述伦理关系的思想家并不多见，对伦理关系的本质也就不可能作出科学的解释。

目前，我国学界普遍把伦理学规定为"关于道德的学问"，而对伦理关系这一范畴并未予以足够的重视，直接研究伦理关系的论著不多，尚未发现专门研究伦理关系问题的专著。本书试图对伦理关系这一范畴展开系统研究，力求展示伦理关系理论的全貌，为推动学术界对这一问题的更多重视和理论深化作出努力。

四、本书的主要内容和基本视角

（一）主要内容

本书包括导言、正文五章和余论，各部分主要内容如下：

第一章"伦理关系界说"：从黑格尔、马克思以及目前国内几种有代表性的观点入手，在对伦理与道德进行区别的基础上界定伦理关系的概念，并对伦理关系与道德关系作了应有的区分；从特殊的社会关系、贯穿应然规定的价值关系以及主体间伦理的权利与义务关系等三个层面来考察伦理关系的本质；从客观性与主观性的统一、历时性与共时性的统一、实然性与应然性的统一、功利性与超功利性的统一、他律性与自律性的统一以及渗透性与相对独立性等六个方面来论述伦理关系的基本特征。

第二章"伦理关系的历史演进"：首先从发生学的角度考察人类伦理关系的产生，伦理关系的产生离不开一定的客观条件和主观条件，是客观条件与主观条件的历史性统一。这种统一具体表现在"现实的人"、"两种生产"以及社会交往等三个方面。人类伦理关系的发展有三大标志，即主体标志、存在形态标志和范围标志。伦理关系的发展不是一个自然的过程，而是在一定内外因素的共同作用下实现的，有着自己特殊的内外动力。中国和西方传统伦理关系的发展经历了大致相同的历程，但也呈现出了许多不同的特点。在现代社会，中西传统伦理关系的特点与不足可以而且应该实现互补与融合。

第三章"伦理关系的结构与实体表现"：从伦理关系的两极——主体与主体、伦理关系的中介——主体的需要以及伦理关系的内核——主体意识等三个方面分析伦理关系的结构，并把这一结构归纳为客观实体关系和主观精神关系两个方面。在现实社会生活中，伦理关系有着十分丰富的实体表现，呈现出一个纵横交错的网状关系体系，从不同角度可以分为不同的类型。伦理关系的实体表现从主体存在的范围看，可以归结为人际、群体以及社会等三个层面，从中我们可以大体把握伦理关系的展开轨迹。由于中国和西方社会伦理关系在人际、群体以及社会等各个层面的差异，导致中西形成了两种不同的推展模式。

第四章"伦理关系的调整":伦理关系的调整是多种手段的综合运用,其中,道德调整与法律调整是两种基本手段。由于法律调整是法学的一个基本范畴和重要研究对象,本文仅探讨伦理关系的道德调整。在伦理关系的道德调整中,道德原则问题是一个具有根本性意义的问题,它决定着伦理关系调整的方向和结果。道德调整的方式主要包括约束性调整与导向性调整、奖励性调整与惩罚性调整、自主性调整与强制性调整、实然性调整与应然性调整以及个别性调整与一般性调整等几个方面。道德调整的直接目标是和谐伦理关系,最终目标是良性伦理秩序。最后,还较为详尽地探讨了伦理关系道德调整的内外机制。

第五章"伦理秩序":伦理秩序是道德调整的目的和结果。就伦理秩序与伦理关系的关系而言,伦理关系是伦理秩序的存在论前提,伦理秩序是伦理关系的特定表现形态,二者互为表里。伦理秩序的结构主要包括关系秩序与行为秩序、静态秩序与动态秩序、规范秩序与德性秩序等三个方面,由此决定了它具有反映、规范和完善等社会功能。伦理秩序功能的发挥及社会接受的程度由伦理秩序的结构及伦理秩序本身的合理性所决定,受主体需要、主体意识的制约,也受一定社会的经济、政治、文化因素的影响。良性伦理秩序的构建是本文研究伦理关系的落脚点和归宿。必须在坚持伦理正义这一理念的基础上,加强制度伦理、德性伦理的建设和培育,加强社会道德整合,从而促进良性伦理秩序的整体实现。

在余论部分,文章联系当前我国和谐社会建设的实际,分析伦理关系和谐对于构建和谐社会的重要意义,并在分析当前我国伦理关系新变化的基础上,提出通过调整社会伦理关系来推进和谐社会建设的基本途径。

(二)基本视角

伦理关系问题十分复杂。本书属于伦理学的基础理论研究,不可能穷尽伦理关系的所有问题。因此,选择合适的视角对于伦理关系的研究就显得十分重要。为此,本书选取了理论 – 实践、宏观 – 微观、结构 – 过程以及本质 – 现象等四个基本视角,为伦理关系的考察提供一个必要的参照。

1. 理论 – 实践视角

理论与实践是一切社会科学研究最基本的视角之一,也是伦理学研究的一个基本着眼点。伦理关系作为伦理学研究的重要内容,本身属于理论研究;同时伦理关系作为人与人之间的关系,本身又具有很强的实践性。因此,本书研究伦理关系的第一个基本视角就是理论 – 实践视角。

具体地说，本书从理论－实践的视角考察伦理关系有两个方面的明显特点。一方面，从总体上看，既有理论分析，又有实践分析。其中，理论分析包括伦理关系的本质与特征、产生与发展以及结构与推展模式等内容；实践分析包括伦理关系的调整、伦理秩序的构建等内容。另一方面，本书的理论分析与实践分析并不是完全独立、截然分开的。事实上，从理论－实践这一视角出发研究任何一门社会科学，都是理论中有实践，实践中有理论。本书对伦理关系的研究也不例外，在进行理论分析的时候，注意伦理关系不断发展变化的实际，在进行实践研究的时候，也注意进行理论的归纳和总结。比如，对伦理关系的调整、良性伦理秩序的构建等内容的讨论，就是既包含理论分析也包含实践分析。只有将理论与实践将结合，在理论分析中关注实践发展，在实践研究中注重理论总结，才能揭示出伦理关系的本质和规律。

2. 宏观－微观视角

宏观总体研究与微观具体研究相结合是我们全面把握事物整体面貌的一个基本视角，也是本书研究伦理关系的一个基本视角。总体说来，本书侧重于从宏观总体上研究伦理关系，如伦理关系的产生与发展、伦理关系的推展模式、伦理关系的调整以及伦理秩序等内容都是从宏观总体的视角对伦理关系进行的考察。同时，也有微观具体的内容，如深入伦理关系的内部对伦理关系的结构进行的分析、对伦理关系的个体、群体以及社会整体三个层面的分析等等。此外，本书在宏观总体之中也有微观具体的考察。比如，在分析伦理关系的实体表现时就是这样，既有宏观总体的考察，又有微观具体的考察：根据伦理关系形成的原因、涉及的内容、存在的领域等各种不同的标准以及纵、横两个方面来考察伦理实体的关系体系。

3. 结构－过程视角

在社会学领域，自从孔德把社会学分为社会静力学和社会动力学以来，从结构和过程两个方面着眼来考察社会和社会现象，已经成为社会学研究的一个传统视角。伦理关系也是一种社会关系，因而对伦理关系的考察，也可以选取这一视角。所谓结构，是构成事物整体的诸要素及其相互关系；所谓过程，则是指事物运动、变化、发展的历程。就伦理关系的研究而言，结构研究就是对伦理关系从静态结构的角度，考察它是由哪些基本要素构成的，它们分别对伦理关系的整体起何作用，以及各内构要素之间的关系如何，它们是怎样结合而构成一个有机整体的；过程研究则是对伦理关系从动态过程的角度进行的考察，包括两个层面：一是考察伦理关系产生、发展和演变的历程，这实际上也就是伦理关系的历时性研究；伦理关系的过程研究主要是指第二个层面，包括伦理关系是如何产生的，即伦理关系的发生学考察、伦理关系的调整机制和过程以及伦理秩序形成的主要环节等内容。

4. 现象－本质视角

毋庸讳言，任何一门科学的任务都在于提示事物的本质，而从现象入手，透过现象来把握本质，是人们认识事物的一般思路。伦理关系也不例外。要达到对伦理关系本质的认识，也必须对伦理关系的种种现象进行考察，从各种具体、个别的伦理关系现象中揭示出伦理关系的本质。因此，现象－本质也是本书研究伦理关系的一个基本视角：本书对伦理关系的考察，既有现象的描述和分析，也有本质的揭示和阐释。具体地说，前者主要表现为对伦理关系的发生学考察、伦理关系发展的主要标志以及伦理关系的实体表现和推展模式等问题的分析上；后者则主要表现为对伦理关系的特殊本质和基本特征、伦理关系的结构、伦理关系的调整以及伦理秩序等问题的阐释上。

伦理关系界说

第一章

伦理关系界说

从概念入手对研究对象逐层展开论述，是社会科学研究的一般思路。就本书的研究而言，要研究伦理关系，首先必须对"伦理关系"的概念进行明确界定。本章将围绕这一主题，从概念、本质和特征等三个方面来讨论伦理关系是什么的问题。

第一节　伦理关系的概念

关于伦理关系的概念，中外都有一些学者从不同角度或不同层面上进行过界定或分析，这些界定或分析对于我们今天把握伦理关系的含义都有不同程度的借鉴价值。我们不妨从关于伦理关系概念的几种有代表性的观点入手，在对伦理与道德进行区分的基础上，把握伦理关系的含义。

一、已有观点举要

在对伦理关系进行过界定或分析的思想家中，最富真知灼见的首推黑格尔和马克思。正如本书在绪论中所言，中国传统思想家对伦理关系的探讨大多都未能上升到理论层面，而西方思想家对伦理关系的关注虽然有从理论层面进行的，但由于时代的局限等各方面的原因，也都未能作出科学的解释。而黑格尔第一次从正面深入论述了伦理关系问题，他在对伦理与道德进行严格区分的基础上，对伦理关系进行了分析。马克思虽然没有明确界定伦理关系的概念，但他对黑格尔的观点进行了深刻批判，一针见血地指出了黑格尔的错误，并在《论离婚法草案》等著作中表达了有关伦理关系的一些基本观点，这些观点对于我们今天把握伦理关系的含义仍然具有重要的指导意义。另外，目前国内一些学者也对伦理关系的概念进行过一些分析，这些分析对于我们把握伦理关系的含义也都有重要的参考价值。因此，在这一部分，我们主要回顾黑格尔、马克思关于伦理关系的基本观点以及目前国内学者对这一概念所作的分析。

（一）黑格尔的伦理关系概念

黑格尔对伦理关系的分析是建立在对伦理与道德两个概念严格区分的基础之上的。在黑格尔那里，"morality"（道德）倾向于个体道德，"ethics"（伦理）则更多地表示社会道德。他在《法哲学原理》中明确指出："道德和伦理在习惯上几乎是当做同义词来使用，在本书中则具有本质上不同的意义……尽管从语源学上看来道德和伦理是同义词，仍然不妨把既经成为不同的用语对不同的概念来加以使用。"① 黑格尔一方面肯定康德把道德一词用来表达个体道德的领域，但又不满足于此，他同时用伦理这个概念来表达社会伦理的领域。黑格尔认为，道德和伦理是意志发展的两个重要阶段。其中，道德是"主观意志的法"②，在个体内在的道德领域，"善"仅仅停留在"我的内心"，因而具有自身内在的不足，必须过渡到社会伦理的领域，因为"道德同更早的环节即形式法都是抽象的东西，只有伦理才是它们的真理。"③ 伦理是抽象法和道德两个环节的统一，"伦理是自由的理念"④，"是在它概念中的意志和单个人的意志即主观意志的统一。"⑤

黑格尔把家庭、市民社会和国家看成伦理发展的三个环节，在这些环节中集中讨论了人与人的关系。我们知道，从总体上看，黑格尔是把伦理及其发展的不同环节视为客观精神发展重要阶段，因而在根本上说伦理关系属于精神性关系范畴。具体地说，作为一个精神性的关系范畴，伦理关系是一个用来表示经过反思的、具有必然性的伦理性的关系，这种关系以人与人的关系为内容，其中，又以人与人之间的权利和义务关系为核心。他说："通过伦理性的东西，一个人负有多少义务，就享有多少权利；他享有多少权利，也就负有多少义务。"⑥ 黑格尔在论述家庭、市民社会以及国家等各种伦理关系时都仔细讨论了权利和义务关系问题。比如，在家庭这一环节，黑格尔讨论了父母与子女之间的权利与义务关系；在市民社会这一环节，黑格尔讨论了私人之间的权利与义务关系；在国家这一环节，黑格尔则讨论了公民与国家之间的权利与义务关系。可见，在黑格尔的伦理关系概念中，伦理权利与义务关系是一个核心概

---

① 黑格尔：《法哲学原理》，商务印书馆 1961 年版，第 42 页。
② 同上，第 41 页。
③ 同上，第 43 页。
④ 同上，第 164 页。
⑤ 同上，第 172 页。
⑥ 同上，第 172～173 页。

念。黑格尔的这一思想无疑是十分深刻的，也为本文研究伦理关系提供了重要的思想资料。

与伦理关系紧密联系在一起的是伦理实体的概念。对伦理实体，黑格尔坚持从精神性上来把握。在黑格尔那里，实体就是精神，因此，伦理实体在本质上就是那些规定伦理关系的理念、概念或精神。他说："因为伦理性的规定构成自由的概念，所以这些伦理性的规定就是个人的实体性或普遍本质。"① 显然，黑格尔这种把伦理精神看成伦理实体、而把家庭、市民社会和国家等都视为精神实体的外化的观点是唯心的。因为伦理精神、伦理理念只是一种伦理的价值或理论体系，它们存在于现实的伦理关系和伦理实体之中，甚至可以说它们是伦理关系和伦理实体的灵魂和内核，但不能说就是伦理实体本身。

其实，学术界对于伦理实体一直存在主观性的和客观性的两种解释。客观性地理解伦理实体，一般说来，它表现为现实社会中具体存在的社会实体。各种社会实体，小至个人、家庭，大至民族、国家都可能是伦理实体。这是因为，理解伦理实体的关键是伦理关系，而伦理关系表现为人与人之间的关系，而人与人之间的关系在现实的社会生活中有着丰富的形态，它既可以表现为个人与个人的关系，也可以表现为个人、家庭、民族、国家等纵横交错的复杂关系。

总之，从黑格尔的伦理关系思想中我们可以看到，黑格尔的伦理关系学说虽然是建立在他的客观唯心主义基础之上的：他把家庭、市民社会和国家视为伦理发展的三个阶段，而把伦理又看做是客观精神发展的一个阶段，这从形式上看显然是唯心的，但从内容上看，黑格尔的伦理关系学说又是现实的：他把辩证法引入伦理学，从家庭、市民社会和国家这种现实的社会生活中去考察人与人之间的关系，这在伦理思想史上都是十分深刻的见解，为我们科学地认识伦理关系问题提供了很好的思想资料。

（二）马克思关于伦理关系的基本观点

马克思虽然没有给伦理关系下过明确的定义，但我们从他的《黑格尔法哲学批判》和《论离婚法草案》等著作中，仍然可以体会到他关于伦理关系的一些基本观点。

马克思对黑格尔的《法哲学原理》予以了深刻的批判。马克思认为，黑格尔的根本错误在于他未能认识到人的内容是人的真正现实。所谓"人的真

---

① 黑格尔：《法哲学原理》，商务印书馆1961年版，第165页。

正现实"，马克思认为是人在进行社会生产和交往中形成的社会关系，现实的人就是处在一定社会关系中的人。而社会关系包含丰富的内容，如生产关系、政治关系以及伦理关系等等。在这个意义上，伦理关系就是与生产关系、政治关系等其他社会关系结合在一起的、包含了主体的道德观念等主观意识在内的特殊的社会关系。

在《论离婚法草案》一文中，马克思曾多次使用了"伦理关系"这一概念，如"一切伦理关系"、"实际存在的伦理关系"、"伦理关系的存在"、"伦理关系中的个人"、"伦理关系的概念"① 等等。马克思认为，结婚就是结成一定的伦理关系，在婚姻伦理关系中，双方都要遵守一定的婚姻家庭道德，都有一定的伦理权利与义务。虽然，由婚姻形成的伦理关系，只是人类伦理关系中的一个具体类型，马克思没有对伦理关系进行系统论述，也没有对这一概念作出明确界定，但从马克思关于婚姻伦理关系的论述我们仍然能够体会到他关于伦理关系的一些基本观点。

马克思曾说："像国家、宗教、道德等等这些一般的名字，决不会使我们感到迷惑，因为这些名字只是许多个人的现实关系的抽象。"② 可见，马克思关注更多的是社会关系，他更多的是从总体社会关系的角度来考察人与人之间的关系。关于社会关系，马克思有一个著名的命题："社会关系的含义是指许多个人的合作。"③ 马克思把社会关系的总和视为一定历史阶段上的社会形态。这就是说，马克思考察社会形态除了按生产力和生产关系的标准之外，还有一个独特的视角，这就是从个人与社会、个人与他人以及个人与所处的社会生活条件等社会关系的层面，将社会形态的历史演进视为人类社会合目的性的发展过程。马克思在《1857～1858 经济学手稿》中把这种发展过程分为三个阶段，即"三大社会形态"："人的依赖关系，是最初的社会形态"；"以物的依赖性为基础的人的独立性，是第二大社会形态"；"建立在个人全面发展和他们共同的社会生产能力成为他们的社会财富这一基础上的自由个性，是第三个阶段。"④

马克思关于社会关系的论述，同样适用于作为社会关系重要方面的伦理关系。从中我们可以体会到，伦理关系是由经济关系所决定、受政治关系所影响

---

①　《马克思恩格斯全集》第 1 卷，人民出版社 1956 年版，第 184～185 页。

②　《马克思恩格斯全集》第 3 卷，人民出版社 1960 年版，第 320 页。

③　同上，第 33 页。

④　《马克思恩格斯全集》第 46 卷（上），人民出版社 1979 年版，第 104 页。

和制约的一类社会关系；理解伦理关系的基础和前提是理解社会关系。因此，在不同的社会有不同的伦理关系，或者说，在不同的社会历史条件下，伦理关系具有不同的性质或特点，由此产生不同的道德原则和规范，用以调整和处理相应的社会关系。因此，只有从伦理关系、社会关系入手，才能准确理解不同社会历史条件下的不同道德原则和规范。

（三）国内已有概念综述

目前，国内一些学者对伦理关系的概念也进行过一些界定或分析。从总体上看，我国学术界对伦理关系概念的界定和使用尚未达成一致。归纳起来，主要存在三种情况：一是使用道德关系的概念；二是使用伦理关系的概念；三是主张对伦理关系与道德关系进行严格区分。

道德关系是我学界较早使用的一个概念。其中，罗国杰教授的观点最具代表性。他认为，道德关系"是人们基于某种既定的社会道德意识，并遵循某种既定的社会道德准则，而以某种特有的活动方式发生的社会关系。"① 他在《伦理学》一书中建构了一个社会道德结构的总体模式，其中一个重要方面就是社会道德关系结构。他认为，根据道德关系中主体的不同，社会道德关系可以分为个人与个人之间、个人与社会整体之间以及社会整体与社会整体之间的道德关系三大类，并认为社会整体与社会整体之间的道德关系与前两类道德关系可以相通或类推，因而总体上社会道德关系可以更简单地概括为个人与个人之间以及个人与社会整体之间两大类②。

伦理关系是目前学界使用最多的概念。好些学者对伦理关系这一概念进行过界定或分析。比如，宋希仁教授认为："伦理关系是有精神渗透其中的、主观见之于客观的实体性关系"，"伦理关系的形成有其客观的物质性基础，也有其主观精神条件"，"伦理关系的维系和调整是由法律和道德共同实现的"③。此外，也有学者认为："伦理关系是人与人之间体现和合乎伦理规定的关系"，"人类交往关系的价值蕴涵，是社会伦理关系存在的客观前提"，"人类社会（的伦理关系）正朝着普遍主体的相互承认、相互尊重的道德自由的终极目标迈进"。④ 还有学者借用黑格尔的概念，认为"伦理关系是一种人与

① 罗国杰：《伦理学》，人民出版社 1989 年版，第 62 页。
② 同上，第 64 页。
③ 宋希仁：《论伦理关系》，《中国人民大学学报》2000 年第 3 期。
④ 龚群：《论社会伦理关系》，《中国人民大学学报》1999 年第 4 期。

人的关系"，是一种"用来表示经过反思的、具有必然性的社会关系。"①

　　另外，还有一些学者主张对伦理关系与道德关系进行区分："道德关系是建立在个体的'道德'基础之上或通过主体的'道德'而形成的关系。"而"伦理关系是超越了具体主体'我'的人与人的关系，或者说是客观化了的道德关系。"可见，伦理关系与道德关系是有区别的，"人们依照自己的道德而形成的关系，是具有道德性的人我关系；撇开具体'我'，而从整个人类社会次序上概观，人与人的关系即是一种伦理关系。"② 这就是说，道德关系是在主体道德基础上形成的关系，而伦理关系则是社会层面的人与人之间的关系，前者更侧重于主体内在的道德因素，后者则更侧重于客观的外在关系。

二、伦理与道德的区分

　　我国学术界之所以会出现对伦理关系、道德关系的概念使用不统一的局面，一个非常重要的原因就是对伦理与道德未能进行应有的区分。事实上，伦理与道德作为伦理学的两个最为基本的概念，既有密切联系，又有一定区别。但时至今日，不管是中国还是西方学术界对二者的关系问题都还未能达成一致，都存在不加区分和加以区分两种情况，以至在很大程度上，对这两个概念的模糊化使用仍然是造成一些争议的重要根源。因此，在讨论伦理关系的含义之前，我们必须先厘清伦理与道德的关系。

　　（一）中国伦理学对伦理与道德之间关系的理解

　　在中国伦理思想史上，伦理与道德是两个密切相关的概念，以至在日常生活中甚至在思想界都存在把二者作为同义语来使用，甚至把伦理道德作为一个概念连用的情况。但也存在一定区别：伦理强调人与人之间的关系，道德则侧重于个体自我的内在修养和行为表现。

　　在中国古代典籍中，"道"最初表示事物运动和变化的规则，这是从本体论意义上来理解的"道"。这种本体论意义上的"道"是中国哲学的最高概念，在先秦诸子的著作中被广泛使用。如老子说："有物混成，先天地生，寂兮寥兮，独立而不改，周行而不殆，可以为天下母。吾不知其名，字之曰道。"③ 同时，人们也常常从政治意义上使用"道"的概念，如荀子说："道

---

　　①　高兆明：《制度公正论》，上海文艺出版社 2001 年版，第 51 页。
　　②　焦国成：《中国古代人我关系论》，中国人民大学出版社 1991 年版，第 13～14 页。
　　③　《老子》第 25 章。

也者，治之经理也。"① 此外，还有人生意义上的"道"，如孟子说："仁也者，人也，合而言之，道也。"② 从伦理学角度看，"道"指的是人们为人处世的根本原则和行为准则。

"德"在中国古代典籍中也有多种含义。它最早表示对"道"的认识、践履有所得的意思。东汉刘熙认为，"德者，得也，得事宜也。"③ 这表明，在中国古代，"德"与"得"是相通的。庄子说的"通于天地者，德也"④，是从本体论意义上来说的，它是指万物的本性或生成状态。从伦理学的角度看，"德"是指人们认识、践履作为行为准则的"道"而形成的品质和内心信念，如朱熹说的"德者，得其道于心而不失之谓也"⑤ 就是这个意思。

"道"与德连用，作为一个概念，包括道德原则和道德品质两方面的内容，指的是人的行为合于一定的行为准则以及由此形成的道德品质和内心信念。如荀子说："故学至乎礼而止矣，夫是之谓道德之极。"⑥ 在这里，荀子把"道"与"德"连用，认为它不仅包括调整人与人之间关系的规范和准则，而且包括人们在社会生活中遵守这些规范和准则而形成的道德品质。

从词源学的角度看，"伦"是辈、类、序等意思。中国古代早有"人伦"的概念，用来表示人们不同类型、等级的关系及其应该遵循的准则。如《论语》中说："不仕无义。长幼之节，不可废也；君臣之义，如之何其废之？欲洁其身，而乱大伦。君子之仕也，行其义也。"⑦ 其中的"伦"强调的就是人与人之间的必然关系及其具有的道理或准则。孟子提出"五伦"，也是强调人与人之间的关系，并被赋予了规范和准则的内涵。"理"本来是指治玉，后被引申为条理、纹理、道理等意思，进而在中国古代思想史上，人们把它发展成为一个仅次于"道"的重要概念，从物之理、人之理、心之理等不同角度对之进行诠释。"伦"与"理"连用，成为一个概念，指的是人与人之间的关系合乎人伦之理，即合乎一定的行为准则。它最早出现在《礼记·乐记》中，即"乐者，通伦理者也。"可见，在中国，伦理这个概念主要是从人伦关系的角度来说的，其实质就是客观的人伦之理，即处理人与人之间关系的道理、原

---

① 《荀子·正名》。
② 《孟子·尽心下》。
③ 《释名·释言语》。
④ 《庄子·天地》。
⑤ 《四书集注·论语注》。
⑥ 《荀子·劝学》。
⑦ 《论语·微子》。

则和规范。

这样看来，在中国伦理思想史上，伦理与道德虽是两个密切相关的概念，二者都强调行为准则对于人的行为的重要性。但也存在一定区别：伦理强调的是在处理人与人之间的关系中应该遵循一定的行为规范和准则，而道德是个人遵循一定的行为规范和准则来为人处世，从而在自己内心有所得、有所收获，它偏向于个体主体的"得道"的品行完善。近些年来，中国伦理学界对这一问题给予了一定的关注，一些学者撰文从不同角度分析伦理与道德之间的关系问题。但直到现在，人们对这两个概念的使用仍然没有统一，在日常生活和理论研究中都还存在加以区分和不加区分两种情况。

（二）西方伦理学对伦理与道德的关系的理解

在西方，从词源学的角度看，道德和伦理基本上是两个可以互相替换的概念，都表示"风俗"、"习俗"、"习惯"和"品质"。其中，道德（morality）一词源于 mores（指的是"风俗"），后来被用来表示道德风俗和人们的道德个性。伦理（ethics）一词源于"ethos"（指的是"出入场所"），因而还有社会恒定习俗或精神气质的意思。可见，在西方思想史上，相当长的时期内，伦理与道德都具有大体相同的含义。即使到了今天，西方仍然有许多伦理学者在不对二者进行区分的意义上来使用这两个概念。

当然，二者也稍有不同，道德侧重于个体的角度，更注重人们的个体心理、品质，伦理侧重于社会的角度，更突出社会的普遍精神气质。黑格尔正是看到这一点，在这个意义上对二者进行了严格的区分："我们说道德而不说伦理，因为在伦理里，我的行为所遵循的，乃是基于风俗习惯，而不是依照我的意志所应该作的；道德主要地包含着我的主观反省、我的信念，我所作的遵循普遍的理性的意志决定，或普遍的义务。"① 可见，在黑格尔那里，道德主要存在于个体内在的领域，倾向于个体道德；而伦理及风俗习惯则主要存在于社会的领域，更多地表示社会道德。黑格尔认为，道德和伦理作为意志发展的两个重要阶段，道德是"主观意志的法"，"意志从外部定在出发在自身中反思着，于是被规定为与普遍物对立的主观单一性。"② 显然，黑格尔是从个体内在的角度来使用道德这个概念的。但他同时认为，在个体道德领域，"善"仅仅停留在"我的内心"，因而具有自身内在的不足，必须过渡到社会伦理的领

---

① 黑格尔：《哲学史讲演录》第 3 卷，商务印书馆 1959 年版，第 36 页。
② 黑格尔：《法哲学原理》，商务印书馆 1961 年版，第 41 页。

域，只有这样，才能"使善就在外部的实存中得以完成。"因为"道德同更早的环节即形式法都是抽象的东西，只有伦理才是它们的真理。"① 在黑格尔看来，主观的善在外部的实存中得以完成，要经历家庭、市民社会和国家三个社会领域。

在黑格尔之后，西方思想界对伦理和道德这两个概念的关系问题也仍然没有形成定论，对这两个概念的使用也还既存在不加区分又存在相与区分的情况。

（三）伦理与道德的区别

从以上的考察我们可以看到，伦理与道德作为伦理学的两个最为基本的概念，是既有密切联系又有一定区别的。在日常生活和一些无须进行区分的语境中对伦理与道德两个概念不加区分使用是可以的，但在一些需要进行严格区分的场合如果仍然不对它们进行有效区分，就会导致不必要的争议。因此，本书主张对伦理与道德进行必要的区分。

归纳起来，伦理与道德的区别主要有三个方面：第一，从词源学的角度看，伦理与道德存在一定的区别。如上所述，在中国伦理思想史上，伦理与道德虽是两个密切相关的概念，但也存在一定区别：道德是人的行为合于一定的行为准则以及由此形成的道德品质和内心信念；伦理这个概念主要是从人伦关系的角度来说的，其实质就是客观的人伦之理，即处理人与人之间关系的道理、原则和规范。在西方伦理思想史上，虽然相当长的时期内，伦理与道德都具有大体相同的含义，但二者也稍有不同，道德侧重于个体的角度，更注重人们的个体心理、品质，伦理侧重于社会的角度，更突出社会的普遍精神气质。

第二，伦理与道德的侧重点有所不同，它们分别侧重于社会生活的两个不同层面："伦理是社会中的人伦存在"②，"是由社会来支配个体"，强调的是社会层面的人与人之间的关系，侧重于反映人与人之间关系以及维系这种关系应该遵循的行为规范和准则，即"维持社会的法则和原理"③；而道德"作为主观意志的法"④，强调的是个体层面的主体自我，侧重于反映主体自身行为的"应该"，即主体能否遵循伦理规范和准则，并把它内化为自己的人格品性，从而提升自己的人生境界。

① 黑格尔：《法哲学原理》，商务印书馆 1961 年版，第 43 页。
② 丁大同：《国家与道德》，山东人民出版社 2007 年版，第 39 页。
③ 李泽厚：《己卯五说》，中国电影出版社 1999 年版，第 156 页。
④ 黑格尔：《法哲学原理》，商务印书馆 1961 年版，第 41 页。

第三，伦理与道德发挥作用的方式有所不同。伦理的要求在很大程度上是一种社会的要求，是一种侧重于他律性的客观要求。我们知道，人都是生活在社会关系之中的，在社会关系中，每个人都具有一定的社会身份和社会角色，都要承担一定的社会责任。伦理就是对人们在社会关系中一定社会身份和社会角色的客观反映和要求，一个人具有什么样的社会身份和社会角色，就应该遵守相应的规范和准则。因此，伦理侧重于客观的他律性要求。与伦理的要求不同，道德虽然也有他律性的一面，但它也是一种自律性的标准，侧重于主体自我的主观要求。道德的要求出自主体内心，正如马克思所说的："道德的基础是人类精神的自律。"① 黑格尔也认为，道德是"主观意志的法"② 因此，社会可以制定一定的伦理制度，作为社会控制和管理的工具；而道德主要是主体自己给自己"立法"，即依靠主体对伦理规范的自觉认同、遵守，进而自觉加强道德修养，完善自己的道德人格，提升自己的道德境界。

当然，伦理与道德的上述区别是在极为严格的意义上所作的区分。在一般情况下，如果不是基于特定理论研究的需要，不对伦理与道德进行严格区分是可以的。但在一些特殊的场合和特定的语境下，我们必须对它们进行区分。本书所要讨论的伦理关系概念，就是建立在对这两个概念进行区分的基础之上的。

三、伦理关系的含义

笔者认为，所谓伦理关系，就是在一定自然因素与社会因素的基础上，人与人之间由客观关系和主体意识构成、贯穿应然价值规定的一种相对稳定的社会关系。这一定义主要包含以下几个方面的内容：

---

① 《马克思恩格斯全集》第 1 卷，人民出版社 1956 年版，第 15 页。
② 黑格尔：《法哲学原理》，商务印书馆 1961 年版，第 41 页。

第一，伦理关系是人与人之间即主体与主体①之间的关系。"人类的社会实践活动，有着'主—客'关系与'主—主'关系这样两重结构，而具有精神道德特性的'主—主'关系，用另一概念来表述，就是人类社会的伦理关系。"② 可见，从本质上看，"伦理关系是一种人与人的关系"，"伦理关系虽然在具象上包括某些人与自然的关系，但就其实质而言却是关注的人与自然关系背后所隐藏的人与人之关系"③。动物之间的关系，如动物对自己"子女"的"养育"关系，是一种完全出自动物本能的自然生命关系，不是人类父母与子女之间存在的抚养与赡养的关系，因而不是伦理关系。正如马克思所说的："凡是有某种关系存在的地方，这种关系都是为我而存在的；动物不对什么东西发生'关系'，而且根本没有'关系'；对于动物说来，它对物的关系不是作为关系而存在的。"④ 即使是像"虎毒不食子"这样的情况，也只是一种动物的本能习性，不是人类所特有的亲情和自觉意识，因而也不可能是伦理关系。

第二，伦理关系的形成既有自然因素，又有社会因素，而以社会因素为主。从自然因素来看，伦理关系是人与人之间本来就有的一种特殊的社会关系。比如，在父子伦理关系中，就包含了父子之间的血缘关系，而这种血缘关系是父母与子女之间本来就有的。这是伦理关系中包含的自然因素。当然，在伦理关系的形成中，自然因素次要的，社会因素是主要的。伦理关系形成中的

---

① 这里讲的主体，是指认识活动和实践活动的承担者。但在哲学史上，许多人是从本体论的意义上来讨论主体这一范畴的。比如，亚里士多德认为，"除了第一实体，所有其他事物，或者都可以被用来述说作为主体的第一实体，或存在于作为主体的第一实体中。"（见《亚里士多德全集》第1卷，第6页。）马克思在概括英国哲学家霍布斯的观点时也曾说："物质是一切变化的主体。"（《马克思恩格斯全集》第2卷，人民出版社1957年版，第164页。）显然，亚里士多德和马克思这里所讲的主体都是一种无客体的主体，实质上都应该理解为"本体"才更准确。但在认识论上，一旦人把自身与对象区别开来，专属于人的主体就产生了。在以人为主体的情况下，主体就是认识活动和实践活动的承担者，主体与客体的关系就包括认识的和实践的主客体关系两个方面。郭湛教授把主体范畴的这两种理解归纳为广义的主体与狭义的主体两种情况。其中，广义的主体，是指在普遍事物的相互作用中主动的一方。在这个意义上，主体并不是专属于人的概念，人和物是不是主体，是由它们在普遍事物相互作用中的地位决定的，人和物都既可能是主体，也可能是客体。狭义的主体则是以人的活动的指向来区分的，根据这种标准，只有人才是主体。（参见郭湛：《主体性哲学》，云南人民出版社2002年版，第12页。）后者也正是马克思主义主体观的一个基本观点，即人是认识和实践活动的主体。本文所使用的主体概念就是在这个意义上而言的。

② 龚群：《当代中国社会伦理生活》，四川人民出版社1998年版，第67~68页。

③ 高兆明：《制度公正论》，上海文艺出版社2001年版，第51页。

④ 《马克思恩格斯全集》第3卷，人民出版社1960年版，第34页。

社会因素主要有三个方面：一是人类的物质资料的生产方式，这是伦理关系据以产生的客观物质条件；二是人类社会交往关系，"人类社会的交往关系的存在与发展是伦理关系存在与发展的基础与前提。"① 三是在生产劳动和交往关系的基础上产生的人的语言、意识等主观精神条件。

从归根结底的意义上说，伦理关系是由生产关系决定的。在一定的社会历史条件下，人与人之间是何种性质的关系是由社会生产关系决定的；伦理关系随着一定生产关系的产生而产生，随着生产关系的变化而变化。比如，原始社会的生产关系决定了当时没有君臣伦理关系；到了奴隶社会、封建社会，生产关系的变化导致了伦理关系的变化，突出表现就是原始社会个人与氏族之间的关系演变成了个人与国家之间的关系，从而产生了君臣关系。即使是任何社会都存在的父子关系，在不同的社会历史条件下，由于生产关系的不同，父子关系也有不同的性质和内容。

第三，伦理关系由客观关系和主体意识构成。② 从客观关系来看，伦理关系总有一定的实体表现，即物质承载者。比如，在父子伦理关系中，父子关系就是它的实体表现或物质承载者，否则，伦理关系就无从把握。同时，伦理关系的产生是一个不依人的意志为转移的客观过程。比如，人类最初的伦理关系如父母与子女之间的关系，是按辈分来确定的。这种关系的产生是不以人的主观意志为转移的，也是人类的一种基本生存方式。另外，人总是处在社会生活之中的。在社会生活之中，每个人都会有一定的角色和身份，社会对这一角色和身份总会有一定的规范和要求，由此构成人的职责和义务，伦理关系体现的就是人与人之间的这种职责和义务关系。这种职责和义务是客观的，不管人们是否意识到，也不管人们是否履行，它都客观存在。从这个意义上说，它是一种客观的关系。

伦理关系中的主体意识是主体关于自己与他人、集体和社会之间的关系"是怎样"以及"应该怎样"的意识。伦理关系作为社会生活中人与人之间的职责和义务关系的一种体现，作为主体与主体之间的关系，主体意识自然是伦理关系中尤为重要的内容。舍此，就不成其为伦理关系。比如，在父子、长幼关系中，社会对父母、长辈以及子女、晚辈都有一定的伦理原则和规范，即所谓"长幼有序"。处于这种关系中的人都会自觉不自觉地意识到自己所处的辈

---

① 龚群：《当代中国社会伦理生活》，四川人民出版社1998年版，第61页。

② 参见宋希仁：《论伦理关系》，《中国人民大学学报》2000年第3期。

分地位以及自己应该承担的职责和义务。这就是伦理关系中的主体意识。

第四，伦理关系是一种贯穿应然价值规定的社会关系。社会关系是在人们的各种实践活动基础上形成和发展起来的关系，它贯穿于人类社会发展的全过程，表现在社会经济、政治、文化生活的各个领域。从一般意义上说，伦理关系与经济关系、政治关系、法律关系一样，也是社会关系的一个方面或一种类型。但是，伦理关系与其他社会关系又有显著区别。其中，一个重要方面就在于：从本质上说，伦理关系是一个用以表达社会关系的应然性的概念，也就是黑格尔用以指称的具有必然性的伦理性的关系，即"反思、应然的关系"①。因此，伦理关系一种贯穿应然价值规定的社会关系。

一般地说，经济、政治、法律等社会关系都有自己具体明确的存在领域，这些领域主要都是实然性的领域，即人与人之间的关系"是怎样"的领域。而社会要发展，社会关系要和谐，还必须对社会关系的"应该"予以设定，这就是伦理关系的领域。伦理关系作为社会关系的一个方面，既渗透在经济、政治、法律等其他社会关系之中，有着自己的客观关系基础，同时又有自己相对独立的特殊领域，即人与人之间的关系"应该怎样"的领域。这是一种在客观关系基础上的"应然"领域。如果从人类把握世界的"真"、"善"、"美"三种方式的角度看，伦理关系显然是存在于善的领域、表达善价值的关系，因而比经济、政治、法律等其他社会关系有着更高的价值地位：它"表达一定社会价值取向和理想目标，引导社会发展方向，规定社会发展目标，把握和调整着社会各个方面的善及其合理性。这些价值取向和理想目标深深渗透在政治、法律和经济生活等各个领域，无处不在地发生着作用。"② 正是在这个意义上我们说，伦理关系是一种表达应然价值设定的社会关系，或者说是一种贯穿着善价值规定的社会关系。

第五，伦理关系是具有相对稳定性的社会关系。伦理关系的相对稳定性可以从两个方面来理解：一方面，从整个人类社会的伦理关系看，人类伦理关系是由一定社会的经济关系所决定的：社会经济关系不仅决定着伦理关系的性质和内容，也决定着伦理关系的发展和变化。而社会经济关系的相对稳定性决定了伦理关系也是具有相对稳定性的。比如，原始社会的经济关系决定了当时的伦理关系是一种原始平等型的伦理关系，奴隶社会、封建社会的经济关系决定

---

① 高兆明：《制度公正论》，上海文艺出版社 2001 年版，第 53 页。
② 葛晨虹：《道德是什么及其在社会中的功能体现》，《西北师大学报》2004 年第 6 期。

了奴隶社会和封建社会的伦理关系是一种建立在宗法关系基础之上的等级型的伦理关系。正是经济关系的相对稳定性决定了伦理关系的相对稳定性，从而使得在一定的历史时期内，伦理关系往往具有大致相同的性质和特点。另一方面，从具体伦理关系来看，伦理关系一经形成，也是具有相对稳定性的。比如父子伦理关系，无论他们处于何种年龄阶段，无论社会生活发生了怎样的变化，也不管父、子对自己的职责和义务履行与否，履行多少，父亲总是父亲，子女总是子女，他们之间的父子伦理关系总是存在的。这也是伦理关系相对稳定性的具体表现。

四、伦理关系与道德关系

前面提到，目前学术界在讨论伦理关系的时候，有些学者用的是伦理关系，有些学者用的是道德关系，还有些学者主张对二者进行严格区分。那么，伦理关系与道德关系到底有没有区别？二者之间到底是什么关系？

从伦理与道德两个概念的关系我们可以体会到，伦理关系和道德关系也是两个既有密切联系又有一定区别的概念。上面我们已经较详细地分析了伦理关系的概念；而道德关系"是人们基于某种既定的社会道德意识，并遵循某种既定的社会道德准则，而以某种特有的活动方式发生的社会关系。"① 可见，它与伦理关系也是有一定区别的。归纳起来，它们的区别主要有以下五个方面：

第一，伦理关系的形成既有社会因素，又有自然因素，而道德关系的形成只有社会性的因素而没有自然性的因素。道德关系的概念本身就说明，道德关系与人们的道德行为、道德活动是密切联系在一起的，道德关系的形成依赖于一定的社会道德准则，只有当人们的行为和活动涉及到遵不遵守道德原则和规范以及遵守何种原则和规范的时候，才会产生相应的道德关系。显然，这中间只有社会因素，没有自然因素。

第二，伦理关系的特殊矛盾是伦理权利与义务关系，而道德关系的特殊矛盾是善与恶之间的矛盾。如前所述，每个人在社会生活中都有一定的角色、身份，都要承担一定的本分和职责。在伦理关系中，一方需要承担的责任和义务对另一方来说是权利，一方享有的权利对另一方来说是责任和义务。因此，权利与义务之间的关系问题，是伦理关系的基本主题，也是伦理关系的特殊矛

---

① 罗国杰：《伦理学》，人民出版社 1989 年版，第 62 页。

盾。而道德关系的特殊矛盾是善与恶之间的矛盾。由于人们的道德观念、道德品质、道德境界都是有差别的，有些符合甚至高于一定的道德原则和规范要求，但也有一些是与一定道德原则和规范相违背的。在不同的道德观念的指导下实施的行为，会表现出不同的道德水准，产生不同的效果：前者产生的是道德的行为即善行，后者产生的是不道德的行为即恶行。可见，善恶之间的对立和冲突是道德关系的基本矛盾。

第三，伦理关系在涵盖的范围或外延上大于道德关系。伦理关系虽然也是一种特殊的社会关系，或者说是社会关系的一个方面，但它作为人与人之间本来就具有的一种社会关系，体现的是在社会生活中人的职责和义务是什么，以及为什么具有这种职责和义务，因而是具有极大的普遍性的：它广泛渗透在经济、政治、法律等其他社会关系之中，在一定意义上甚至可以说，一切社会关系中都蕴涵着一定的伦理关系。从这个意义上看，在外延上伦理关系是与社会关系同等程度的概念。道德关系则不然。道德关系的形成依赖于一定的社会道德准则，只有当人们的行为和活动涉及到遵不遵守道德原则和规范以及遵守何种原则和规范的时候，才会产生相应的道德关系。可见，较之于伦理关系，道德关系在外延上要小得多。

第四，伦理关系在一定时期内具有相对稳定性，而道德关系往往是变动不居的。我们以父子关系为例。从伦理关系的角度看，无论父和子处于何种年龄阶段，也不管父和子对自己的职责和义务履行与否，履行多少，父亲总是父亲，子女总是子女，他们的伦理关系是不变的。但从道德关系的角度看，随着父与子年龄的变化，随着父、子对自己职责和义务履行情况的不同，会形成不同的道德关系。比如，从父与子对自己职责和义务的履行情况来看，父亲抚不抚育自己年幼的子女及其程度如何、子女赡不赡养自己年迈的父亲及其程度如何，都会导致不同道德关系的产生。

第五，伦理关系必须通过科学的抽象才能把握，而道德关系通过感官就可以直接感知。伦理关系作为一种特殊的社会关系，必须通过抽象思维才能把握。一个人在社会生活中，他扮演什么样的社会角色，应该承担什么样的职责和义务，都是需要通过抽象思维才能把握的。比如，有的人在单位是局长，在局长与下属的关系中，她处于上级；在家里他是妻子，与丈夫之间是平等的关系。有些人局长当得很称职，但作为妻子却很不称职。这除了由于精力、时间等顾及不到这外，最根本的原因是她没能认识到自己在夫妻伦理关系中，她应该承担的责任和义务。可见，伦理关系是需要通过抽象思维才能把握的。而道德关系由于与道德行为、道德活动紧密相连，一个人有没有遵守一定的道德原则和规范，由此形成的道德关系显然是可以通过人们的感官感知的。比如，在上述夫妻关系中，她有没有尽到一个做妻子的责任，在何种程度上尽到了一个做妻子的责任，人们都可以从她的具体言行上直接感知。

当然，对伦理关系与道德关系的这种区分是建立在对伦理与道德两个概念进行严格区分的基础之上的。假如我们主要不是关注它们在社会层面与个体层面、客观层面与主观层面上的差异，而主要从它们都是一种实践精神，都体现着社会精神的实质，即都是经济、政治、法律等其他社会关系的价值合理性依据这一视角看，它们都表示可以进行道德评价、具有伦理性的关系。正因为伦理关系在外延上大于道德关系，而且"伦理"一词更具关系意味，更能准确表达人与人之间的关系，因而本文倾向于选择使用伦理关系这一概念，把伦理关系确定为自己的研究对象。

第二节　伦理关系的本质

在伦理关系理论的研究中，伦理关系的本质是一个具有根本性意义的问题。这一问题的解决，直接关系到对伦理关系理论其他一系列问题的回答。本书拟从以下三个层面来考察伦理关系的特殊本质：首先，伦理关系是一种特殊的社会关系，较之于其他社会关系具有显著的特殊性；其次，伦理关系是一种贯穿应然规定的价值关系；再次，从更深层的意义上说，伦理关系是主体间伦理的权利与义务关系。

一、伦理关系是一种特殊的社会关系

社会关系是相对于自然关系而言的，它是从自然关系中发展出来，在人们的生存活动基础上形成和发展起来的人与人之间的关系。正如马克思所说的："社会关系的含义是指许多人的合作。"[1] 列宁也说："我在研究实际的社会关系及其实际的发展时，也正是研究活的个人活动的产物。"[2] 可见，社会关系是人的活动的产物或后果，只有以人的生存活动为基础，社会关系才能形成和发展。社会关系贯穿于人类社会发展的全过程，表现在社会经济、政治以及文化生活的各个领域。

---

① 《马克思恩格斯全集》第 3 卷，人民出版社 1960 年版，第 33 页。
② 《列宁全集》第 1 卷，人民出版社 1984 年版，第 370 页。

从一般意义上说，伦理关系与经济关系、政治关系、法律关系一样，都是社会关系的一个方面或一种类型。前苏联学者拉契科夫认为，研究社会关系的类型有两种基本方式，即系统－社会学方式和集体－哲学方式。① 根据系统－社会学方式，社会关系是一个复杂的系统，它包括经济关系、政治关系、法律关系、伦理关系、宗教关系以及审美关系等多方面的关系。根据集体－哲学方式，可以把一切社会及其发展的一切阶段，都划分出首要的和次要的、决定的和被决定的社会关系。这一方式最初出现在马克思、恩格斯的著作中：他们把一切社会关系划分为首要的、基础的、根据的关系和派生的、次要的、精神的关系。其中，生产关系是首要的、基础的、根据的关系，"决定其他一切关系的地位和影响"。② 此后，列宁根据这种方式，第一次把社会关系分为物质关系和思想关系两种基本类型。其中，物质关系即经济关系，是首要的、起决定作用的社会关系，它是决定其他一切社会关系的基础；思想关系如法律关系、政治关系、伦理关系等，通过人们的意识而形成，受经济关系的制约。可见，无论从哪个角度看，伦理关系都是社会关系的一个重要方面或类型。

　　当我们深入到社会关系的内部，对伦理关系与经济关系、政治关系、法律关系等其他社会关系进行比较时就会发现，伦理关系与其他社会关系有重要区别，伦理关系是一种特殊的社会关系。具体地说，伦理关系的特殊性主要表现在以下四个方面：

　　第一，伦理关系有相对独立的特殊的存在领域。从一般意义上说，经济、政治、法律、伦理等各种社会关系之间既相互渗透，又都有相对独立的存在领域。比如，经济关系从整体来看，一般可以分为两个层次：一是包括生产资料所有制、人们在生产中的地位以及消费资料的分配方式等内容的反映社会经济制度本质的经济关系，即我们通常所说的社会经济关系或经济结构。我们所说的决定其他一切社会关系的经济关系，指的主要就是这一层次。二是在具体组织生产、交换、分配、消费过程中发生的人与人之间的经济关系，这类经济关系反映在经济运行、资源配置的过程中，它说明的是各种生产要素相互结合的具体形式和特点，即我们通常所说的"组织经济关系"。③ 无论从哪个层次看，经济关系的存在领域都是明确的。政治关系"是人们在社会生活中，基于特

　① ［苏］拉契科夫主编，王中宪等译：《社会关系》，东方出版社1991年版，第33页。
　② 《马克思恩格斯全集》第46卷（上），人民出版社1979年版，第44页。
　③ 参见周新城：《论经济关系的两重性》，《经济经纬》2005年第3期。

定的利益要求而形成的，以政治强制力量和权利分配为特征的社会关系。"①
显然，政治关系存在于政治权力和政治权利所及的领域。法律关系"是法律
规范在调整人们行为过程中形成的以法律上的权利与义务为表现形式的社会关
系。"② 众所周知，法律规范以及法律上的权利与义务都是十分明确的。

伦理关系作为社会关系的一个方面，也既渗透在其他社会关系之中，同时
又有自己相对独立的特殊的存在领域。我们知道，人总是处在社会生活之中
的。在社会生活之中，每个人都会有一定的角色和身份，社会对这一角色和身
份总会有一定的规范和要求，由此构成人的职责和义务，伦理关系体现的就是
人与人之间的这种职责和义务关系。因此，伦理关系虽然以客观关系为基础，
但其存在的领域主要是人与人之间的关系"应该怎样"的领域，即在客观关
系基础上的"应然"领域。我们说伦理关系由客观关系与主体意识构成，其
中的主体意识最重要的方面就是主体对自己与他人、社会之间的关系"应该
怎样"的自觉意识。

第二，伦理关系的领域既然主要是人与人之间关系的"应然"领域，这
从人类把握世界的"真"、"善"、"美"三种方式的角度看，伦理关系主要存
在于善的领域，是一种表达善的关系，因而比其他社会关系有着更高的价值地
位。我们知道，人类是通过"真"、"善"、"美"三种方式来把握世界的。其
中，善主要是研究世界"应该怎样"的问题，我们说伦理关系是主要存在于
善的领域的关系，即是说伦理关系主要是表达人与人之间关系"应该怎样"
的问题。在柏拉图真善美统一的伦理思想体系中，善的理念居于最高层次，善
的本质，即善的理念，是高于一切真理和知识的最上层的理念："善可以说不
仅是一切被知的事物的知识的创作者，并且是这些事物的存在和本质的创作
者。"③ 康德也建立了一个庞大的真善美统一的思想体系。从康德求真、求善、
求美的三大"批判"中我们可以看到，在康德的思想体系中，伦理学也是高
于哲学的，知识的价值取决于道德的价值，善具有更高的价值地位。伦理关系
是一种表达善的关系，或者说它可以抽象到人类把握世界基本方式的高度，即
善的方式和善的领域，这是伦理关系在最高抽象意义上的存在领域。而其他社
会关系，如经济关系、政治关系、法律关系一般都不便作这样的抽象，否则就

① 王浦劬：《政治学基础》，北京大学出版社 1995 年版，第 49 页。
② 公丕祥：《法理学》，复旦大学出版社 2002 年版，第 443 页。
③ 周辅成：《西方伦理学名著选辑》（上卷），商务印书馆 1964 年版，第 171 页。

不成其为经济关系、政治关系或法律关系了。

第三，伦理关系具有极大的普遍性，在存在的范围上远远大于经济、政治、法律等其他社会关系。如上所述，经济、政治、法律等其他社会关系的存在范围都是比较明确的。比如，政治关系只存在于政治权力和政治权利所及的领域，法律关系只存在于法律上的权利与义务所及的领域，政治权力和政治权利、法律权利与义务显然都是十分明确的。与此不同，伦理关系虽然也有自己存在的特殊领域，但是同时，伦理关系又是具有极大的普遍性的，在一定程度上可以说，一切社会关系中都蕴涵着一定的伦理关系，因而其存在的范围远远大于其他社会关系。这是因为，伦理关系所体现的人与人之间的职责和义务关系，是具有极大的普遍性的。事实上，从人类社会发展的历史来看，伦理关系普遍存在于古往今来的一切社会之中；具体到某一社会，伦理关系几乎关涉到社会生活的各个方面和各个领域。可以说，在人类社会所有的社会关系中，伦理关系最为古老、最为普遍。正如梁漱溟所说的，人从出生到老死，要与他人发生各种关系，所谓伦理关系，就是"互以对方为重，彼此互相负责任，彼此互相有义务之意"。① 梁漱溟虽然仅仅从情与义、责任与义务的角度来理解伦理关系，在很大程度上未能对伦理关系作出科学的解释，但他非常正确地看到了伦理关系的普遍性。

第四，在调整的方式和手段上，伦理关系也有着不同于其他社会关系的明显特点。经济、政治以及法律等其他社会关系的调整更多是以国家机器为后盾，具有明显的国家强制性。比如，对于经济关系的调整来说，第一个层面即反映社会经济制度本质的经济关系的调整，包括维护和变革两个方面。无论是哪一个方面显然都是以强制力作为主要手段，奴隶制、封建制、资本主义经济关系都莫不如此。第二个层面，即在具体组织生产、交换、分配、消费过程中发生的人与人之间的经济关系的调整，在一定程度和范围上虽然需要综合运用市场规律、行政、法律以及道德等各种手段，特别是在现代市场经济条件下，市场规律在经济关系调整中的作用越来越大，但它仍然是以国家强制力为后盾的，道德在这种经济关系中的调整作用是有限的。至于政治关系和法律关系的调整，就更需要以国家强制国为后盾了。特别是法律关系的调整，是直接以法院、警察、监狱、军队等国家暴力机器为后盾的，因而带有明显的国家强制性。同时，法律关系的调整还必须由专门的机构和人员，严格按照法律规范和

---

① 梁漱溟：《梁漱溟全集》第 1 卷，山东人民出版社 1989 年版，第 659～660 页。

规定的程序进行，不存在其他变通的手段。

伦理关系的调整则不然，虽然它也要综合运用道德、经济、政治、法律、文化等各种手段，即伦理关系的调整手段也是强制性和非强制性手段相结合，但它侧重于非强制性的道德手段。众所周知，道德主要是一种非强制性的"软约束"。道德作为调整伦理关系的主要手段，不以国家机器为后盾，而主要通过舆论褒贬、沟通疏导和教育感化等方式，注重唤起人们的知耻心和道德责任感，培养人们的善恶判断能力，从而使主体能够自觉认识到自己在伦理关系中所应承担的职责和义务，按相应角色的要求自觉履行相应的义务，因而一般不具有国家强制性。同时，道德调整的主体是一切社会成员，不需要专门的机构和人员，在调整的方式和程序上都具有较大的灵活性。

二、伦理关系是一种贯穿应然规定的价值关系

从深层的意义上看，作为一种特殊的社会关系，伦理关系是一种贯穿着应然规定的价值关系。对伦理关系的这一本质，我们又可以从以下两个层面来理解。

首先，伦理关系是一种价值关系。我们知道，在人类有意识、有目的、能动地改造客观世界的活动中，人与外部世界主要存在三种关系：实践关系、认识关系和价值关系。其中，实践关系是主体在改造世界的活动中形成的主客体之间的改造与被改造的关系；认识关系是主体以观念形态的活动反映对象世界的反映与被反映的关系；价值关系则是主体需要与客体的功能和效用之间的一种满足与被满足的关系。在人与外部世界存在的三种关系中，实践关系、认识关系是价值关系产生的基础；价值关系是实践关系和认识关系的目的和核心，它统摄着人与外部世界的一切活动，是人与外部世界的最高关系范畴。①

价值关系不仅存在于人与物之间，而且存在于人与人之间。人与物之间的价值关系就是物对于人的效用关系，其中，人是价值主体，与人相关的物是价值客体。人与人之间的价值关系则是人对人的效用关系。在这种价值关系中，人集主体与客体于一身，既是价值主体，又是价值客体。

人与人之间的价值关系，是社会关系的一种抽象。在人与人之间的价值关系，即个人与个人、个人与集体以及个人与社会之间的价值关系中，个人、集体、社会都既是价值主体，同时又是价值客体。个人、集体和社会作为价值主

---

① 参见宋成一：《价值关系：人与外部世界的最高关系范畴》，《学术论坛》2001年第1期。

体都有各自的需要；作为价值客体，它们又都能创造物质财富和精神财富以满足他人、集体和社会的需要。这样，在个人、集体与社会之间就形成了个人价值、集体价值、社会价值与个人需要、集体需要、社会需要之间错综复杂的关系。这种关系集中表现为作为价值主体，不管是个人、集体还是社会都有权利要求其他个人、集体与社会满足自身的需要，但是同时，作为价值客体，个人、集体、社会又应该尽力满足其他个人、集体与社会的需要。这就是说，人与人之间价值关系的一个重要表现，就是不同的个人、集体、社会之间的需要与满足、奉献与索取等各种矛盾关系。

作为人与人之间的一种特殊的社会关系，伦理关系也不例外，也体现着主体与主体之间，即人与人之间的价值关系。这是因为，一方面，伦理关系主体与主体之间存在一种既相互需要、相互依赖又相互满足、彼此为用的关系，这种关系作为中介和纽带把主体与主体有力地联系起来；另一方面，在伦理关系主体与主体之间也存在着需要与满足、奉献与索取、权利与义务等各种矛盾，而这正是伦理关系的特殊矛盾。显然，伦理关系中主体间的这些关系是人的价值关系中不同的个人、集体、社会之间关系的一个重要方面。从这个意义上看，伦理关系无疑是主体与主体之间的一种价值关系。

其次，伦理关系作为一种价值关系要体现、合乎应然规定。就伦理关系和价值关系的关系而言，人的价值关系是人的伦理关系的实质；而每一种伦理关系都是价值关系的一种表现。当然，说伦理关系是一种价值关系，并不意味着所有价值关系都是伦理关系。从伦理关系的概念我们可以看到，只有那些体现和合乎应然规定的价值关系才是伦理关系。反过来说，伦理关系就是那种体现和合乎应然规定的价值关系。那么，伦理关系作为一种价值关系，贯穿其中的应然规定是什么呢？

如前所述，价值关系是主客体之间满足与被满足的关系，是对象、客体与主体需要之间的一种效用关系。这种价值关系要体现和合乎应然规定，无非就是说，主体的需要与客体对主体需要的满足要体现和合乎一定的伦理精神和道德要求。伦理关系属于人与人之间的价值关系。在伦理关系中，人既是主体又是客体，主体双方都有需要，同时主体双方都必须满足对方的需要。伦理关系作为贯穿着应然规定的价值关系，主体与主体之间的相互需要与相互满足的关系，必须合乎相应的伦理精神和道德要求。

如果我们深入到伦理关系的内部，不难发现，它内在地包含着伦理关系主体的道德认识、道德情感、道德意志、道德信念及价值观念。其中，一以贯之的是道德原则，对某一方面进行规定的是道德规范和道德准则。而在家庭生活、职业生活以及社会公共生活等社会生活的各个领域，则相应地有家庭道德、职业道德和社会公德予以约束。在伦理关系中，主体需要的提出，主体对对方需要的满足，即主体职责和义务的履行，都贯穿着这些应然规定。只有贯穿着这些应然规定的价值关系，才是伦理关系。否则，就只是一般价值关系，而不是伦理关系。

作为贯穿应然规定的价值关系，伦理关系是经济、政治、法律等其他社会关系的价值合理性依据。一般地说，人在社会生活中形成的价值关系主要有两种，由此形成两种基本的价值，即人的社会价值与人的自我价值。其中，人的社会价值指的是人对于他人、集体及社会的存在与发展的效用和价值；人的自我价值则是指社会对满足自我生存和发展的效用和价值。人的社会价值与自我价值体现在经济、政治、法律等社会生活的各个方面。伦理关系作为贯穿应然规定的价值关系，就是要按照应然的规定和要求来认识和处理人的社会价值与自我价值的关系，从而辩证地对待这种关系，实现自我价值与社会价值的统一。正是在这个意义上我们说，伦理关系是一种应然性的社会关系，是从应然的善价值的角度对经济、政治、法律等其他社会关系的一种规定，因而是其他社会关系的价值合理性依据。

在伦理关系中，应然规定与主体的关系也呈现出相互作用、相互影响的状况。一方面，应然规定对主体有重要的制约作用，主体必须遵守一定应然规定的要求：任何一个主体需要的满足和对对方需要的满足即对自己职责和义务的履行，都必须在一定的道德原则、道德规范和道德要求的指导下进行；另一方面，应然规定要有效发挥作用，也必须得到主体的认同和自觉遵守。因为一定的道德原则、道德规范和道德要求，是外在于主体的约束力量，如果仅仅停留在他律阶段，无论主体怎样遵守，它都还只是一种外在的约束力量。因此，必须使主体把应然规定内化为自己的"良心"，这个时候的应然规定才能真正发挥作用。

三、伦理关系是主体间伦理的权利与义务关系

不言而喻，在社会生活中，每个人都是通过一定的角色和身份与他人进行交往而发生各种关系的。从伦理学的角度看，社会对人的每一角色和身份都会有一定的规范和要求，由此构成人的职责和义务。具有一定角色和身份的人履行自己的职责和义务，对于他人而言，都意味着权利的实现。伦理关系体现的就是在社会生活中人的职责、义务以及权利是什么，为什么具有这些职责、义

务和权利。其中，主体应该履行的职责和义务就是伦理的义务，而主体应该享有的权利就是伦理的权利。在这个意义上说，伦理关系就是主体与主体之间伦理的权利与义务关系。

显然，这里讲的伦理的权利与义务关系，指的是具有伦理属性的权利与义务关系，或者说是应然的权利与义务关系。这就是说，伦理关系中所体现的权利与义务关系，是从应然的角度审视各种社会关系中权利与义务关系的合理性。从一定意义上可以说，在一切社会关系中，权利与义务关系都是不可回避的核心内容。一般社会关系中的权利与义务，如经济关系中的经济权利与义务、政治关系中的政治权利与义务以及法律关系中的法律权利与义务都是具体而明确的，而伦理关系中的权利与义务是渗透在经济、政治、法律等权利与义务之中的，是从价值应然的角度对其他各种权利与义务的反思、评价或规定。显然，这是一种对权利与义务关系从广义层面进行的理解。如前所述，人总是处在社会生活之中的，人们的社会生活包括经济、政治、文化等各个方面，在社会生活的各个方面人们都有一定的权利、职责和义务，伦理的权利和义务就是从应然的善价值的角度对经济、政治、法律等各种权利与义务的反思、评价或规定。正是在这个意义上我们说，一切社会关系中都蕴涵着一定的伦理关系。

就权利与义务的关系而言，伦理的权利与义务应该是对等的关系。正如黑格尔所说的："通过伦理性的东西，一个人负有多少义务，就享有多少权利；他享有多少权利，也就负有多少义务。"[1] 他认为权利和义务的结合与同一只有在伦理阶段，特别是在国家中才能得以实现，因为只有"国家的力量在于它的普遍的最终目的和个人的特殊利益的统一，即个人对国家尽多少义务，同时也就享有多少权利"[2]。而在抽象法和道德的领域，权利与义务并不是同一的："在抽象法的领域，我有权利，别一个人则负有相应的义务；在道德的领域，对我自己的知识和意志的权利，以及对我自己的福利的权利，还没有、但是都应当同义务一致起来，而成为客观的。"[3] 伦理关系中主体间伦理的权利与义务关系，就是有"伦理性的东西"渗透其中的权利与义务关系，或者说是经过"伦理性的东西"反思、评价或规定的权利与义务关系。事实上，伦

① 黑格尔：《法哲学原理》，商务印书馆 1961 年版，第 172～173 页。
② 同上，第 261 页。
③ 黑格尔：《法哲学原理》，商务印书馆 1961 年版，第 173 页。

理的权利与义务作为从应然的、善价值的角度对经济、政治、法律等各种权利与义务的反思、评价或规定，它本身就意味着各种权利与义务在社会成员间的分配应该符合应然的价值规定，因而是一种相对公正、合理的分配。从这个意义上说，伦理的权利与义务关系是经济、政治、法律等其他社会关系中权利与义务关系的价值合理性依据。

如前所述，伦理关系是一种贯穿应然价值规定的社会关系。之所以如此，更深层的原因就在于伦理关系是主体间伦理的权利与义务关系。前面提到，人在社会生活中形成的价值关系主要有两种，由此形成两种基本的价值，即人的社会价值与人的自我价值，前者是人对于他人、集体及社会的存在与发展的效用和价值；后者则是社会对满足自我生存和发展的效用和价值。在现实社会生活中，人的社会价值与自我价值的关系，从另一角度看也可以说是人与人之间的权利与义务关系。其中，人的自我价值的实现意味着人的权利的实现，而人的社会价值的实现意味着人的义务的履行。可以说，伦理关系作为一种应然性的社会关系，正是通过伦理的权利与义务关系，对经济、政治、法律等其他权利与义务关系合理性、应然性的一种价值规定，告诉我们人与人之间权利与义务的分配怎样是合理的，怎样是不合理的。

另外，伦理关系的这一本质，我们还可以从马克思的实践观中得到有力的说明。我们知道，实践的观点是马克思主义社会历史观的首要的基本的观点，实践是思考全部社会关系的基本根据。马克思曾把人类活动从总体上分为物质活动和精神活动两大类，每一大类又可以从生产和交往两方面进行考察。就伦理关系而言，伦理关系的实践性也是来源于生产活动和交往关系两个方面，并主要存在于主体与主体之间的交往活动和交往关系之中。这种交往活动和交往关系从特定的角度看，也是主体间的一种权利与义务关系。这种权利与义务关系是否合理，在很大程度上标示着交往关系能否顺利进行、社会关系是否和谐。而伦理关系作为主体间伦理的权利与义务关系，就是从伦理的角度审视、设定的权利与义务关系，是一种在伦理应然价值意义上具有合理性的权利与义务关系。在这个意义上可以说，"伦理关系是一切实践活动的价值灵魂"①；伦理关系作为贯穿着应然规定的价值关系，是社会关系合理性、应然性的价值依据。

值得注意的是，对伦理学领域的权利与义务，还有一种狭义层面的理解，

---

① 高兆明：《制度公正论》，上海文艺出版社 2001 年版，第 53 页。

即把它理解为一种与经济、政治、法律等各种权利与义务相并列的道德权利与义务。80年代中期以来我国学界关于道德权利问题的争论，主要就是在这个层面展开的。我们知道，我国在80年代中期以前，权利主要是一个法律概念，基本上没有被纳入伦理学的视野。在80年代中期以后道德权利的概念虽然开始受到我国伦理学界的关注，但学界对这一问题一直存在争议。归纳起来，主要是两种对立的观点：一种观点认为道德权利是存在的，研究和重视道德权利具有重要的理论和实践意义；另一种观点认为，伦理学是"义务之学"，道德具有规范性和约束性，道德的规范和约束作用只能通过义务表现出来；而且，权利往往与个人利益相联，在道德上认可权利的存在，难免导致个人主义①。不管是哪种观点，都说明道德权利问题已经受到了学界的关注。1993年出版的《中国伦理学百科全书》已经列上了"道德权利"这一词条，2002年出版的《伦理学大辞典》也对"道德权利"这一概念进行了比较详细地解释：道德权利"通常指由道德体系所赋予的，由相应的义务所保障的主体应得的正当权利"②。

从前述伦理与道德两个概念的关系中我们也可以体会到，在极其严格的意义上，伦理权利与义务关系和道德权利与义务关系也是有一定区别的。伦理的权利与义务"是一种客体－客观的立场"，在伦理的权利与义务关系中，"权利－义务是一体化的"，"伦理关系中的权利－义务安排是一种制度性安排"；而"道德义务是一种主体－主观的立场"，"道德义务是由'我'所主动承负构建的"③。同时，上面提到，伦理关系中的权利与义务关系是从应然的角度来审视各种权利与义务关系是否合理，对社会成员权利与义务的分配是否公正，是否符合善的价值规定，因而应该是对等的关系；而狭义层面的道德权利与义务之间的关系，学界还存有明显争议：如上所述，有的学者认为，伦理学是"义务之学"，道德的作用只能通过义务表现出来，因而不应该谈道德权利；有的学者认为不仅道德权利是存在的，而且它与道德义务也是对等的关系；还有的学者认为道德权利虽然存在，但它与道德义务不应该是对等的关系。笔者认为，道德权利与义务关系侧重的是要求主体履行相应的义务。这是因为，虽然主体在履行一定的道德义务之后，客观上也可能会有一定的权利回

---

① 参见余涌：《道德权利研究》，中央编译出版社2001年版，第19~21页。

② 朱贻庭主编：《伦理学大辞典》，上海辞书出版社2002年版，第130页。

③ 高兆明：《制度公正论》，上海文艺出版社2001年版，第57页。

报，但这种权利的获得不应成为主体履行义务的动机和目的。这就是说，人们认识和处理道德权利与义务关系的出发点应该是道德义务。

道德权利与义务关系的这一特点，从它和其他社会关系中的权利与义务关系的区别中可以得到很好的说明。道德权利与义务关系和其他权利与义务关系的重要区别之一就在于权利与义务的不同侧重：道德权利与义务关系侧重于要求主体履行相应的义务；而其他权利与义务关系侧重于维护当事人应有的权利。具体地说，道德权利与义务关系的这种特殊性主要表现在三个方面：即道德义务相对于权利的先在性、非权利动机性以及本位性。所谓道德义务相对于道德权利的先在性，是指从权利与义务的优先次序看，道德义务是先在于道德权利的：道德义务的产生、履行都不以获取某种权利为目的；而经济、政治法律等其他社会关系中，权利是人们认识和处理相应关系的出发点。所谓道德义务的非权利动机性，是指道德义务的履行不以获得权利为动机或条件，即使在他人不履行相应义务的情况下，主体也应该自觉履行自己的义务。康德"为义务而义务"的原则，把义务的这一特性强调到了极致，如果我们撇开它的唯动机论的偏颇性和极端性，应该说它在很大程度上揭示了道德义务的非权利动机性。而所谓道德义务的本位性，则是指从道德权利与道德义务的地位上看，道德义务居于主导和本位地位：相对于其他领域的权利与义务关系，道德义务具有更多的目的性价值，主体对义务的履行更多是超出个人功利计较，而不是作为获取权利的手段而存在的。

第三节　伦理关系的基本特征

在上一节我们曾论述了伦理关系区别于经济、政治、法律等其他社会关系的本质：伦理关系是一种特殊的社会关系。作为一种特殊的社会关系，伦理关系与其他社会关系在存在形态、存在范围以及调整方式和手段等方面都有重要区别。这实际上也是伦理关系的特性，即伦理关系与其他社会关系相比较而表现出来的特性。这里我们主要从一般意义上来考察伦理关系的总体性特征。归纳起来，伦理关系的总体性特征主要有以下五个方面：

一、客观性与主观性的统一

从伦理关系的含义我们可以看到，伦理关系既具有客观性，又具有主观性，是客观性与主观性的统一。从伦理关系的客观性看，前面提到，伦理关系是一种特殊的社会关系，而"社会关系的含义是指许多人的合作。"① 这本身就意味着在社会生产和交往活动中蕴涵着伦理性因素和条件，换言之，"许多人的合作"本身就直接意味着人与人之间伦理关系的存在。这种存在无疑是一种客观性存在。当然，作为伦理关系的客观性存在与那些作为社会物质生活条件的客观性存在不同，伦理关系的客观性存在是渗透在社会生产和交往活动中之中的、作为其中的伦理性因素和条件的客观存在。这种伦理性条件是进行社会生产和交往、实现"许多人的合作"所必需的客观条件。

从伦理关系的主观性看，它内在地包含着主体意识，或者说它体现在主体意识之中，是主体意识对客观关系的一种把握。同时，伦理关系是广泛渗透在经济、政治、法律等其他各种社会关系之中的，伦理关系的领域主要是人与人之间的关系"应该怎样"的领域，即在客观关系基础上的"应然"领域，必须通过抽象思维才能把握。这也清楚地表明，伦理关系虽然是一种客观性存在，但这种存在与主体的意识是密不可分的：只有当主体意识到这一关系时，这一关系才会受到关注和重视。正是在这个意义上我们说，伦理关系也是具有主观性的。

伦理关系这种客观性与主观性统一的特点，在整个人类社会的伦理关系和具体伦理关系两个层面都有明显的表现。从整个人类社会的伦理关系层面看，伦理关系作为社会关系的一个重要方面，既是一个客观的关系和过程，同时又与人们的主观活动密切相关，是一种客观的社会关系和人们的主体意识相统一的结果。正如马克思所说的："人们按照自己的物质生产的发展建立相应的社会关系"②。这表明，一方面，伦理关系是由"物质生产的发展"即人类物质资料的生产方式所决定的，而"物质生产的发展"从整个人类社会的历史进程来看，是一个客观的历史过程；另一方面，社会关系又是人们按照自己物质生产的发展而建立起来的，在这一过程中，必然凝聚着人们的主观因素。

事实上，如前所述，人类伦理关系的形成既有自然因素，又有社会因素。其中，如血缘关系等自然因素是客观的，正是在其自然基础的层面上，我们说伦理关系是人与人之间本来就有的一种特殊的社会关系。伦理关系形成的社会因素，主要包括人类的物质资料的生产方式、人类社会交往关系以及在生产劳动和交往关系的基础上产生的人的语言、意识等主观精神条件。这其中既包含

---

① 《马克思恩格斯全集》第 3 卷，人民出版社 1960 年版，第 33 页。
② 《马克思恩格斯全集》第 4 卷，人民出版社 1958 年版，第 144 页。

了客观因素，又包含了主观因素。

毋庸讳言，在归根结底的意义上伦理关系是由生产关系决定的。生产关系不仅决定伦理关系性质，而且决定伦理关系的发展和变化；在阶级社会，伦理关系也具有明显的阶级性。比如，原始社会的生产关系决定了当时没有君臣伦理关系；到了奴隶社会、封建社会，生产关系的变化导致了伦理关系的变化，突出表现就是原始社会个人与氏族之间的关系演变成了个人与国家之间的关系，从而产生了君臣关系。这表明，伦理关系的形成、发展和变化是一个不依人的意志为转移的客观过程。但是同时，在这一过程中，又总是凝聚着人们的主观因素。其中，最典型的表现就是历史上一些或激进或保守的思想家的伦理思想不同程度地影响着社会的道德观念，进而影响着当时伦理关系发展的具体形态和进程。比如，中国传统伦理关系史上，以"三纲五常"为核心的儒家伦理思想对整个中国传统伦理关系的发展就起了十分关键的作用，可以说，中国传统伦理关系的发展就是沿着儒家所设定的方向和路线前进的。正是在历代众多思想家的学术研究、宣讲，历代统治者的采纳、推广以及老百姓的信奉、遵从下，儒家设定的以"三纲五常"为核心的伦理关系和伦理秩序才得以形成并不断巩固和发展。

从具体的伦理关系层面看，伦理关系也是由客观关系与主体意识构成的，任何一种伦理关系也都是客观性与主观性的统一。一方面，任何一种伦理关系首先都是一种客观的关系。比如，父母与子女之间的伦理关系、夫妻伦理关系、师生伦理关系等等，首先都是客观的关系，这是人类一种基本的客观存在方式。但这并不意味着这些客观的关系就是伦理关系。这种客观的关系要成为伦理关系，必须渗透着主体的主观意识，即主体的伦理意识、道德观念以及价值判断等。否则，它就仅停留在一般的人际关系层面而不是伦理关系。

另一方面，伦理关系中主体的职责与义务也既是客观的，同时又带有主体的主观意识。这是因为，在社会生活之中，社会对每一角色和身份的人总会有一定的规范和要求，由此构成人的职责和义务，伦理关系体现的就是人与人之间的这种职责和义务关系。这种在社会对人的规范和要求基础上形成的人的职责和义务是客观的，不管人们是否意识到，也不管人们是否履行，它都客观存在。但是同时，这并不意味着其中就没有主观因素。事实上，处于伦理关系中任何主体，都会自觉不自觉地带进自己的主观意识，比如对自己的角色身份、社会地位的认识、基于自己的道德观念和价值判断对自己在伦理关系中应该承担的职责和义务的认识，对履行或不履行相应的职责和义务的后果的预见等等，而且主体的这种主观意识是伦理关系中尤为重要的内容。舍此，就不成其为伦理关系。

二、历时性与共时性的统一

从整个人类社会伦理关系发展的历史进程来看，伦理关系既具有历时性，又具有共时性，是历时性与共时性的统一。之所以说伦理关系具有历时性，最根本的原因在于它是受一定社会的经济关系所决定的。我们知道，在社会关系体系中，经济关系是起决定作用的社会关系，其他一切社会关系都是由经济关系所决定的。伦理关系也不例外。经济关系对伦理关系的决定作用主要表现在两个方面：

一方面，经济关系的性质决定伦理关系的性质，经济关系的发展变化决定伦理关系的变革。可以说，有什么样的社会经济关系，就会有什么样的伦理关系，从而在不同性质的经济关系条件下，就会不同性质的伦理关系。这是因为，"每一个社会的经济关系首先是作为利益表现出来的。"① 正是这种利益决定着人们对自己与他人、集体和社会之间关系的理解，从而在根本上决定着伦理关系的性质和特点。纵观整个人类社会发展史，主要存在两种性质的经济关系，一是以生产资料公有制为基础，一种是以生产资料私有制为基础。经济关系的这种性质决定了人类社会的伦理关系的性质，据此我们可以把整个人类社会伦理关系分为两类不同性质的类型：一种是平等型的伦理关系，包括原始社会的伦理关系和在社会主义社会不断发展并随着共产主义社会的实现而形成的伦理关系；一种是不平等的伦理关系，包括奴隶社会、封建社会以及资本主义社会的伦理关系。在人类伦理关系史上，伦理关系的所有变革，首先都是源于社会经济关系的发展变化。

另一方面，在阶级社会，一切伦理关系都被烙上了阶级的印记。即使是父子伦理关系，虽然不能被视为阶级关系，但其阶级烙印也是很深的。当然，阶级社会中伦理关系的阶级烙印，归根结底也是由经济关系所决定的。"人们自觉不自觉地，归根到底总是从他们阶级地位所依据的实际关系中——从他们进行生产和交换的经济关系中，吸取自己的道德观念。"② 这是因为，经济关系在现实社会生活中往往表现为利益关系，人们在利益关系中的不同地位以及对个人利益与社会利益关系的不同理解，决定人们对伦理关系的不同认识和

---

① 《马克思恩格斯全集》第 18 卷，人民出版社 1964 年版，第 307 页。
② 《马克思恩格斯全集》第 20 卷，人民出版社 1971 年版，第 102 页。

调整。

伦理关系具有历时性的特点，并不否认一定时代的伦理关系具有相对稳定性，也并不否定不同时代的伦理关系之间存在一定的共同方面或某些相通、相似之处。从这个意义上说，伦理关系又具有共时性的特点。

具体地说，伦理关系的共时性主要表现在两个方面：一方面，伦理关系是由一定社会的经济关系所决定的，而社会经济关系的相对稳定性决定了伦理关系的共时性，即在同一时代的伦理关系具有大致相同的性质和特点。比如，原始社会的经济关系决定了当时的伦理关系是以血缘关系为基础的原始平等型关系，奴隶社会的经济关系决定了奴隶社会的伦理关系以绝对的人身依附关系为主，封建社会的经济关系决定了封建社会的伦理关系以宗法等级关系为主。正是经济关系的相对稳定性决定了伦理关系的共时性，从而使得在一定的历史时期内，伦理关系往往具有大致相同的性质和特点。

另一方面，不同时代的伦理关系之间也可能存在某些共同或相似的方面，也是伦理关系共时性的一个重要表现。比如，中国奴隶社会与封建社会的伦理关系就具有许多相同或类似的方面，如伦理关系总体上的等级特征，君臣、主仆、父子、夫妇等一系列具体伦理关系上的上下尊卑、等级服从关系等等都存在大体相似的特征，或者说封建社会的伦理关系继承了奴隶社会伦理关系的许多特点。即使到了今天，当代中国社会的伦理关系在很大程度上也继承了中国传统伦理关系的精华，同时也还残存着一些封建性的糟粕，需要我们科学分析。

三、实然性与应然性的统一

伦理关系既包括实然性的社会关系基础，又包括应然性的社会关系"应该"，是实然性与应然性的统一。所谓实然性的社会关系，指的是社会关系的实际状态，即在现实社会生活中，人与人之间关系的现实状况；应然性的社会关系，指的是社会关系的理想状态，即人与人之间关系的"应该"。这里的"应该"有两方面的含义：一方面是指主体关于"我应该怎样"的一种自我要求；另一方面，"应该"还反映了对人与人之间关系的理想状态的追求，或者说是对人们提出的理想的道德要求。根据这一标准，在社会关系中，经济关系、政治关系、法律关系等都属于实然性的社会关系；而伦理关系既具有实然性，也具有应然性：伦理关系不仅是对社会生活中人与人之间现实关系的客观反映，也是对社会生活中人与人之间关系"应该怎样"的价值规定，而且后者是更为重要的方面。

这是因为，在经济、政治、法律等其他社会关系中，要求社会成员或关系双方遵循的都是他们能够达到且必须达到的最基本最起码的要求。比如，在法律关系中，不论当事人是什么样的社会身份和社会地位，对他而言有且只有"合法"这样一个要求，只作"合法"或"违法"一种裁决。而在伦理关系中，对关系双方主要是一种"应该怎样"的行为要求，这种"应该怎样"的行为要求显然就不限于最基本和最起码的要求，而是包括了一些高层次的要求，而且这种高层次的要求是更为重要的方面。在伦理关系的道德调整过程中，对于不同社会身份和社会地位的人而言，不是只有"合道德"一种要求，也不是只作"善"或"恶"一种裁决，而是要把它们区分出许多不同的层次。其中，最基本最起码的要求是"非恶"，这是与经济、政治、法律等其他社会关系一致的。在"非恶"的基础上，还要求人们努力向"善"，而"善"又可以分为"小善"、"大善"以及"至善"等许多不同的层次。这就是说，在伦理关系，要求人们根据自己的道德认识和觉悟水平，使自己的行为尽可能达到高于目前实际状况的水平。这表明，伦理关系不仅是一种实然性的社会关系，更重要的，它是一种应然性的社会关系。

　　伦理关系的实然性与应然性相统一的特质，也主要缘于伦理关系的客观关系与主体意识相统一的特点。如前所述，伦理关系是由客观关系和主体意识构成的。从客观关系来看，伦理关系总有一定的实体表现，即物质承载者；伦理关系的产生是一个不依人的意志为转移的客观过程；伦理关系所体现的人与人之间的职责和义务关系也是客观的，因为在社会生活之中，每个人都会有一定的角色和身份，社会对这一角色和身份总会有一定的规范和要求，由此构成人的职责和义务都是客观存在。从主体意识来看，伦理关系作为社会生活中人与人之间的职责和义务关系的一种体现，内在地包含着主体的道德认识、道德情感、道德意志、道德信念及价值观念。之所以说伦理关系是一种实然性的社会关系，主要是缘于伦理关系中的客观关系：伦理关系作为对人与人之间客观关系的揭示，反映的首先是社会关系的实际状态。而之所以说伦理关系是一种应然性的社会关系，则主要缘于伦理关系中的主体的道德认识、道德情感、道德意志、道德信念及价值观念等，缘于其中的应然性规定，即道德原则、道德规范、道德准则。正是这些主体意识和应然性规定，使伦理关系主体在思考与对方的关系时，能够从现实社会关系的实际出发，着眼于人与人之间关系的"应该"，在相应伦理精神和道德观念的指导下，根据相应的道德原则和道德规范来认识和处理与他人、与集体、与社会的关系，从而促进人与人之间关系的和谐和进步。

四、功利性与超功利性的统一

伦理关系作为人与人之间一种特殊的社会关系，作为一种贯穿应然规定的价值关系，既有功利性的一面，又有超功利性的一面，是功利性与超功利性的统一。伦理关系中的功利性因素，从一个特定的方面决定了伦理关系作为一种社会关系，与经济、政治等其他社会关系的一致性；而伦理关系中的超功利性的一面，则从一个方面体现了伦理关系作为一种特殊的社会关系，与其他社会关系的一个重要区别。

所谓伦理关系的功利性，是指任何伦理关系都在不同程度上反映着人与人之间的利益关系，人们对伦理关系的认识和处理都是为了实现和维护一定的利益。伦理关系的功利性因素，在伦理关系的形成、伦理关系的调整等方面都有明显的体现。如前所述，伦理关系的形成，与人的需要和利益密不可分；伦理关系的调整，是为了维护和实现对方以及主体双方的共同利益。这都充分地表明，伦理关系和其他社会关系一样，具有功利性的一面。

伦理关系具有功利性的一面，并不否定它同时还具有超功利性的一面。恰恰相反，相对于功利性因素而言，超功利性是伦理关系之所以能够成其为伦理关系更为重要的特点。其中的"超"，即超越，就是"超越自我、自私、自我中心"，"是当我们对外部任务、事业、责任和对他人和现实世界等等作出反应时对自我的超越。"[①] 可见，所谓伦理关系的超功利性，并不是说伦理关系不要或不能体现利益关系，而是指伦理关系所反映的利益是超出一己利益之上的对方的利益、双方的共同利益和社会的整体利益。也就是说，这里的"超功利"并不是说完全与功利无关，或者说超出一切功利，它仅仅是指超出个人功利的无私精神。

伦理关系超功利性的一面，也体现在伦理关系的形成、伦理关系的调整等各个方面。可见，伦理关系的功利性与超功利性相统一的特点，正是由伦理关系的形成、伦理关系的调整等方面的功利性与超功利性相统一的特点所决定的。

从伦理关系的形成看，伦理关系的形成虽然与人的需要与利益密不可分，从而具有功利性的一面，但是同时，伦理关系的形成还内在地凝聚着主体的道

---

① 曹鸿飞，吕锡琛：《从马斯洛的需要理论看个体的道德需要》，《现代大学教育》2004 年第 2 期。

德认识、道德情感、道德意志、道德信念及价值观念，包含着道德原则、道德规范和道德要求。这些因素虽然也不排除具有功利性的一面，但在更大程度上，它体现了伦理关系的超功利性：虽然道德是人们利益关系的反映，但这里的"利益"绝不是个人私利，而是伦理关系中的对方利益、双方的共同利益和社会的整体利益。

从伦理关系的调整看，人们认识、处理和调整伦理关系的出发点，虽然是为了维护和实现一定的利益，但它所要维护和实现的利益不是自己的个人利益，而恰恰相反，是要维护和实现对方的利益、双方的共同利益和社会的整体利益。如前所述，伦理关系所体现的是社会生活中主体的职责和义务关系，而主体承担责任、履行义务恰恰是为了维护和实现对方的利益、双方的共同利益和社会的整体利益。这是因为，伦理关系中主体的责任和义务，实质上就是社会对这一角色的期待和要求。作为社会的期待和要求的职责与义务在很大程度上是与主体自身的利益无关的，因为在更多的情况下，社会对每一角色提出的期待和要求，针对的是那些具有很高价值可能性的他人、集体和社会的利益，必要时甚至需要主体作出不同程度的个人牺牲。可见，以维护和实现对方利益、双方的共同利益和社会的整体利益为伦理关系调整的出发点，也是伦理关系超功利性的一个重要表现。

五、他律性与自律性的统一

他律与自律是西方伦理思想史上思想家们研究道德来源和根据的两种对立的观点，即道德的根据在人之外还是在人自身。康德把他律与自律视为两种相对的原则：他律是指"服从于自身以外的权威与规则的约束而行事的道德原则"；自律则是指"不受外界约束和情感支配，根据自己善良意志按自己颁布的道德规律而行事的道德原则"①。

就伦理关系而言，如前所述，伦理关系由客观关系和主体意识构成。就客观关系而言，伦理关系所体现的主体的职责和义务，即社会对人的每种角色和身份的规范和要求，首先也是一种客观外在的规范和要求。同时，经济与社会发展水平，经济、政治、文化等各种社会制度以及包括政治、法律、道德以及宗教等在内的各种社会意识对伦理关系都有重要的影响和制约作用。从这一角度看，伦理关系是一种他律性的社会关系。就主体意识而言，伦理关系中的主

---

① 朱贻庭主编：《伦理学大辞典》，上海辞书出版社 2002 年版，第 648 页。

体意识，特别是主体对自己与他人、社会之间的关系"应该怎样"的意识，表明它是主体意识对客观关系的一种把握，即只有当主体意识到自己与他人、社会之间的关系，并认识到这种关系"应该怎样"的时候，才能按自觉按照各种社会的规范和要求来处理这些关系。从这一角度看，伦理关系又是一种自律性的社会关系。

可见，伦理关系不仅是一种他律性的社会关系，也是一种自律性的社会关系。作为一种他律性的社会关系，伦理关系的认识、处理和调整，伦理关系中主体职责与义务的履行，首先都受制于外力，受外在规范的约束和节制。这些外力或外在的规范，是外在于伦理关系主体自身的。从实质上看，伦理关系的他律性就是社会对主体的角色期待和规范要求对伦理关系主体的一种基本约束和节制。这种规范和节制对于主体来说，是一种具有约束力的东西。在伦理关系中，主体只能在这种约束和节制的基础上，履行相应的职责和义务，而不可能完全摆脱这种约束和节制。具体地说，对伦理关系主体进行节制和约束的"外力"，包括经济、政治、法律以及道德等各个方面。

作为一种自律性的社会关系，伦理关系的认识、处理和调整以及主体职责与义务的履行，也是在主体自身内在的道德认识、道德情感、道德意志及道德信念的指导下得以完成的。这是因为，停留在他律阶段的外在规范，包括道德规范，始终是一种外在于主体的约束力量。可以说，只要主体没能把外在规范的约束内化为自身内在的意志约束，或者说没能实现从他律到自律的转化，这些外在规范对主体的作用就是有限的。这就是说，只有把包括道德规范在内的外在规范，转化为伦理关系主体自身内在的道德良心和道德愿望，把社会客观的道德要求转化为主体自身内在的道德需要，把原来的外在约束和节制转化为伦理关系主体自身的内在约束和内在节制，主体才能对它予以认同，从而自觉按照这种他律性的要求来认识和处理伦理关系。

需要注意的是，说伦理关系既是一种他律性的社会关系，又是一种自律性的社会关系，仅仅是在认识阶段或抽象思维中，即我们在思考和分析伦理关系的认识、处理和调整的时候，把伦理关系的外在约束和主体自身的内在约束分别进行研究，并不意味着他律性与自律性是伦理关系的两个独立的部分。事实上，伦理关系的他律性与自律性是紧密联系在一起的，在一定意义上我们甚至可以说，没有他律性，就没有自律性；没有自律性同样没有他律性。这是因为，主体对伦理关系的认识、处理和调整首先是从认识、接受他律性的外在规范开始的；同时，一切他律性的外在约束，都必须转化为自律性的内在约束即主体自身的意志约束，对主体才有完全的道德意义。

六、渗透性与相对独立性

伦理关系作为一种特殊的社会关系，是社会关系的一个子结构。如前所述，伦理关系与经济、政治、法律等其他社会关系的根本区别之一，就是伦理关系既广泛渗透在经济、政治、法律等其他社会关系之中，又有自己相对独立的存在领域，从而既具有渗透性，又具有相对独立性。

具体地说，伦理关系的渗透性是指伦理关系总是渗透或蕴涵在经济、政治、法律等其他社会关系之中，通过这些具体的社会关系而成为现实的客观存在。正如宋希仁教授所说的："伦理关系就是与经济、政治关系结合的，并有道德观念渗透其中的特殊的社会关系。"① 反过来说，对社会关系我们可以从不同方面进行考察和评价：同一种关系，往往可能既是一种经济关系、法律关系，同时又是一种伦理关系；也可能既是一种政治关系，又是一种伦理关系。这就是说，伦理关系并不是孤立的纯粹道德意义上的关系，而是以一个特定的方面进行评价的关系。

伦理关系虽然是渗透在其他社会关系之中的，但它一经形成就具有相对独立性。伦理关系的相对独立性是指，伦理关系虽然渗透在其他社会关系之中，但它相对经济、政治、法律等其他社会关系而言，又具有自己特殊的存在领域。如前所述，伦理关系存在的领域主要是人与人之间关系的"应然"领域，这从人类把握世界的"真"、"善"、"美"三种方式的角度看，伦理关系主要存在于善的领域，是一种表达善的关系，从而体现出自己的鲜明特点。我们之所以说伦理关系具有前面几个方面的特征，也正是由于伦理关系具有相对独立性。否则，我们就无法把握也没有必要把握它的特征了。此外，伦理关系的相对独立性还有以下三个方面的重要表现：

第一，伦理关系和其他社会关系特别是经济关系之间发展上的不平衡性。换言之，伦理关系的发展变化与经济、政治等其他社会关系的发展变化并不是完全同步的。伦理关系虽然由经济关系所决定、受政治关系所制约，因而从整个人类社会的发展历史来看，伦理关系的发展与经济关系的发展在总体上是一致的，但它并不是随着经济关系、政治关系的发展变化而亦步亦趋、完全同步。伦理关系与其他社会关系发展变化的不完全同步性，具体表现为滞后性和

---

① 宋希仁：《论伦理关系》，《中国人民大学学报》2000 年第 3 期。

超前性两种情况。所谓滞后性，是指伦理关系的发展变化落后其他社会关系的发展变化：社会经济关系和政治关系发生变革了，伦理关系并没有立即随之发生变化，它甚至还会存在相当长的一段时间。比如，在夫妻关系上的男尊女卑，本来是中国封建社会伦理关系的一个方面，但夫妻伦理关系的这种状况到了今天仍然有不同程度的表现。所谓超前性，则是指伦理关系的发展变化超前于其他社会关系的发展变化。比如，在一定历史时期的伦理关系，由于某些先进思想家的引领、倡导，一些先进的伦理思想和道德观念极大地影响着人与人之间的伦理关系，从而使得这一时期的伦理关系表现出明显超前于其他社会关系的特点。

第二，伦理关系的发展具有历史继承性。每一个历史时期的伦理关系，不仅是对现实经济关系的反映，而且同此前的伦理关系存在着继承的联系，从而使不同时代的伦理关系之间表现出不同程度的相同或相似性。这从伦理关系的内容上看，每一历史时期的伦理关系都既是对当时社会发展水平的反映，又往往保留着历史上伦理关系的某些因素。比如，中国封建社会的伦理关系，虽然从总体性质上看，是与封建经济关系相适应的，但在内容上与奴隶社会的伦理关系有着明显的继承关系，如君臣、主仆、父子、夫妇等一系列具体伦理关系上的上下尊卑、等级服从关系等等，都是与奴隶社会的伦理关系一脉相承的。正是由于伦理关系的历史继承性，伦理关系的发展才有可以追溯的历史脉络。

第三，伦理关系对经济、政治、法律等其他社会关系的发展也有一定的影响和作用。比如，中国封建社会以"三纲五常"为核心的伦理关系和伦理秩序，对中国经济关系的影响是十分深远的。虽然，从总体上看，以"三纲五常"为核心的伦理关系和伦理秩序首先是由封建生产关系所决定的，但它一经形成，对我国封建制经济关系的巩固和发展就起了十分重要的作用。应该说，伦理关系对其他社会关系的影响和作用是伦理关系相对独立性更为重要的表现。

第二章

伦理关系的历史演进

伦理关系的产生和发展，既符合社会关系产生和发展的一般规律，同时也有自己的特点。伦理关系的产生经历了一个漫长的历史过程，有着自己特定的现实基础、历史前提和实现机制；伦理关系的发展有着自己的独特标志和内外动力；中国和西方伦理关系的发展既遵循着同一历史规律，经历了大体一致的演进历程，但同时又有许多不同的表现。研究伦理关系发生的社会历史条件，揭示伦理关系发展的标志和动力，比较中西伦理关系发展的不同特点，对于进一步理解伦理关系的本质及其他理论问题都有重要意义。

第一节 伦理关系的发生学考察

人类伦理关系的产生是客观条件与主观条件的历史性统一。这种历史性统一集中体现在"现实的人"、"两种生产"以及社会交往等三个方面，它们既为伦理关系的产生提供了客观历史条件，又为伦理关系的产生提供了主观精神条件。其中，"现实的人"的产生一方面意味着伦理关系主体的生成，这是伦理关系形成不可或缺的客观条件；另一方面，"现实的人"与动物的根本区别之一，就在于"现实的人"有语言和意识，这是伦理关系形成不可或缺的主观条件。人类"两种生产"即物质资料生产和人口的生产和再生产的发展，不仅是伦理关系产生的历史前提，是伦理关系得以产生的客观物质性关系基础，也是主体意识发展的决定性因素。而社会交往则直接意味着伦理关系的实现，在一定意义上可以说，伦理关系作为人与人即主体与主体之间的关系，本身也是一种交往关系。下面我们就从这三个方面对人类伦理关系进行发生学考察。

一、"现实的人"：伦理关系的现实前提

伦理关系作为人与人之间一种特殊的社会关系，与其他社会关系一样，也

是人的活动的产物或后果：伦理关系只有以人的活动为基础才能形成和发展；没有人的活动，或者说没有"现实的人"，伦理关系就不可能存在。正是因为"人就其本质而言是一种关系性的存在"①，"现实的人"是伦理关系得以产生的现实前提。作为伦理关系的现实前提，"现实的人"的产生既为伦理关系的产生提供了根本的客观条件——主体的产生，又为伦理关系的产生提供了重要的主观条件——人的语言和意识。

"现实的人"是马克思主义社会关系理论的一个基本前提。这里讲的"现实的人"，按照马克思的观点，既是"有生命的个人存在"②，也是"从事实际活动的人"③。说"现实的人"是"有生命的个人存在"，并不意味着它是直接生物学意义上的肉体存在物，而是说"现实的人"首先有一个感性的存在基础，它通过自己的感性活动展开与客观世界的对象性关系。而作为"从事实际活动的人"，"现实的人"不仅是一个感性存在物，更重要的是，它要凭借自己的实践活动来证明自己的现实性，实践活动是"现实的人"的基本存在方式。

之所以说"现实的人"是伦理关系产生的现实前提，是因为"人的本质是人的真正的社会联系"，"真正的社会联系并不是由反思产生的，它是由于有了个人的需要和利己主义才出现的，也就是个人在积极实现其存在时的直接产物。"④ 而伦理关系作为人与人之间的一种特殊的社会关系，从实质上看，就是建立在"人的真正的社会联系"的基础之上的。"人的真正的社会联系"包括经济、政治、法律以及伦理等方方面面的联系，其中，伦理的联系显然就是人与人之间伦理关系的现实表现。

如前所述，人类伦理关系的产生是客观条件与主观条件的历史性统一。这种历史性统一体现在"现实的人"的方面，具体表现为，"现实的人"的产生既是伦理关系产生的重要客观条件之一，也是伦理关系产生的重要主观条件之一。从客观条件看，"人是全部人类活动和全部人类关系的本质、基础。"⑤ 伦理关系也不例外，作为人与人即主体与主体之间的关系，也是以人和人的活动为自己的基础的。可见，伦理关系产生一个最为关键的因素就是主体的产生，

① 鲁洁：《关系中的人：当代道德教育的一种人学探寻》，《教育研究》2002 年第 1 期。
② 《马克思恩格斯全集》第 3 卷，人民出版社 1960 年版，第 23 页。
③ 同上，第 30 页。
④ 《马克思恩格斯全集》第 42 卷，人民出版社 1979 年版，第 24 页。
⑤ 《马克思恩格斯全集》第 2 卷，人民出版社 1957 年版，第 118 页。

这是伦理关系形成不可或缺的客观条件。而"现实的人"的产生直接意味着伦理关系主体的生成，因而为伦理关系的形成提供了不可或缺的客观条件。从主观方面看，伦理关系的形成离不开一定的主观精神条件，这种主观精神条件主要包括语言和意识两个方面。而"现实的人"的产生不仅意味着主体的产生，即为伦理关系的形成提供了现实的主体，而且直接意味着为伦理关系的产生提供了最重要的主观精神条件——语言和意识，因为"现实的人"与动物的根本区别之一，就在于"现实的人"有语言和意识。我们知道，语言和意识产生于人类的劳动生产实践和交往关系之中，是"由于和他人交往的迫切需要才产生的"，"语言是一种实践的、既为别人存在并仅仅因此也为自我存在的、现实的意识。"[1] 而人的意识的产生，"使人破天荒地能够把自己和对象区分开来，把自然和社会区分开来，把我和你区分开来，一句话把各种关系区分开来。"[2] 动物不从事劳动生产，"不能生产、创造和留下任何超出其自身物种规定性和自身肉体生命的东西，而只能直接凭借它们的肉体器官进行活动，片面地适应它们自己的现成的环境。"[3] 可见，动物的所有活动都出自它们的本能，因而不可能产生人的意识和语言，动物之间的关系也就不可能是伦理关系，只有在语言和意识作用下的"现实的人"与人之间关系的基础上才可能产生伦理关系。

二、"两种生产"：伦理关系的历史前提

人类的"两种生产"，即物质生活资料的生产和人本身的生产是我们考察包括伦理关系在内的一切社会关系产生和发展问题的根本依据。这是因为，包括伦理关系在内的一切社会关系无非就是在"两种生产"中发生的人与人之间的关系。因此，从归根结底的意义上说，人类伦理关系的形成是以"两种生产"作为自己的历史前提的："两种生产"的发展，不仅为伦理关系的产生创造着客观条件，即推动着伦理关系得以产生的客观关系基础的不断发展，也为伦理关系的产生创造着主观条件，即推动着伦理关系得以产生的主体意识的不断增强。

（一）物质生活资料的生产和再生产

马克思在《德意志意识形态》中认为，人类第一个历史活动，就是生产

---

① 《马克思恩格斯全集》第3卷，人民出版社1960年版，第34页。
② 夏伟东：《道德本质论》，中国人民大学出版社1991年版，第54页。
③ 夏甄陶：《人是什么》，商务印书馆2000年版，第140页。

物质生活本身。可见，物质生活资料的生产是人类社会历史发展的起点。人与人之间包括伦理关系在内的社会关系也是在这种物质生活资料的生产过程中产生和发展的。

人的活动包括两个方面，"一方面，人改造自然。另一方面，是人改造人"①。其中，"以一定的方式进行（物质）生产活动的一定的个人，发生一定的社会关系"②。马克思认为这些社会关系是人们生产出来的。"人们在生产中不仅仅同自然直接发生关系。他们如果不以一定方式结合起来共同活动和互相交换其活动，便不能进行生产。为了进行生产，人们便发生一定的联系和关系；只有在这些社会联系和关系的范围内，才会有他们对自然界的关系，才会有生产。"③ 可见，人与人之间的社会关系是人类在改造自然的生产活动中产生的，物质资料的生产过程，也就是社会关系的产生过程。伦理关系也不例外。物质生活资料的生产和再生产即生产劳动也是伦理关系产生的历史前提：它不仅为伦理关系的产生创造着客观条件，也为伦理关系的产生创造着主观条件。具体地说，劳动在伦理关系产生中的前提性作用，主要表现在以下三个方面：

第一，劳动创造了伦理关系的主体——人。人作为伦理关系的主体，不是凭空产生的，而是经历了一个十分漫长的历史过程。在这一过程中，劳动起了决定作用：劳动不仅为伦理关系的主体——人的产生创造了自然条件，即在猿人的基础上形成了人的手、大脑等人的器官，而且为人成为伦理关系的主体创造了社会条件，即逐渐改善了猿人的群居生活本能，形成了人的意识、语言和交往，从而把孤立的个人联系起来，形成相互依赖、相互协作的关系。

第二，劳动还创造了伦理关系的中介——人的需要与利益。在原始劳动中，人与人、个人与集体是完全一致的，一切服从于集体协作劳动的需要。这是因为，"自然界起初是作为一种完全异己的、有无限威力和不可制服的力量与人们对立，人们同它的关系完全像动物同它的关系一样，人们就像牲畜一样服从它的权力。"④ 但是随着劳动的发展，剩余产品的出现，人与人、个人与集体的完全一致性被冲破了，人们产生了自我需要和利益观念，从而为伦理关系的发展创造了根本动力。这是因为，"人们奋斗所争取的一切，都同他们的

① 《马克思恩格斯选集》第 1 卷，人民出版社 1995 年版，第 88 页。
② 《马克思恩格斯全集》第 3 卷，人民出版社 1960 年版，第 28～29 页。
③ 《马克思恩格斯全集》第 6 卷，人民出版社 1961 年版，第 486 页。
④ 《马克思恩格斯全集》第 3 卷，人民出版社 1960 年版，第 35 页。

利益相关。"① 随着人的需要和利益关系的发展，人们的价值观念、道德观念也不断发展，人们对人与人之间的关系有了新的认识，从而使包括道德在内的各种调节手段也不断丰富和完善。在人类社会的历史长河中，伦理关系正是在这样的过程不断发展的。

第三，劳动创造了伦理关系的核心内容——伦理的权利与义务关系。如前所述，伦理关系体现的是人与人之间的职责与义务关系，而人与人之间的职责与义务关系也是在劳动的过程中形成的。我们知道，劳动在没有发生分化以前，是包含了一切领域的人类活动，在这种情况下，还不可能产生伦理关系。后来随着劳动的日益复杂和社会分工的发展，人与人之间的相互依赖、相互协作的关系不断加强。在这种关系中，每个人都要根据自己的角色、地位和作用来履行相应的职责和义务。这时单靠劳动本身已经难以维系了，迫切需要一些新的力量来调节人们之间的关系。这些力量最初表现为风俗习惯和道德。正是这些风俗习惯和道德使人与人之间的这种职责与义务关系不断规则化，从而形成伦理的权利与义务关系。

（二）人本身的生产和再生产

人本身的生产和再生产是人类社会历史发展的第二个起点。人本身的生产和再生产，虽然一方面遵循自然界生命繁殖的自然规律，但更重要的是，由于人本身的生产和再生产是通过两性结合的方式来实现的，所以它不仅是在生产生命，也是在生产血缘关系、婚姻关系和家庭关系。正如马克思所说的："每日都在重新生产自己生命的人们开始生产另外一些人，即增殖。这就是夫妻之间的关系，父母和子女之间的关系，也就是家庭。这种家庭起初是唯一的社会关系，后来，当需要的增长产生了新的社会关系而人口的增多又产生了新的需要的时候，这种家庭便成了从属的关系了。"②

这一原理同样适用于伦理关系。马克思所说的"社会关系"显然也包括伦理关系，甚至可以说人类最初的社会关系——婚姻家庭关系本身就是一种伦理关系。这是因为，在原始社会，由于生产力水平和生产方式的限制，人们不可能摆脱对自然界的依赖，那个时候的物质生活资料生产的水平，在很大程度上是由氏族、部落的血缘关系、自然分工和人本身的生产导致的人口增长所决定的。因此，在原始社会，处于社会关系基础地位的不是财产关系，而是婚

---

① 《马克思恩格斯全集》第1卷，人民出版社1956年版，第82页。
② 《马克思恩格斯全集》第3卷，人民出版社1960年版，第32～33页。

姻、家庭关系。这种婚姻、家庭关系在更大程度上可以说是一种伦理关系。

比如，在氏族公社时期，两性关系一个最大的进步，就是在氏族内部男女性交关系的停止，氏族内部禁止通婚作为人类最早的道德规范之一，体现了人类对人与人之间的关系"应该怎样"开始有了一定程度的自觉认识，而人与人之间反映和体现"应该怎样"的关系，就是伦理关系。这就是说，随着人类物质资料生产的发展和进步，人本身的生产过程中也逐渐体现和遵循一些基本的道德规范和道德要求，正是这些体现和遵循了基本道德规范和道德要求的人与人之间的关系，如婚姻关系、家庭关系等，构成了人类最初的伦理关系；也正是在这个意义上我们说，人本身的生产和再生产也是人类伦理关系产生的重要历史前提。

三、社会交往①：伦理关系的生成和实现机制

"现实的人"和人类的"两种生产"分别构成伦理关系形成的现实前提和历史前提。此外，伦理关系还有自己的生成和实现机制，即社会交往：伦理关系是产生于人与人之间的社会交往活动之中的；离开了社会交往，不但"现实的人"无法产生，而且无法说明"人是社会关系的总和"，无法说明"现实的人"与人之间是如何产生伦理关系的。

关于交往和交往关系，哈贝马斯和马克思的理论最具代表性。哈贝马斯认为，交往是至少在两个主体之间，以语言为媒介、以理解、合作为目的的社会行动。"交往行动概念，首先把语言作为参与者与世界发生关系，相互提出可以接受和驳斥的运用要求的理解过程中的一种媒体。"② 据此，衣俊卿认为，"交往就是共在的主体之间的相互作用、相互接触、相互交流、相互沟通、相互理解。"③

马克思从物质生产实践的角度来理解交往关系，认为人类的交往关系不仅是生产关系，而且是整个社会关系。这是因为，人们首先是在一定的交往关系中与自然界发生关系而进行物质生产的，而"生活的生产——无论是自己生活的生产（通过劳动）或他人生活的生产（通过生育）——立即表现为双重关系：一方面是自然关系，另一方面是社会关系；社会关系的含义是指许多人

---

① 一般地说，交往有广义和狭义两种理解，广义的交往是指"实物、信息或意义的传递和共享"；狭义的交往则是发生在主体与主体，即人与人之间的一种关系。（参见汪怀君：《人伦传统与交往伦理》，山东大学出版社 2007 年版，第 20～21 页。）本文所使用的显然是狭义的交往概念。

② 哈贝马斯著，洪佩郁、蔺青译：《交往行动理论》第 1 卷，重庆出版社 1994 年版，第 140 页。

③ 衣俊卿：《现代化与日常生活批判》，人民出版社 2005 年版，第 133 页。

的合作，至于这种合作在什么条件下、用什么方式和为了什么目的进行的，则是无关紧要的。"① 显然，这里的自然关系就是主体与客体的关系；社会关系就是主体与主体之间的"共同活动"，即"许多人的合作"关系。马克思认为这两种关系是互相交织在一起的，不仅生产活动要以个人之间的交往为前提，其他一切社会活动以及由此形成的社会关系都要以人与人之间的交往为基础，甚至生产力都可以从社会交往的角度去理解。"一定的生产方式或一定的工业阶段始终是与一定的共同活动方式或一定的社会阶段联系着的，而这种共同活动方式本身就是'生产力'。"② 从这个意义上说，社会关系就是在人与人之间的交往活动中产生的关系；没有社会交往就没有社会关系。

就伦理关系而言，具体地说，社会交往在伦理关系形成中的作用主要表现在以下三个方面：

首先，作为伦理关系现实前提的"现实的人"，产生于社会交往。社会交往是"现实的人"产生的必要条件，是实现人从自然存在物向社会存在物这一根本转变的前提。人不只是一种孤立的存在。正如马克思所说的，"不管人的直观上怎样超脱各种关系，他在社会意义上总是这些关系的产物"③，"孤立的个人在社会之外进行生产——这是罕见的事，偶然落到荒野中的已经内在地具有社会力的文明人或许能做到——就象许多个人不在一起生活和彼此交谈而竟有语言发展一样，是不可思议的。"④ 可见，作为孤立的自然存在物的人并不具有人的本质；人只有从社会关系中才可能获得人的本质。而社会关系首先表现为人与人之间的交往关系，因此，人只有在社会交往中才能获得人的本质。换言之，只有在社会交往中，作为一种相互联系的社会存在物的"现实的人"才能生成；人与人之间的这种交往关系和交往活动，是只有人才具有的一种存在方式，也是人把自己与动物区别开来的一个显著标志。

从"现实的人"的发展上看，作为一种历史性的存在物，"现实的人"有一个不断发展、不断进步和完善的过程。人的发展、进步和完善，也是在社会交往中得以实现的。"一个人的发展取决于和他直接和间接进行交往的其他人的发展；彼此发生关系的个人的世世代代是相互联系的，后代的肉体的存在是由他们的前代决定的，后代继承着前代积累起来的生产力和交往形式，这就决

① 《马克思恩格斯全集》第 3 卷，人民出版社 1960 年版，第 33 页。
② 同上。
③ 《马克思恩格斯全集》第 23 卷，人民出版社 1972 年版，第 12 页。
④ 《马克思恩格斯全集》第 12 卷，人民出版社 1962 年版，第 734 页。

定了他们这一代的相互关系。"① 可见，人的发展程度也是由代际、代内之间的各种交往关系决定的。

其次，社会交往是人类伦理关系产生的历史前提即生产活动得以实现的重要条件。从一定意义上甚至可以说，交往就是"诸主体间通过改造相互联系的中介客体而结成社会关系的物质活动。"② 可见，人类物质资料生产的一切进步，都与人与人之间交往关系的发展密不可分。从人类物质资料生产的发展进程中，我们可以鲜明地看到社会交往的重大作用。早在原始人群时代，基于很大程度上的动物的合群本能，第一批原始初民就表现出了一些本能的交往关系，如合群、分食、协作、互助关系等等。到古人阶段，人们开始划分成较小的集团，在集团内人们共同劳动、分工协作，人与人之间的团结协作关系有了进一步的发展。到了氏族公社时期，在氏族内部，人们开始按辈分、性别、年龄来组织劳动，从而使得人与人之间的交往关系开始在人的自觉意识的支配下有了新的飞跃。这其中，人与人之间交往关系的每一次进步，都在不同程度上促进了人类物质资料生产水平的提高。

虽然，从归根结底的意义上说，社会交往是由物质资料生产的发展所决定的，社会生产决定社会交往，如主体能力与意识的增强、交往手段的进步、交往范围的扩大等，都是由社会生产尤其是人类的物质生产所决定的。但是同时，人类交往关系的发展对社会生产的作用也是不可忽视的。在一定程度上甚至可以说，交往是人类生产活动发展的前提，因为只有在社会交往中，才能形成发展生产力必须的各种条件，如社会分工的发展、人们的物质生产能力的保存和延续、科学技术的发展和进步等等，都离不开社会交往。

再次，社会交往意味着伦理关系的实现。在一定程度上甚至可以说，伦理关系作为人与人即主体与主体之间的关系，本身就是一种社会交往关系。我们知道，人的活动包括人对自然客体的认识与改造过程和人与人之间即主体与主体之间关系的形成过程。从人的本质意义上说，主体与主体之间关系的形成过程更具根本性意义。显然，主体与主体之间的关系首先是一种交往关系。而交往关系，不管是作为静态的交往关系体系，还是动态的交往过程，都存在丰富的道德问题。宋希仁教授把交往关系中的道德问题概括为三个方面：交往正义

---

① 《马克思恩格斯全集》第 3 卷，人民出版社 1960 年版，第 515 页。
② 任平：《交往实践与主体际》，苏州大学出版社 1999 年版，第 153 页。

问题、交往认知－解释的道德界定问题以及公共与私人领域的道德界限问题。①

之所以说社会交往意味着伦理关系的实现，是因为在人与人之间的社会交往以及由此形成的交往关系中蕴涵着深刻的价值关系，这种价值关系涵盖了经济、政治以及道德等各个方面。"如何正确地认识交往中的自我，如何正确地认识他人，如何认识自我与他人在交往中的相互关系，这是一个重要的伦理学问题。"② 正是交往关系中的价值关系成为了伦理关系产生的基本依据。因为在任何领域人与人之间的社会交往，都要遵循一定的规范或准则，按照一定的要求来进行。不管这些规范或准则是约定俗成、明确制定还是双方临时约定的，可以肯定的是，人与人之间的社会交往活动一定都会自觉或不自觉地按照这些规范或准则进行。比如，在商品交换这种人类基本的交往活动中，任何一次商品交换的成功，商品使用价值和价值的实现，都是对对方劳动价值的认可和尊重。而这种认可和尊重就具有十分浓厚的社会伦理意蕴，它体现了作为主体的一方对另一方人格、尊严和价值的认同，这种对对方人格、尊严和价值的认同本身就具有浓厚的伦理意蕴。经济领域的交往关系是这样，政治、法律等其他领域的交往关系也都莫不如此。这就是说，在人与人之间的交往活动和交往关系中，有着十分浓郁的伦理精神或伦理因素。这种蕴涵着浓郁伦理精神和伦理因素的交往关系，就是伦理关系。从这个意义上说，伦理关系就是在人类交往活动中产生的，具有伦理精神特性或伦理因素的社会关系。

在这一点上，哈贝马斯的交往理论对于我们理解交往关系的伦理性有重要启发。哈贝马斯从伦理意义上来理解交往关系。他强调交往合理性的关键是社会规范，认为交往行动中主体之间的相互作用"是按照必须遵守社会规范进行的，而必须遵守的规范又是给相互期待的行为下定义的，并且至少必须被两个行动着的主体理解和承认。"③ 这就是说，交往关系的维持离不开社会规范以及人们对社会规范的遵守。这表明哈贝马斯在一定程度上认识到了交往关系的伦理特性：他把人类社会视为一个规范的社会，显然，没有交往关系的伦理特性就没有人类社会的规范性，换言之，没有一定的伦理规范就没有交往关系的合理性，就没有交往活动的合理展开。因此，可以说，任何一种交往关系，

---

① 参见宋希仁：《社会伦理学》，山西教育出版社 2007 年版，第 273 页。

② 同上，第 272 页。

③ 哈贝马斯：《交往与社会进化》，重庆出版社 1989 年版，第 3 页。

都内蕴着一定的伦理性的内在要求。进而言之，任何一种交往关系都具有一定的伦理意蕴，因而在一定意义上都可以被称为伦理关系。

第二节　伦理关系发展的标志和动力

人类伦理关系经历了一个从产生到发展、从简单到复杂的演进历程。人的产生、"两种生产"以及社会交往既促成了人类伦理关系的产生，同时又限制着人类伦理关系发展的具体状态。由于伦理关系既受其他社会关系特别是经济关系的制约，同时又有自己的相对独立性，因而伦理关系的演进历程，既符合社会关系的一般规律，同时也有自己的鲜明特点。具体地说，人类伦理关系经历了原始社会、奴隶社会、封建社会、资本主义社会以及社会主义社会等几个阶段。透过人类伦理关系的演进历程，我们可以清晰地看到伦理关系发展的主要标志以及促使伦理关系发展的内外动力。

一、人类伦理关系发展的标志

随着人类"两种生产"和交往关系的发展以及人的主体意识的增强，人类伦理关系经历了一个从简单到复杂，从封闭到开放的发展历程。在这个漫长的历程中，人类伦理关系的发展有许多重要表现。笔者认为，最重要的是以下三个方面，也就是说，人类伦理关系的发展主要有以下三个标志：

（一）主体标志：人的主体性的发展

实际上，对人类伦理关系的发展历程我们还可以用另一种方式来概括，这就是根据马克思的三大社会形态理论，把人类伦理关系的发展历程分为三个历史阶段，从中我们可以鲜明地看到，伦理关系的发展贯穿着一条红线——人的主体性的发展。

马克思在《1857～1858 经济学手稿》中对三大社会形态理论进行了集中论述："人的依赖关系，是最初的社会形态，在这种形态下，人的生产能力只是在狭窄的范围内和孤立的地点上发展着。以物的依赖性为基础的人的独立性，是第二大社会形态，在这种社会形态下，才形成普遍的社会物质变换，全面的关系，多方面的需求以及全面的能力的体系。建立在个人全面发展和他们共同的社会生产能力成为他们的社会财富这一基础上的自由个性，是第三个阶段。第二阶段为第三阶段创造条件。"① 从一定意义上说，马克思的"三大社会形态"理论也是关于人的主体性发展的理论。这是因为，马克思的"三大社会形态"理论，是以生产劳动的特殊性质为出发点，以人与人、个人与社会共同体之间的矛盾关系为主要内容的；其根本目的就是为了分析各种社会关系的内在矛盾，探寻正确处理社会关系、解决人与人之间矛盾的有效途径，马克思甚至把它提到了共产主义革命根本任务的高度。

正因为这样，我们也可以把人类伦理关系的发展分为"人的依赖关系"到"人的独立性"再到"人的自由个性"的三个历史阶段。从中我们可以看到，人的主体性的发展是伦理关系发展最重要、最根本的表现，因而是人类伦理关系发展的最重要标志，甚至可以说它本身就是人的主体性发展的三个历史阶段。

具体地说，"人的依赖关系"阶段是古代社会以血缘、姻亲关系为纽带，以集体（或称群体，包括氏族、部落）为本位，以人与人之间的直接依赖关系为表征的伦理关系。处于这一阶段的伦理关系有两个根本特点：一是人与人之间关系的自然性质；二是人与人之间关系的不平等性质。前者主要表现为，古代社会维系人与人之间关系的纽带主要是血缘、姻亲以及封建宗法等级制度，人们普遍受到人类自然共同体这种狭隘关系的控制，任何个人都从属于某种自然共同体；后者主要表现为，在自然共同体中，由于人与人之间是按不同地位发生关系的，人与人之间的关系是不平等的，表现为以人身依附和统治服从为特征的直接的依赖关系。正如马克思所说的："虽然个人之间的关系表现为比较明显的人的关系，但他们只是作为具有某种规定性的个人而相互交往，如封建主和臣仆、地主和农奴等等，或者作为种姓成员等等"。②

从伦理关系发展的主体标志看，以人的依赖关系为特征的古代社会是人的主体性发展的最初阶段即产生阶段。在这一阶段，由于主体还处在人的依赖关系之中，自身的生产能力只是在狭窄的范围内和孤立的地点上发展，因此，从总体上看，这种状态下人的主体性还只是一种群体性的主体性，不具有人的独立性特征。换言之，每一个个人自身都还没能成为真正意义上的主体，他们仅在人的依赖关系中构成主体的组成部分。

"以物的依赖性为基础的人的独立性"阶段是近代社会以商品、货币、资

---

① 《马克思恩格斯全集》第46卷（上），人民出版社1979年版，第104页。
② 同上，第110页。

本等为纽带，以个体为本位，以人与人之间在社会分工和交往关系的逐渐拓展基础上的普遍依赖关系为表征的伦理关系。这一阶段人与人之间的伦理关系具有依赖性和独立性双重表现。从人的依赖性方面看，在资本主义社会，抽象劳动使得交换价值的占有成为个人的生存条件，为此，每个人都不得不跳出以前那种狭隘的圈子而在更加广泛的范围内进行生产，从而使每个人都与其他一切人发生着关系。显然，这是人与人之间的一种普遍的依赖关系。从人的独立性方面看，资本主义的生产方式中人与人之间普遍的依赖关系是不以个人的意志为转移的社会联系。抽象劳动在使人与人之间这种普遍的社会联系得以形成的同时，也使以前人与人之间的相互依赖关系变成了人与人之间相互独立、个人与社会之间产生尖锐矛盾的局面。

从伦理关系发展的主体标志看，"人的独立性"阶段是人的主体性的发展阶段。与前一阶段相比，近代社会的人们一方面摆脱了古代社会的人的依赖关系，使人的主体性具有了前所未有的独立性特征，从而把人的主体性的发展向前推进了一大步；另一方面，又由于以物的依赖性为基础而具有物化甚至异化的性质。正如马克思所说的，这时人与人之间的关系"既要以生产中人的一切固定的依赖关系的解体为前提，又要以生产者互相间的全面的依赖为前提"①。正因为这样，随着人们主体意识的不断增强，人们却非常苦恼地发现，人类愈是追求自身的主体性，就愈加感觉到人类自身对物的深刻依赖，就愈来愈深地陷入了主体性的困惑之中。

"人的自由个性"阶段是在未来理想社会中人与人之间在扬弃了血缘、姻亲、商品、货币、资本关系基础上的平等关系，它以人与人之间关系平等、充分实现了人的自由个性基础上人与人之间的"自由联系"为表征的伦理关系。这一阶段伦理关系的实质是"各个人的自由发展为一切人自由发展的条件"②，自由和联合就成为人与人之间相互关系的两个基本原则。其中，自由是人类理想伦理关系的真正体现和最高境界，联合则不仅是一种伦理约束，也是一种更高层次上人的自由的保障和体现。因此，"人的自由个性"阶段的伦理关系是一种真正平等型的伦理关系，这种伦理关系只有到了将来的共产主义社会才会来临。

从伦理关系发展的主体标志看，"人的自由个性"阶段是人的主体性得到

---

① 《马克思恩格斯全集》第 46 卷（上），人民出版社 1979 年版，第 102 页。
② 《马克思恩格斯全集》第 4 卷，人民出版社 1958 年版，第 491 页。

自由全面发展的阶段。到那个时候，由于人们对社会的生产生活以及人与人之间关系的自觉控制和完全驾驭，社会关系从人的异己力量转化成了每个人的内在本质，人就可以"最终成为自己的社会结合的主人，从而也就成为自然界的主人，成为自身的主人——自由的人"①，伦理关系才能从被异化了的、与个人尖锐对立的状态中走出来，才能与每个人的生存和生活方式完全协调，从根本上转化为个人的内在需要，成为每个人发展自由个性、提高自身才能、实现生命本质的条件，成为每个人的一种基本生活方式。

（二）存在形态标志：伦理关系日益呈现出相对独立性

在人类伦理关系发生的初始阶段，由于人类的一切活动都还刚刚脱离动物的本能甚至尚未完全脱离动物的本能，人与人之间的社会关系也尚未发生分化，因此，伦理关系与其他社会关系是完全一体的，不管是客观上还是在人们的认识中都没有独立的伦理关系存在。

随着人类"两种生产"的发展，特别是劳动分工的细化，人与人之间的社会关系日益复杂并发生明显分化，人与人之间的经济关系、政治关系、法律关系以及伦理关系等各种关系从社会关系的统一母体中分化出来，日益成为具有相对独立性的社会关系。伦理关系也是在这一过程中日益呈现出了自己的相对独立性：人们对自己所处的各种社会关系"应当怎样"的问题逐渐有了自觉认识，用以调节人与人之间相互关系的各种道德规范和准则相继产生。

随着人类"两种生产"的进一步发展、经济关系的变革，伦理关系的相对独立性也日益明显：伦理关系虽然仍渗透在经济、政治等其他社会关系之中、受其他社会关系特别是经济关系的决定和制约，但随着它本身从简单到复杂的不断发展，它对其他社会关系的导向作用也越来越重要：人与人之间和谐的伦理关系为经济、政治、法律等其他社会关系提供了一个"应该怎样"的合理性依据，从而伦理性因素越来越多地渗透到了其他各种社会关系之中，人们越来越重视对这些社会关系的道德评价。

（三）范围标志：伦理关系从封闭日益走向开放

随着人类社会的发展，伦理关系也摆脱了最初的狭隘界限而逐渐进入到越来越广阔的社会生活，广泛地渗透到了经济、政治、法律等社会生活的各个方面，体现在职业生活、家庭生活、公共生活各个领域，其影响和作用的范围日益扩大。具体地说，伦理关系从相对封闭走向开放的发展趋势，主要体现在以

---

① 《马克思恩格斯全集》第 19 卷，人民出版社 1963 年版，第 247 页。

下几个方面：

1. 伦理关系从最初以血缘关系、地缘关系为基础向以业缘关系为基础的方向拓展。前面提到，家庭伦理关系是人类最初的伦理关系之一。而家庭伦理关系就是以血缘关系为基础的。随着生产的发展，人们在越来越大的程度上摆脱了狭隘的地域界限，从而使人与人之间的伦理关系除了以血缘和地缘为基础之外，业缘关系日益成为伦理关系的重要基础。

2. 主体之间的关系从熟人关系向生人关系拓展。在以血缘关系和地缘关系为基础的伦理关系中，主要是在熟人之间发生的关系；而建立在业缘关系基础之上的伦理关系，则主要是在生人之间展开的。随着人们社会生产、生活的日益开放，以业缘关系为基础的伦理关系得到了快速发展，从而生人之间的伦理关系显得越来越重要。

3. 伦理关系的主体从相对固定向相对变动的方向拓展。在以血缘关系、地缘关系为基础的伦理关系中，由于主体之间大部分都是熟人，因而伦理关系是相对固定的，比如父母与子女之间的伦理关系就是如此。而在以业缘关系为基础的条件下，伦理关系的主体就变动不居了。比如，同事关系就是经常变动的：不仅谁和谁会成为同事经常变动，而且随着同事之间的角色变化，伦理关系也会发生变化。

4. 伦理关系从现实领域向虚拟领域的拓展。网络技术的产生和发展，使人与人之间的伦理关系突破了地域和国别的限制，把伦理关系从现实引入了虚拟层面，从而出现了一种新的特殊类型的伦理关系，即虚拟伦理关系。

二、人类伦理关系发展的动力

人类伦理关系的发展并不是一个自然的过程，而是在一定内外因素的共同作用下实现自身的发展的。因此，考察伦理关系的产生和发展，还必须揭示人类伦理关系发展的内外动力。这也是我们考察人类伦理关系发展的一个不可或缺的环节。

（一）伦理关系发展的内部动力

人类伦理关系发展的内部动力，主要包括两个方面的因素：一是主体需要的发展；二是人的主体意识的不断增强。一方面，伦理关系的发展表现为人的发展，表现为主体的自我发展，而主体自我发展的直接动力就在于主体需要的发展。这是因为，在伦理关系中，是需要把主体和主体联结起来；正是主体的需要与伦理关系以及人们认识和处理伦理关系的社会要求之间的差距，推动伦理关系向前发展。当然，这其中又不能不提到交往关系：需要之所以能把主体和主体联结起来，正是因为在主体与主体之间的相互交往过程中实现的，舍此，单纯的主体需要仅停留在心理层面，不能体现在主体与主体的关系上。正是社会交往关系不断向人们提出了新的要求，这些要求与主体的道德境界和伦理关系的现实之间存在矛盾，从而推动人们对伦理关系作出新的认识和新的调整。从这个意义上说，主体的需要是伦理关系发展的重要动力，而交往关系则是主体需要发展的直接动力。

另一方面，伦理关系发展的根本内部动力在于主体意识的发展。这是因为，主体自我发展的根本表现之一就是主体意识的发展。从伦理关系的概念我们可以看到，主体意识即主体关于人与人之间的关系"应该怎样"的意识，是伦理关系中的核心要素，是伦理关系之所以成其为伦理关系的灵魂和内核。从这个角度看，伦理关系之所以能向前发展，根本原因就在于人类主体意识的发展。我们说主体需要的发展是伦理关系发展的内部动力，实际上也离不开主体意识的作用。因为主体的需要是多方面、多层次的，有合理的需要与不合理的需要之分。到底哪些是合理的需要，哪些是不合理的需要，这就需要在主体意识的指导进行筛选。正是在主体对自己与他人、集体和社会之间关系"应该怎样"的意识指导下，对需要进行区分和筛选，从而通过努力满足合理的需要，抑制不合理的需要。

我们知道，自觉意识是人成其为主体的根本特征。主体的自觉意识包括多方面的内容，就伦理关系的发展而言，最重要的是责任意识，即主体对自己在伦理关系中所应承担的职责和义务的自觉认识。这是伦理关系发展和进步的内在动力。因为对于任何一种伦理关系而言，只有主体具备了相应的自觉意识，能够正确认识到自己在伦理关系中的职责与义务，从而按照相应的道德要求来处理这种伦理关系，才能实现伦理关系的和谐；而对于人类伦理关系的总体而言，只有随着主体自觉意识的不断增强，伦理关系的内容才能得到有力提升，人们对伦理关系的认识才能不断深化，对伦理关系的调整才能更加自觉，人类伦理关系才能不断突破已有的水平，实现自身的发展。

（二）伦理关系发展的外部动力

从影响人类伦理关系发展的外部因素来看，应该说，社会经济、政治、文化等各个方面对伦理关系的发展都有不同程度的影响和制约。这些社会因素对伦理关系的作用是通过影响主体的心理和行为，从而对人与人之间关系的发展产生作用。当然，受这些因素本身的状况和伦理关系与这些因素的适应性及其程度的影响，这些因素对伦理关系的作用都有正负两个方面。比如，中国封建社会的政治制度和政治关系在形成之初，对伦理关系的发展是起积极的推动作用的：建立在封建经济关系、政治关系基础上的封建社会的伦理关系相对于奴隶社会的伦理关系而言，是一种历史的进步。但是，到了封建社会晚期，封建政治制度和政治关系却明显阻碍了伦理关系的发展，虽然许多进步思想家努力倡导并身体力行、老百姓迫切希望摆脱等级服从和人身依附关系，但封建道德和封建伦理关系却依然存在，这在很大程度上是由于封建专制的政治制度和政治关系的作用，与统治阶级的顽固死守是密不可分的。

概括地说，人类伦理关系发展的外部动力在于客观社会实践的发展，包括人类"两种生产"的发展，经济、政治、法律、宗教等其他社会关系的影响和制约以及文化的发展。其中，最重要的是物质资料生产的发展和经济关系的变革。

我们说物质资料生产的发展是人类伦理关系发展的外部动力，是从归根结底的意义上说的。可以说，物质资料生产的发展，不仅是人类社会历史发展的起点，是一切社会关系产生的历史前提，也是伦理关系产生和发展的不竭动力，包括伦理关系在内的所有社会关系，正是在物质生活资料生产发展的过程中形成并不断发展的。而经济关系的变革作为伦理关系发展的动力，具有更加直接的性质。如前所述，经济关系的变革，直接决定着伦理关系的性质和发展变化：有何种性质的社会经济关系，就会有何种性质的伦理关系与之相适应。在人类伦理关系史上，伦理关系的所有变革，首先都是源于社会经济关系的发展变化，新旧伦理关系之间的更替正是缘于人类社会经济关系由低级向高级的不断发展。

具体地说，经济关系的发展变化对伦理关系发展的推动作用包括质变和量变两种情况。前者表现为社会经济关系的质变引起伦理关系性质的变革，即旧的经济关系为新的经济关系所取代，必然引起新的社会伦理关系的产生。尽管新的社会伦理关系总会不同程度地继承前代的某些传统，但由不同时代、不同社会的不同经济关系所决定，新旧伦理关系之间仍然有着质的区别。后者表现为在一种社会经济关系内部的量变，会导致该社会的伦理关系发生不同程度的变化。这主要表现为在一定社会发展的不同阶段或时期，由于道德观念的改变，人们的道德认识水平、道德情感、意志、行为习惯的变化，从而引起人们对伦理关系的认识和处理上的变化。

就伦理关系发展的内外动力的关系而言，从总体上看是一致的。这是因为，从外部动力看，以"两种生产"为主要内容的社会实践的主体是人，从内部动力看，人的主体意识的增强也是由社会实践所决定的。因此，一旦社会实践的发展提出了某种要求，也就同时意味着造就了与之相适应的主体，意味着人的主体意识得到了相应的提升。人类伦理关系就是在外部动力与内部动力的相互结合、共同作用下实现自身的发展的。当然，伦理关系发展的外部动力是客观社会发展的必然性，但这种必然性要真正对伦理关系的发展起推动作用，必须通过伦理关系的主体，转化为主体的自觉意识，促进人的主体性不断发展，才能推动伦理关系的发展。否则，即使人类实践的发展提供了应有的条件，也不会产生相应的伦理关系。

第三节　中西传统伦理关系发展的比较

从人类伦理关系发展的总体情况来看，中国和西方伦理关系的发展都经历了大致相同的历程，即都经历了原始社会、奴隶社会、封建社会、近现代社会几个大致相同的发展阶段，在各个发展阶段上中西伦理关系都呈现出了大体相同的历史性质和总体状态。这里我们主要比较中西传统伦理关系发展的差异。应该说，中西传统伦理关系各有自己的特点和不足，在现代社会可以而且应该实现互补与融合。

一、中西传统伦理关系发展的主要差异

我们说中西传统伦理关系经历了大致相同的发展阶段，是从人类社会伦理关系的总体进程的意义上而言的。如果从发展的具体历史进程、具体历史时间和具体历史状态的角度看，中西传统伦理关系还是存有一些不同之处。具体地说，由于中西传统社会历史条件、文化传统特别是社会发展具体历史进程的差异，比如，中国封建社会的历史就比西方长很多，对国家发展的影响更为深远；正因为这样，我国资本主义没能得到充分发展，甚至没有经历典型的资本主义社会，而西方正在经历的资本主义社会，无论是发展的时间还是发展的程度都远远高于中国；中国正在经历的社会主义社会，直接脱胎于半殖民地半封建社会等等，导致中西传统伦理关系的发展呈现出了许多不同的特点。归纳起来，中西传统伦理关系的发展的差异主要有以下几个方面：

第一，血缘宗法与契约关系：中西传统伦理关系在发展基础上的差异。中西传统伦理关系的发展基础是不同的：中国传统伦理关系主要以血缘宗法关系为基础，而西方很早就有了契约观念，西方传统伦理关系在很大程度上是以契约关系为基础的。中西传统伦理关系在发展基础上的差异，带来了中西伦理关

系两种不同的发展面貌。

中国古代以血缘家庭为基础的宗法关系，使每个人都被束缚在宗法等级的关系网之中。特别是广大老百姓被牢牢固定在宗法等级关系的底层，依附于人而没有任何自主权。这表现在经济上，中国的家庭实行家庭财产共有制，只有家长对家庭财产有支配权，其他家庭成员都没有财产支配权。当然，家长的这种财产支配权也仅仅是支配家庭财产而已，事实上家长也是没有私有财产的。这是因为中国古代实行的是以君主为代表的土地国有制，只有君主是全国所有土地的所有者，其他所有臣民都没有土地所有权，他们所使用的土地和掌握的财产，君主可能随时收回。表现在思想和行为上，在宗法等级关系基础上产生的"仁"、"义"、"忠"、"孝"、"悌"等道德原则和规范，使任何人都不能有非分之想，在家庭内部，子女连婚姻自由都没有，子女在很大程度上是家庭或家族传宗接代的工具。在家庭里是这样，社会上的士人也是这样。因为他们首先也是来自家庭，在这一点上与普通百姓没一点区别。当他们步入仕途以后，则必须按照修身、齐家、治国、平天下的路子走下去，原先读书人的精神追求、人格独立在这个过程中被一点点地抹掉了。因此，从总体上看，中国古代士人与广大百姓一样，无论是在家庭还是在国家和社会上都是依附于人的。

而西方早在古希腊时期，人们的契约观念就产生了。我们知道，古希腊是一个从事商业海运的城邦制国家，是一个打破了血缘关系的商业社会，人与人、人与社会之间的关系更多地表现为一种理性化的契约关系。特别是随着城邦制度解体，出现了以契约关系来解释国家起源的观念。比如，伊壁鸠鲁就认为国家起源于人们共同订立的契约。在古罗马时代，平民在与贵族之间的政治斗争中每取得一点胜利，总是通过立法来保障斗争的成果，从而使得契约观念和契约关系得到了迅速发展。西塞罗就曾用契约观念来说明国家，他认为国家是人民的事业，而人民是"共同拥有法律和各项权利，希望分享共同利益的为数众多的人们的集合"。① 到了中世纪，尽管人们是处在神权统治和世俗的封建等级制度之下，但契约观念和契约关系仍然得到了一定程度的发展：领主与封臣按照共同的约定来分享各自的权利，履行各自的义务。到了近代，西方的契约关系更是得到了前所未有的发展：由于生产的社会化、商品化和市场化程度日益提高，契约观念和契约学说风靡了整个资本主义世界，用社会契约论来解释国家起源的理论得到了全社会的普遍接受。这种社会契约论认为，国家

---

① 转引自徐大同主编：《西方政治思想史》，天津人民出版社 1985 年版，第 71 页。

是有自然权利的人们把自己的一部分权利让渡出来，通过订立共同的契约建立国家，国家通过法律来保障公民的权利。因此，对于公民的权利来说，国家和法律只是保障公民权利的工具。契约关系由此成为了人与人之间的一种最基本的关系。

对于伦理关系而言，契约关系意味着人与人之间权利与义务的统一。这是因为，人们订立契约的目的就是为了最终保护自己的权益，而契约中最重要的内容也就是双方根据各自的需要互相交换权利和义务。在这个过程中，每个人都愿意放弃自己的一部分权利，在此基础上形成法律和公共权力，通过这些法律和公共权力来有效保护每个人的权利。也就是说，人们订立契约、让渡自己一部分权利的结果是自己的权利得到了法律和公共权力的保障，同时承担遵守法律即不侵害他人合法权利的义务。正如卢梭所说的："要寻找一种结合形式，使它能以全部共同的力量来卫护和保障每个结合者的人身和财富，并且由于这一结合而使每一个与全体相联合的个人又只不过是在服从自己本人，并且仍然像以往一样自由。"①

第二，整体本位与个人本位：中西传统伦理关系在个人与社会之间关系上的差异。在中国传统伦理关系中，个人对他人、国家、社会有着极强的依附性，从而表现出个体依附和整体本位的特点；而西方传统伦理关系，比较注重个体的独立性，从而表现出个人本位的特点。

众所周知，中国古代的社会经济结构是以农业家庭为中心的小农经济结构，家庭制度是以父为家长的家长制；国家制度是家国同构、宗法关系和政治关系结为一体的宗法专制制度。在个人与社会的关系上，个人仅仅是由经济关系、政治关系、伦理关系交织而成的复杂关系网上的一个结：每个人都有一定的等级身份或名分，如君臣、父子、夫妻等等，并严格按照"三纲五常"的原则和规范来活动。孔子说"名不正则言不顺，言不顺则事不成，事不成则礼乐不兴"。② 荀子也说，"人之生不能无群，群而无分则争，争则乱，乱则穷矣。故无分者，人之大害也；有分者，天下之本利也。"③ 显然，他们强调的都是名分的重要意义：个人必须遵从对他人、对国家的等级依附关系。汉代贾谊则更是主张用国家强制力使人们绝对服从这种等级依附关系，他说"贵贱

① 卢梭：《社会契约论》，商务印书馆 1982 年版，第 23 页。

② 《论语·子路》。

③ 《荀子·富国》。

有级，服位有等，等级既设，各循其检，人循其度，擅退则让，僭上则诛。"①从而把个人牢牢固定在社会等级关系网络之中。在这样的条件下，人们对人的解释不是把人作为独立存在的个体，而总是首先从人与人之间的主从关系上去考察。在这种关系中，人们相互依赖、上下等级依附，个人没有自由。人与人之间的这种主从依附关系，在全国范围内表现为，每个人都必须绝对服从君主的统治，除君主之外，每个人都有自己的顶头主人，自己则是主人的奴仆；在行政区划内表现为，老百姓必须放弃自己的意志，绝对服从"父母官"；在家庭里则表现为，子孝父、弟尊兄、妻从夫。这样，在中国传统伦理关系中就形成了典型的上下等级依附关系。

究其根源，中国古代人与人之间的这种主从依附关系主要是缘于经济上的人身依附关系。这种经济依附最典型的表现，就是"溥天之下，莫非王土"。皇权观念把国家看作皇帝的"私器"，全国的土地和人民都受皇权的支配。个体要想自我保存甚至享受荣华富贵，唯一的办法就是依附于君主。在家庭内部也是这样，家长对家庭财产享有支配权，子女、儿媳都不能有私财，"父母存，不许友以死，不有私财。"② 这种家庭成员依附于家庭整体的观念，在中国封建社会不断得到强化。这样，在国家范围内经济大权集中于君主，在家庭范围内则集中于家长，这就决定了个体必须依附于整体，丝毫不存在独立的人格和地位。

与中国传统伦理关系的这一特点不同，西方传统伦理关系基于公民社会结构和城邦共和政体来考察人，把自由看作人的最高价值追求，从而表现出以个体自由、独立自主为特点的个人本位趋向。

古希腊思想家们提出的问题是，什么样的政治制度才能让人们过上幸福的生活，在道德上达到至善的境界。显然，个体的善是最终目的，也是衡量城邦政治好坏的标准。在中世纪，基督教思想家提出的问题是，什么样的政治制度才符合上帝的旨意，才能帮助个人赎罪。近代以来，西方伦理学家争论的一个重要问题是，人的本性是利己还是利他，个人与社会的关系如何。由西方社会历史条件、文化传统所决定，这种争论是在资产阶级伦理思想体系范围内的争论，不管是哪一种观点和学说，在认识和处理个人与社会的关系问题上，基本立场在实质上都是一致的，个人本位、个体自由的观念在西方伦理关系中居于

---

① 《新书·服疑》。
② 《礼记·曲礼》。

主导地位。

在西方传统伦理关系中，个体自由首先是从家庭经济结构的分离开始的。比如，在古希腊，城邦中男子如果达到公民年龄，就会从父亲管制的家庭中分离出来自谋生计。从这时起，他就开始成为具有完全独立人格的人了。他不再受父亲的管制，只须按公民的权利和义务去生活，而在公民人格的意义上，他和他的父亲是完全平等的。这种平等的基础是每一个公民都拥有财产权。可以说，对财产拥有所有权是形成个体独立意识的基础，也是个体独立人格的物质保障。正如黑格尔所言，"人唯有在所有权中才是作为理性而存在的。"① 事实上，西方人大多不太重视家庭伦理关系，而更重视社会伦理关系。由于西方从古代到近代，经济关系都是比较发达的商品经济、市场经济，这就导致西方传统社会伦理关系在很大程度上摆脱了血缘关系的影响，从而能够把自由视为人的最高价值目标。在任何伦理关系中，个体都只受理性的支配，即使是父母与子女的关系都是如此。既然个体只受理性的支配，每一个个体都是独立自主的，因而也是平等的。

第三，义务本位与权利本位：中西传统伦理关系在权利与义务关系上的差异。在权利与义务的关系上，中西传统伦理关系的侧重点也是明显不同的：中国传统伦理关系更重视义务，因而是以义务为本位的；而西方传统伦理关系更强调权利，因而是以权利为本位的。

在中国传统伦理关系中，人们的权利义务关系是不对等的，表现为单向的权利关系和单向的义务关系。对人们权利和义务的分配，不是根据贡献的大小，而是根据人的社会地位、社会角色或身份来规定：在全国范围内，君主为权利本位，臣民为义务本位；在一定的行政区划内，父母官为权利本位，老百姓为义务本位；在上下级之间，上级为权利本位，下级为义务本位；在家庭内部，家长为权利本位，其他家庭成员为义务本位；在长幼之间，长辈为权利本位，晚辈为义务本位。这样，权利由贵、尊、上、长、男者享有，很少履行义务；义务为贱、卑、下、幼、女者履行，极少享有权利。

从根本上说，中国传统伦理关系的这种单向的权利关系和义务关系，是以义务为本位的。这就是说，在中国传统伦理关系中，人们思考伦理关系的出发点，是承担和履行义务，各层次、各方面的伦理关系都莫不如此。即使是皇帝，自身和社会都首先要求治理好国家造福百姓，做一位贤明的君主，这显然

---

① 黑格尔：《法哲学原理》，商务印书馆1961年版，第50页。

也是皇帝应该承担的职责和义务。

而西方传统伦理关系是以权利为本位的。我们知道，西方国家公民的权利意识是非常强的，每一位公民都有一种时时提防他人和政府侵权的心理。法治既把政府和个人的行为都限制在法律的范围内，从而在一定程度上保障了公民的自由权利。当然，法律保障公民权利的同时，也包含着对公民权利范围的限制，即公民在享有自由权利的同时，不得损害他人的自由权利。换言之，公民在享有自由权利的同时，也必须承担一定的义务。

西方权利义务关系的权利本位，一方面是与伦理关系上的个人本位分不开的：社会在确认个人私有财产的基础上，把自由视为人的本性，强调人的独立性和自由人格以及个人权利的主体地位；另一方面，也是与契约观念、法治观念紧密联系在一起的：契约观念承认公民在经济生活、政治生活中的独立自主的主体地位，而法治的本意就在于保障公民的权利。

当然，值得注意的是，在阶级社会，私有财产是富人阶级的权利，建立在财产权基础之上的个人自由和权利仅仅只是少数富人阶级的经济自主、人格独立，而对于那些被剥削阶级，不仅在经济上、政治上受剥削和压迫，甚至可能连自己的人身都是他人的私有财产，因而是谈不上自由权利的。

第四，"道"的求索与"理"的追问：中西传统伦理关系在思维取向上的差异。在思维取向上，中西传统伦理关系也存在很大的差异。在中国古代以血缘关系为基础和纽带的宗法社会、制度和思想文化中，人们对自然的探索历来都被置于对人伦关系的探索之下，而在西方人们对人伦关系的理解往往被置于对外在自然和客观世界的探索之中，这就导致在中国传统伦理关系中，人们在思维取向上一以贯之的是对"道"的求索，即对为人处世之道、为政治国之道的探求；而在西方传统伦理关系中，人们在思维取向上一以贯之的是对"理"的追问，即对理性、对伦理关系原理的追问。

中国"道"的概念早在春秋战国时代就已产生，诸子百家大都把"道"作为自己的基本范畴。如儒家的"朝闻道，夕死可矣"①；墨家的"贤良之士，厚乎德行，辩乎言谈，博乎道述者乎"②；道家的"道生一，一生二，二生三，三生万物"③；法家的"道者，万物之始，是非之纪也"④ 在中国传统

---

① 《论语·里仁》。
② 《墨子·尚贤上》。
③ 《老子》第 42 章。
④ 《韩非子·主道》。

文化中，"道"主要有两大方面的含义：一是自然界的本原及其运行规律，即"天道"；二是有关认识和处理人伦问题的理论、原则、规范、方法等等。其中，第二方面的含义是中国传统文化和伦理关系更为关注的方面。它又包括两方面的内容，一是认识和处理一般人伦关系的理念和准则，如家庭伦理中的父子之道、夫妇之道，社会人伦关系中的朋友之道、师生之道等等；二是认识和处理政治伦理关系的理念和原则，如君臣之道、吏民之道等等。中国传统伦理关系历来十分重视为人处世、为政治国之道，对"道"的一以贯之地不断求索，成为中国传统伦理关系中人们的主要思维取向。

而西方传统伦理文化深受自然哲学的影响，人们更重视从伦理学理论本身出发去把握伦理关系，即更重视理性的思考和追问。我们知道，西方自然哲学历来十分注重对自然和宇宙奥秘的研究，用其中的自然法则来指导人与自然、人与社会之间的关系。比如，在古希腊时期，人们就认为人类政治关系、伦理关系都要受自然法则的支配，如亚里士多德说："人类在本性上，也正是一个政治动物。"①。就伦理关系而言，西方人的思维取向所注重的"理"的追问，就是注重探讨伦理关系的起源和本质，试图弄清人们为什么要过政治生活、道德生活，政治生活和道德生活、政治关系和伦理关系是什么关系，人们怎样才能过好政治生活和道德生活等等。这就是说，西方传统伦理关系中，人们的思维取向基本上是沿着理性的方向发展的，与中国传统伦理关系是两种不同的思维取向。

第五，主德重情与主法重理：中西传统伦理关系在调整方式上的差异。由于中西传统伦理关系所处的社会历史条件不同，发展的基础各异，也由于中西传统伦理关系在思维取向上的差异，导致中西传统社会伦理关系调整方式上的明显差异：主德重情是中国传统伦理关系调整的特点，即中国传统社会主要以"德"为手段，注重从"情"的角度认识和处理人与人之间的伦理关系；而主法重理是西方传统伦理关系调整的特点，即西方传统社会伦理关系的调整以"法"为主要手段，强调根据理性的标准和尺度来进行。

一般地说，伦理关系的调整方式包括道德、法律、经济、文化等各种手段。其中，道德和法律是两种基本手段。而道德和法律两种手段在中西传统伦理关系调整中，分别占据着不同的地位：中国传统伦理关系的调整以"德"为主流和侧重；而西方传统伦理关系的调整则是以"法"为主流和侧重的。

---

① 亚里士多德：《政治学》，商务印书馆1965年版，第7页。

中西传统社会治国方略的侧重点历来不同：中国古代以"德治"为主，而西方以"法治"为主。中国传统社会在"德治"基本治国方略的框架下，人们对人伦关系的认识和调整，虽然也并不完全排斥法律，但是以"德"为主要手段，注重从"情"的角度来唤起人们的荣耻观念，使人们自觉遵守相应的道德规范和准则，以此来处理人与人、个人与集体、社会之间的关系。而西方传统社会在"法治"基本治国方略的框架下，人们对伦理关系的调整，虽然也并不完全排斥道德手段，但由于在西方社会，"法"被视为调节人与人之间包括伦理关系在内的各种社会关系的基本规范，不容许任何形式的特权，因而西方传统伦理关系的调整更多的是以"法"为准绳。正如柏拉图所说的："如果一个国家的法律处于从属地位，没有权威，我敢说，这个国家一定要覆灭；然而，我们认为一个国家的法律如果在官吏之上，而这些官吏服从法律，这个国家就会获得诸神的保佑和赐福。"① 亚里士多德也说："法律恰恰正是免除一切情欲影响的神祇和理智的体现"，②"法律应在任何方面受到尊重而保持无上的权威"③。可见，西方传统社会伦理关系的调整，强调的是要根据理性的指导和要求，把人与人之间的伦理关系置于客观的"法"的规范之中。

第六，合二为一与分化并立：中西传统伦理关系与政治关系之间的差异。由于中国和西方传统社会结构尤其是政治结构的不同，导致中国和西方传统社会伦理关系与政治关系之间的关系也有着不同的情形：中国古代伦理关系与政治关系是合二为一的，我们很难区分到底是伦理关系还是政治关系；而在西方，伦理关系与政治关系虽然在一定时期也有比较密切的联系，但从总体上看，相对分离并立是西方传统伦理关系与政治关系之间关系发展的主要趋向。

中国传统社会的政治结构是伦理型的政治结构。在这样的政治结构中，一方面是政治关系的伦理化，政治关系是伦理型的政治关系；另一方面是伦理关系的政治化，伦理关系也在很大程度上也就是政治关系。可见，在中国古代伦理关系与政治关系是紧密结合、相互转化的。从这个意义上说，政治关系就是伦理关系；伦理关系也就是政治关系。比如，先秦时期百家争鸣的一个重要问题就是人们遵循什么样的伦理原则和规范来处理人与人之间的关系才符合现实政治的需要。其中，儒家认为人们应该尊崇"仁"、"义"、"忠"、"孝"，而

① 柏拉图：《法律篇》，引自《西方法律思想史资料选编》，北京大学出版社1986年版，第25页。

② 亚里士多德：《政治学》，商务印书馆1965年版，第169页。

③ 同上，192页。

这些伦理规范同时也是政治规范。后来，儒家"三纲五常"这一更为系统的道德规范和政治规范，成为我国宗法封建专制主义的政治关系和伦理关系的基础。因此，在中国古代，政治关系以伦理为导向，伦理关系也以政治为导向，伦理原则和规范以政治关系的维系为转移，政治原则和规范也必须以伦理关系的稳定为转移，伦理关系与政治关系是紧密结合在一起的。

在西方传统社会中，伦理关系与政治关系之间的关系与中国大不一样。比如，古希腊的伦理关系与政治关系虽然在一定程度上也是联系在一起的：每个人必须在城邦生活中才能实现自己的幸福生活，因而城邦生活实质上就是政治生活；一个人只要是好人，同时也就是好公民。但是，这种联系与中国古代伦理关系政治化与政治关系伦理化是不同的：古希腊将伦理提升到政治的高度，而不是像中国古代一样把政治也纳入伦理的总体框架。事实上，在古希腊由于人们对家庭和国家已经有严格的区分，伦理关系与政治关系仍然是并立的。正如亚里士多德所认为的，家长的权力与政治家的权力是两种不同的权力："政治家所治理的人是自由人；主人管辖的则为奴隶。家务管理由一个君王式的家长掌握，各家家长以君臣形式统率其附从的家属；至于政治家所掌握的则为平等的自由人之间所付托的权威。"① 古希腊这种所谓的政治家的权威在中国是不存在的，中国古代现实政治中存在的政治权威是作为君父的全国总家长的权威出现的。这样，忠君、孝父作为具有浓郁政治意蕴和伦理意蕴的规范受到历代封建统治者的重视。

在欧洲中世纪，伦理关系成为实质上的宗教伦理关系。在这种关系中，由于神权高于一切，宗教伦理目标高于世俗政治目标，人们的伦理关系和政治关系都处于神权的控制之下。在资本主义社会，政治与道德的相对分离，使人与人之间的伦理关系与政治关系成为两种相互独立的关系，二者的关系不再密切。

二、中西传统伦理关系发展的缺陷及相互融合

从中西传统伦理关系发展的差异中我们可以看到，中西传统伦理关系的发展各有自己鲜明的特点：中国传统伦理关系以整体为本位、以义务为本位、在调节方式上主德重情；西方传统伦理关系以个人为本位、以权利为本位、在调整方式上主法重理。应该说，中西传统伦理关系发展的这些特点在很大程度上

---

① 亚里士多德：《政治学》，商务印书馆 1965 年版，第 19 页。

都适应了当时经济社会发展的需要，在一定的历史时期都是具有合理性的。但同时也都存有明显不足，它们都只强调了一个方面，忽视甚至否定了另一方面：中国传统伦理关系重整体、重义务、重德性，而忽视了个人、权利和法的调节作用；西方则正好相反，重个人、重权利、重法的调节作用，而忽视了社会整体、义务以及道德的调整作用。中西传统伦理关系发展的这些特点与不足在现代社会可以而且应该实现互补与融合。

（一）中国传统伦理关系的缺陷及西方的启示

如前所述，在中国传统伦理关系中，由于人与人之间在经济上的人身依附关系，个人对他人、国家、社会有着极强的依附性，从而在个人与集体、个人与社会的关系上表现出个体依附和家庭本位的特点；在权利与义务的关系上表现出以义务为本位的特点；在伦理关系调整的方式上表现出主德重情的特点。这些特点在中国封建社会不断得到强化。

应该说，中国传统伦理关系重整体、重义务、重德性的特点，对协调人与人之间的伦理关系，维护社会稳定都具有重要意义。但是，由于它只强调整体、义务、德性，而在很大程度上忽视了个人、权利以及法的调节作用，从而导致中国传统伦理关系的发展存在不可忽视的明显缺陷。对照西方传统伦理关系的发展，中国传统伦理关系的这些缺陷，正好可以从西方得到很好的借鉴。归纳起来，中国可以而且应该从西方传统伦理关系中吸取以下三个方面的合理思想：

一是吸取西方传统伦理关系中充分尊重个人的思想。在中国传统伦理关系中，人们对人的解释不是把人作为独立存在的个体，而总是首先从人与人之间的主从关系上去考察。个人仅仅是复杂的社会等级关系网络上的一个结，个人在很大程度上是被湮没在社会整体之中的。毋庸讳言，中国传统伦理关系这种整体本位取向，在中国伦理关系发展史上具有十分重要的意义。但由于它过分注重整体、完全忽视个人，导致中国传统伦理关系的发展出现了严重偏差：个体必须依附于整体，丝毫不存在独立的人格和地位。而充分尊重个人、重视个人权利正好是西方传统伦理关系个人本位的特点。因此，中国必须在重视整体的基础上，批判地借鉴西方传统伦理关系充分尊重个人、重视个人权利的思想，才能实现人与人、个人与社会之间伦理关系的和谐。

二是吸取西方传统伦理关系中重视人的权利的思想。前面提到，强调义务而忽视权利是中国传统伦理关系的显著特点。在这个意义上说，中国传统伦理关系中的权利与义务关系只存在义务的平等，而不存在权利的平等。比如，中国传统伦理关系对"君君、臣臣、父父、子子"的强调，实际上也是对君、臣、父、子各种社会角色义务的强调，即君要仁、臣要忠、父要慈、子要孝，很少涉及权利。应该说，中国传统伦理关系中的这种权利与义务关系状况，是存在很大片面性和弊端的。由于片面强调义务，而忽视甚至否定权利，导致中国传统伦理关系中权利与义务的尖锐对立：人们被迫为履行各种义务而疲于奔命，而感受不到享受权利的人格意义和价值。因此，只有批判地吸收西方传统伦理关系中重视人的权利的合理思想，把对人的权利的重视和对人的义务的强调结合起来，才能形成和谐统一的权利与义务关系，才能促进人与人之间伦理关系的和谐。

三是吸取西方传统伦理关系中重视法的调节作用的思想。在伦理关系的调整方式上，主德重情是中国传统伦理关系的特点，它强调以"德"为主要调整手段，注重从"情"的角度来调整人与人之间的伦理关系。应该说，这种调整方式在很大程度上，抓住了伦理关系调整手段的主要方面。因为伦理关系是主体间伦理的权利与义务关系，对伦理关系的调整，必须以道德为主要手段，注重从"情"的角度来唤起人们的荣耻观念，使人们自觉遵守相应的道德规范和准则。但是，这种调整方式也不可避免地具有一定的局限性：认识和处理伦理关系中的权利与义务的关系，单单强调德性、情感的作用，没有一个客观的标准和尺度，往往容易出现以情代法、甚至以情枉法的情况，难以保证伦理关系权利与义务的实现。因此，在调整方式上，中国必须吸取西方传统伦理关系重视法的调整作用的合理思想，只有坚持情与理的结合、德与法的互补，才能有效保障伦理关系权利与义务的真正实现。

（二）西方传统伦理关系的缺陷及其与中国的融合

如前所述，西方传统伦理关系在根本价值取向上表现出鲜明的个人本位的特点：它强调个人的权利和自由是最高的价值追求，社会应尽一切可能维护个人的权利与自由。这就决定了在权利与义务的关系上表现出以权利为本位的特点，在伦理关系调整的方式上表现出主法重理的特点。

应该说，西方传统伦理关系的个人本位、权利本位以及主法重理的调整方式，对个人人格、对人的权利的凸显，对西方传统伦理关系特别是资本主义伦理关系的发展都起过非常重要的作用。但是，西方传统伦理关系的这些特点，从一开始就伴随着明显的缺陷与不足：过分强调个人而忽视集体、社会整体，过分强调人的权利而忽视人的义务，过分强调法在伦理关系调整中的作用而忽视了道德等其他手段的作用。应该说，西方传统伦理关系的这些缺陷正好可以从中国传统伦理关系重整体、重义务、重德性的特点中受到启发。归纳起来，西方可以而且应该从中国传统伦理关系中吸取以下三个方面的合理思想：

第一，西方应该吸取中国传统伦理关系中把集体和社会整体作为思考问题的出发点和归宿的思想。在西方传统社会，由于家庭经济结构的分离，商品经济、市场经济的发展，导致伦理关系在很大程度上摆脱了血缘关系的影响，而十分强调个人的自由和权利，从而使得每一个个体都是独立自主的，个体都只受理性的支配，即使是父母与子女的关系都是如此。应该说，西方传统伦理关系中的这种个人本位，在相当长的历史时期内也是有积极意义的，特别是在资本主义的上升时期，它在很大程度上适应了资本主义自由竞争的需要。从一定意义上说，个人本位是个人主义的客观表现，在个人本位的美国，个人主义是一种美国意识形态和民族认同的象征，"个人主义为美国民族所特有的态度、行为方式以及抱负提供了合理的说明"，它"表达了最能代表美国民族意识的普遍主义与理性主义"①。但是，由于它过分强调个人而忽视整体，在发展过程中也出现了严重偏差。这是因为，在社会生活中，人与人、个人与集体、个人与社会应该是辩证统一的关系：任何个人都是处于社会中的个人，任何社会也都是由个人组成的；我们在认识和处理个人与社会的关系的时候，既要充分尊重个人，更要看到社会的前提性意义。西方传统伦理关系个人本位的缺陷，正好可以借鉴中国传统伦理关系整体本位注重整体的思想，即在充分尊重个人的同时，把集体、社会作为思考问题的出发点和归宿，只有这样，才能实现个人、集体与社会的和谐共生。

第二，西方应该吸取中国传统伦理关系中重视义务和责任的意识。中西传统伦理关系对权利与义务关系的思考方式是不同的。比如，在父母与子女之间的伦理关系中，中国传统伦理关系的思考方式是：作为父母，我有抚养子女的义务，作为子女，我有赡养父母的义务；而西方传统伦理关系的思考方式是：作为父母，我有接受子女赡养的权利，作为子女，我有接受父母抚养的权利。客观地说，重视自己的权利，或重视自己的义务都没有错，中西传统伦理关系发展的不足都在于，只重视一个方面而忽视甚至否定另一方面。就西方传统伦理关系的个人本位而言，只有在尊重个人权利的同时，借鉴中国传统伦理关系中强调人的义务与责任的意识，把中国传统伦理关系重义务的特点与西方传统伦理关系重权利的特点结合起来，才能实现权利与义务的辩证统一。

---

① 哈耶克：《个人主义与经济秩序》，北京经济学院出版社 1991 年版，第 28 页。

第三，西方应该吸取中国传统伦理关系中重视道德调节作用的思想。如前所述，西方传统社会在"法治"的基本治国方略的框架下，主法重理是西方传统伦理关系调整的特点，即强调以"法"为主要手段，根据"理"的标准和尺度来调整各种伦理关系。这种调整方式虽然看到了伦理关系具有强制性的一面，从而把"法"作为调节人与人之间包括伦理关系在内的各种社会关系的规范，不容许任何形式的特权。但它没有认识到伦理关系的强制性与法律关系的强制性是有区别的，更重要的是，它在很大程度上忽视了伦理关系更重要的一面——非强制性的一面，从而导致伦理关系的调整也出现了严重偏差。因此，西方只有借鉴中国传统伦理关系重视道德调节的思想，把强制性手段与非强制性手段结合起来，才能从根本上有效调节各种伦理关系，促进伦理关系的和谐。

　　总之，中西传统伦理关系各有自己的特点和不足。其中，中国传统伦理关系的特点正好是西方传统伦理关系的不足，而中国传统伦理关系的不足正好可以从西方传统伦理关系的特点中得到弥补。因此，中西传统伦理关系的特点与不足在现代社会可以而且应该实现互补与融合。令人欣慰的是，中国传统伦理关系在向现代转型的过程中，人们对中国传统伦理关系中诸如个人与整体、权利与义务、"德"与"法"之间的不平衡及其带来的问题进行了认真反思，人们已经认识到，在认识和处理伦理关系的过程中忽视个人、忽视权利等片面的认识和做法给人与人、个人与集体、个人与社会之间伦理关系的发展带来的负面影响，力图从统一的观点出发来审视各方面的关系。我们相信，只要能够正视自身的缺陷与不足，批判借鉴西方伦理关系中的合理因素，就一定能实现个人与整体、权利与义务、"德"与"法"的统一，从而实现伦理关系的和谐与进步。

第三章

伦理关系的结构与实体表现

把研究对象视为一个系统或整体，进而考察这一系统或整体的内部结构是社会科学认识事物的一种常用方法。本书对伦理关系的研究也不例外。将伦理关系作为一个整体来研究，也必须弄清它的内部结构。在此基础上，本章还将分析伦理关系的实体表现和推展模式，以期对伦理关系有一个比较完整的认识。

第一节　伦理关系的结构

伦理关系虽然复杂，但是我们通过科学的抽象，仍然能够发现它也是由一系列基本要素构成的。具体地说，构成伦理关系的基本要素主要包括主体与主体——伦理关系的两极、主体的需要——伦理关系的中介以及主体意识——伦理关系的内核等三个方面。

一、伦理关系的两极：主体与主体

伦理关系作为人与人之间即主体与主体之间的关系，从结构上看，居于伦理关系两端的是人与人即主体与主体。一般地说，"主体是一个关系的范畴，只有发生了主客体关系的地方，才有主体。"① 可见，主体本来是相对于客体而言的，"没有主体就没有客体，没有客体就没有主体"②。但在伦理关系中，双方都既是主体，同时又是客体，这就使得通常的主体与客体之间的关系在伦理关系中演变成了主体与主体之间的关系。

---

① 肖川：《主体性道德人格教育》，北京师范大学出版社 2002 年版，第 2 页。
② ［苏］M. A. 帕尔纽克等著，安启念，林娅译：《主体与客体》，辽宁大学出版社 1990 年版，第 25 页。

（一）伦理关系主体的含义及特点

主体是认识活动和实践活动的承担者。伦理关系作为一种特殊的社会关系，是通过人的行为和活动表现出来的。正是这种有意识、有目的、具有自觉能动性的行为和活动，使人成为主体。人作为伦理关系的主体是实践主体、认识主体和价值主体的统一，具有社会历史性、实践性和能动性的特点。首先，主体是一个社会历史范畴，"主体是社会历史地对自然、社会和人自身进行控制、改造的人。"① 人的主体地位是在人类社会长期的历史发展过程中逐渐确立起来的。人作为伦理关系的主体，不仅是物质世界长期发展的产物，也是人类社会长期发展的产物，具有社会历史性。

其次，主体是一个关系范畴。作为一个关系范畴，实践性是主体的根本特征。"这种主体，不是以纯粹自然的、自然形成的形式出现在生产过程中，而是作为支配一切自然的那种活动出现在生产过程中。"② 主体在实践中能动地改变环境、改变自身。就伦理关系而言，人之所以成为伦理关系的主体，也在于人惯常地通过自身的实践活动，自觉处理各种伦理关系。也就是说，主体作为自然界中特殊的一部分，处理伦理关系的实践是人的行为和活动的基本形式，是主体道德活动的集中表现。这种实践是在以认识、情感、意志、目的、动机、意图等形式的意识活动中表现出来的，表现为对各自职责和义务的认同和履行。

再次，主体也是一个用以表达人的理性本质的范畴。理性是人作为主体区别于动物的根本标志之一。主体是有意识的、实践的人，人的认识、实践理性是在社会生活中形成的，它不仅制约人与人之间关系发展的走向，也孕育着人的主体地位。人的认识和实践理性，使主体在道德活动中表现出很强的主观能动性。伦理关系主体最重要的标志也正是它具有自觉的道德意识，从而具有行为选择能力和自我调控能力。可见，主体不是被动、消极地去适应伦理关系，而是要主动去认识伦理关系，自觉调整各种伦理关系，从而表现出很强的积极性、主动性和创造性。

（二）伦理关系主体的层次

从构成成分看，伦理关系的主体是人以及由人构成的社会整体。由人构成的社会整体包括各种群体和社会组织，因而是一个范围非常广泛的概念，小至

---

① 姚新中：《道德活动论》，中国人民大学出版社1990年版，第58页。
② 《马克思恩格斯全集》第46卷（下），人民出版社1980年版，第113页。

家庭、单位、社团，大至阶级、民族、国家乃至整个人类都在此列。可见，伦理关系的主体可以分为从高到低的许多不同层级：既包括个体主体，又包括家庭、集体、集团、国家等不同层次的群体主体，甚至还包括整个人类社会主体。这是因为，伦理关系的主体是人，但并不意味着它仅仅是单个的人。由于人的活动范围的不同，可以有个人的活动，也可以有群体的活动，也可以有社会的活动。与之相适应，伦理关系的主体也就相应地有个人主体、群体主体和社会整体主体。

1. 个体主体

个体主体是作为单独个人存在的伦理关系主体。在各个层次的伦理关系主体中，个人是最基本的单元。群体主体、社会整体主体都是由现实的个人以一定方式联结而成的共同体。因此，个体主体是伦理关系最基本、最现实的主体形态，包括群体主体和社会整体主体在内的其他主体都是在个体主体的基础上形成的。

个体主体除了具有伦理关系主体所具有的社会历史性、实践性、能动性的特点之外，还具有单独性、具体性、依赖性等特点。个体主体这个概念本身就表明了它的单独性，即个体主体是以一个个单独存在的个人的形式出现的，个体主体是伦理关系主体最基本的元素，是伦理关系主体的最小层次，不能再分割。显然，个体主体的这种单独性实际上也体现了它的具体性。既然是单独的、特殊的，就只可能是具体的。因为每一个个体主体都是现实存在的、活生生的个人，他们都有自己具体的道德需要。同时，个体主体还具有依赖性。这是因为，人是社会的人，每个人都是生活在社会关系之中的，因而对他人、对社会都具有不同程度的依赖性。正如马克思所说的，"孤立的个人在社会之外进行生产——这是罕见的事"①。相反，由于个人"相互间不是作为纯粹的我，而是作为处在生产力和需要的一定发展阶段上的个人而发生交往的，同时由于这种交往又决定着生产和需要，所以正是个人相互之间的这种私人的个人的关系、他们作为个人的关系，创立了——并且每天都在重新创立着——现存的关系。"② 伦理关系中的个体主体也不例外。任何个体主体都离不开伦理关系的其他主体，对包括个体、群体和社会整体在内的其他主体都有不同程度的依赖性。

---

① 《马克思恩格斯全集》第 12 卷，人民出版社 1962 年版，第 734 页。
② 《马克思恩格斯全集》第 3 卷，人民出版社 1960 年版，第 514～515 页。

2. 群体主体

群体主体是由一定数量的个人按照一定的方式联结而成的。家庭是比个人高一层次的伦理关系主体。我们知道，在自然经济社会，家庭是最基本的经济单位和生活单位，家庭伦理关系是人类最初的伦理关系形态之一。集体是由个人组成的有一定共同利益的人群共同体，是比家庭组织性更强的伦理关系主体。此外，从更宽泛的意义上说，国家乃至人类社会也都是更高层次的伦理关系主体。

与个体主体相比较而言，伦理关系群体主体具有多样性、集合性、交叉性以及矛盾性等特点。先看多样性。所谓伦理关系群体主体的多样性是指伦理关系群体主体具有多种多样的类型和表现形态，如以血缘关系为基础的家庭、以地缘关系为基础的社区、以业缘关系为基础的单位等等。再看集合性。任何伦理关系群体主体都是由个人以一定的方式联结而成的共同体或集合体，作为一种共同体或集合体，总会具有不同程度的凝聚力。再看交叉性。这是指人们在伦理关系群体主体中具有多重的角色和身份，因而各群体主体之间在成员的组成上存在交叉或重叠的情况。也就是说，每个人都可能是若干个不同群体的成员。比如，家庭、单位等群体主体与阶级、阶层等群体主体的成员就都存在不同程度的交叉和重叠的情况。最后看矛盾性。在伦理关系体系中，不同的群体主体之间由于各自的社会背景、文化和道德素质以及价值观念和人生态度等各方面的差异，它们之间可能存在一定的矛盾甚至冲突和对立，即使在同一群体内部，构成该群体的成员之间也可能存在一定的矛盾关系。

3. 社会整体主体

社会整体主体就是整个人类整体，即把整个人类社会视为一个共同体主体。虽然，在人类社会中存在不同的个人、不同的家庭、不同的集体甚至不同的国家，它们都有各自的特殊性和特殊利益。但是，人类社会作为一个整体面临着许多它的各个成员共同关注的问题，存在着许多共同的利益。解决好这些问题、维护好这些利益，是每一个个人、每一个家庭、每一个集体甚至每一个国家的共同利益所在。比如保护环境、防治疾病等都关系到人类社会每一个成员的共同利益。因此，对于社会成员来说，人类整体利益居于最高层次，它实质上就是个人、家庭集体、国家利益共同部分的结合。从这个意义上说，整个人类社会作为一个整体，也是伦理关系的主体，而且是最高层次的主体。

（三）主体性与主体间性

如前所述，在人类伦理关系的发展进程中，人的主体性的发展是一个最重要的标志。因此，从伦理关系结构的角度看，把握主体性不仅是考察伦理关系主体的客观要求，也是研究伦理关系主体结构内容本身的一个重要方面。只有把握了主体性，才能对伦理关系的主体结构有一个全面把握。

我们知道，有关主体性的思想由来已久，但明确的主体性概念到了近代才正式形成。马克思以前的许多哲学家，都从各种不同的角度探讨过人的主体性问题。但是，无论是唯心主义者还是旧唯物主义者，无论是物质主体论者还是精神主体论者，都未能作出科学的解释。唯心主义者完全抛开物质世界的客观必然性，仅仅从人的主观意志或精神方面来理解的人的主体性，把主体视为某种精神的本体。旧唯物主义者由于形而上学和机械性，或者完全忽视人的主体性，或者像费尔巴哈那样把主体性仅仅理解为人的欲望和需要，未能从人的对象性活动即主体的实践中去理解。而马克思主义把科学的实践观引入认识论和历史观，从主体活动的两个方面——物质方面和精神方面以及主体与客体的关系中理解人的主体性，从而达到了对人的主体性的全面把握。马克思主义认为，主体只有在能动的活动中用实践的方式把握客体，主动、创造性地改造客体，在主体的对象化活动中实现自身的目的，并使自身得到自由而全面的发展，才能证明自己的主体性。

众所周知，主体是相对于客体而言的。因此，"主体性既是属性概念，更是关系概念，是只有在关系中才具有意义的属性概念。"① 在一般意义上，主体性就是使人成为主体的性质，或者说是在主体与客体关系中的主体属性，即"人作为活动主体的质的规定性，是在与客体相互作用中得到发展的人的自觉、自主、能动和创造的特性"②。马克思在《1844 年经济学 - 哲学手稿》中把这种特性称为人的"本质力量"；黑格尔则说，"人是意识到这种主体性的主体"，因为"作为一个人，我知道自己在我自身中是自由的，而且能从一切中抽象出来"。③ 可见，从本质上看，所谓主体性就是人作为主体在改造客体的实践活动中的自主性、能动性和创造性。

但是，由于伦理关系是主体与主体之间的关系，这就使伦理关系中人的主体性从主体与客体的关系转向了主体与主体的关系，从而表现为主体间性或主体际性。主体间或主体际就是指主体与主体之间的关系模式。在主体与客体的

① 肖川：《主体性道德人格教育》，北京师范大学出版社 2002 年版，第 4 页。
② 郭湛：《主体性哲学》，云南人民出版社 2002 年版，第 30～31 页。
③ 黑格尔：《法哲学原理》，商务印书馆 1961 年版，第 46 页。

关系中，主体所面临的是客体，而在主体间或主体际的关系中，主体面临的是别的主体。因此，用主体与客体的关系模式来处理人与人之间的伦理关系已经不再奏效，必须代之以主体与主体即主体间或主体际的关系模式。

具体地说，"主体间性实际上是人的主体性在主体间的延伸，它在本质上仍然是一种主体性。"① 主体在伦理关系中所体现的主体间性或主体际性，实际上就是一种交互主体性，或者说内在地包含着交互主体性。从历史的角度看，人与人之间的交互主体性经历了直接的、间接的以及完满的三种形式。其中，直接的交互主体性是主体之间原始的、没有强制性中介物、彼此之间直接互为目的的关系；间接的交互主体性是主体之间发展了的、以外在物为中介、彼此之间互为手段的关系；完满的交互主体性则是指主体之间完满的、既有中介物又自由联系、彼此之间既互为手段又互为目的的关系。② 应该说，人与人之间交互主体性发展的这三个阶段，与马克思关于三大社会形态的理论是吻合的。可以说，马克思所讲的社会发展三大阶段即"人的依赖关系"、"人的独立性"、"人的自由个性"，既是人的主体性发展的三个历史阶段，同时也是人与人之间的交互主体性发展的三个历史阶段。

当然，强调伦理关系的主体性和主体间性，并不是说伦理关系作为主体与主体之间的关系，完全没有主体与客体之间的关系。这是因为：一方面，伦理关系中主体与主体之间的关系，是以主体与客体之间的关系为背景的。也就是说，伦理关系主体与主体作为复数的主体，与他们共同的客体仍然处在主体与客体的关系之中的。事实上，主体与主体之间之所以会发生伦理关系，客体的桥梁和纽带作用是不可或缺的，它具体表现为以主体的需要为中介。另一方面，在伦理关系中，主体与主体互为对方的对象性存在，因此，主体一方作为另一方的对象性存在，在一定程度上又具有客体性。可见，伦理关系中的主体与主体之间，每一主体都既是主体也是客体，都具有一定程度的主客体双重性。从这个意义上可以说，伦理关系作为主体与主体之间的关系本身也包含着主体与客体之间的关系。

二、伦理关系的中介：主体的需要

伦理关系作为主体与主体之间的关系，必须通过一定的中介才能形成，这个中介就是主体的需要。这是因为，主体与主体之间是不会凭空发生关系的。

① 郭湛：《主体性哲学》，云南人民出版社 2002 年版，第 250 页。
② 参见杨金海：《人的存在论》，广西人民出版社 1995 年版，第 234~235 页。

作为伦理关系的主体与主体之间之所以会发生关系，是由于每一个主体都有一定的需要，正是主体的需要作为中介把主体与主体联结起来，从而在主体与主体之间产生互相需要、互相满足的关系。

（一）需要的含义

关于需要这一范畴，人们曾从生物学、社会学、哲学等各个学科的不同角度进行过考察。从哲学的角度看，需要是主体对客体对象的一种依赖关系。作为一种依赖关系，人的需要从内容上说是客观的：人的需要以社会物质生活条件和精神生活条件为客观基础，人的需要的对象包括社会物质生活资料和精神生活资料等也都是客观的；而从形式上说又是主观的：人的需要是自觉的、有意识的需要，是对社会物质生活资料和精神生活资料的能动反映。

马克思主义认为，需要是人的与生俱来的内在规定性，或者说是人的本质的基本规定。人作为有生命活动的社会存在物，首先必须有维持生命存在的必需品；在此基础上，还要有维持精神生活的必需品。因此，在一定意义上可以说，人的需要是与人的生命直接同一的，没有生命就没有需要，没有需要也就没有生命；需要是一切生物的生命表现，并不是人所独有的属性。

但是，人的需要与其他生物的需要有着本质的不同。一方面，从需要的产生和内容上看，人的需要虽然也以生理需要为基础，但主要是在社会性的生产中产生出来的需要，是一种有意识的、自觉的需要，因而是多方面、多层次的需要，"需要以及得到满足的需要及其满足方式所不断引起的新的需要，是人的活动的最根本的动因，是社会发展的最终源泉。"① 而其他生物的需要是由自身的生理结构所决定的、出自生物本能的、自发的需要。另一方面，从需要的满足和前途来看，人的需要必须通过劳动来满足，而人类劳动的能力和方式即生产力的发展是具有无限的可能性的，因而具有无限发展的潜能，具有丰富性和多样性，而动物的需要不可能超出维持生命存在的自然生理需要的范围，除非外部自然环境赋予它们以新的条件，否则它会永远停留在一个水平上。

这就是说，动物的需要完全受自然条件所决定，而人的需要虽然与自然条件相关，但主要是受制于社会条件，具有社会历史性。事实上，人的需要的发展经历了一个漫长的历史过程。从某种意义上说，需要也是人与其所依赖的对象之间的一种矛盾关系。这里所谓的矛盾关系，指的是对象满足主体需要的匮乏。解决这种矛盾，必须通过主体自身的积极努力，不断创造条件，从而使自

---

① 周文彰：《狡黠的心灵——主体认识图式概论》，中国人民大学出版社 1991 年版，第 81 页。

身需要得到满足，并不断产生新的更高层次的需要。比如，在原始社会，由于社会生产力水平很低，人的需要是一种简单、低级的需要，其对象仅限于自然界；到了奴隶社会、封建社会，生产力有了一定的发展，人的需要开始变得丰富起来，但由于这一阶段生产力发展水平总体上仍然比较低，自然经济占据统治地位，人的需要还是比较简单、粗陋；而到了商品经济阶段，人的需要的范围不断拓展，人的需要的对象日益多样化。可以想象，随着生产力的进一步发展，社会产品的进一步丰富，人的需要将更加多样、更加高级。

（二）伦理关系主体的需要及其性质

伦理关系主体的需要是介于主体与主体之间、使主体与主体之间发生相互作用的中间环节。因此，主体的需要这一中介兼具主体和客体双重特性：对于主体一方来说，需要传递和表达着他的意愿和作用，成为他向对方传递信息的工具；而对于主体另一方来说，需要又传递和表达着他的反作用。可见，在伦理关系的主体与主体之间，需要既把主体与主体连接起来，又把主体与主体隔离开来，从而体现着一定的间接性。

从内容上看，主体的需要主要表现为对自然条件和社会环境、对物质和精神生产、生活资料的一种依赖关系。由于伦理关系是主体与主体之间的关系，这就决定了作为主体对客观外界的一种依赖关系，主体的需要在伦理关系中主要表现为主体对他人、集体和社会的依赖关系。这就是说，在伦理关系中为主体所依赖的客观外界，也是主体。换言之，伦理关系主体的需要表现为主体对主体的依赖关系。

具体地说，伦理关系主体的需要可以分为由低到高许多不同的层次。美国心理学家亚伯拉罕·马斯洛的需要层次理论，从个人行为发生学的角度，把人的需要分为生理需要、安全需要、归属需要、尊重需要、认知需要、审美需要以及自我实现的需要等七个层次。他虽然未能看到需要是一个广泛的社会历史范畴，而把人的需要理解为一种心理现象，忽视了对人的需要与社会之间关系的研究，但他在一定程度上看到了人的需要由低级向高级发展的规律。马克思从社会历史的高度来看待人的需要，把人的需要概括为三种基本类型，即最低限度的自然生理需要、高层次的满足人的社会生活的社会需要以及满足人的精神要求的精神需要。

从道德的角度出发，根据需要的内容及满足需要的手段，主体的需要可以分为合理的、不合理的两大类。其中，合理的需要既有利于主体自身，又有利于他人和社会，如人们最基本的衣食等物质需要就是低层次的合理的需要，人与人之间正当的爱和友谊等精神需要就是较高层次的合理的需要。不合理的需要有两种情况，一是需要本身不具有现实性，虽然有利于主体自身，但不利于他人和社会；二是这种需要的满足只有在牺牲他人或社会整体的需要的基础上才能得到满足。

在伦理关系中，主体的需要是合理的需要。如前所述，伦理关系是一种体现和合乎应然规定的价值关系，主体与主体之间的相互需要与相互满足的关系，必须合乎相应的伦理精神和道德要求。这些伦理精神和道德要求可能表现为主体的道德认识、道德情感、道德意志、道德信念及价值观念，也可能表现为一定的道德原则、道德规范。显然，体现和合乎伦理精神和道德要求的需要是一种合理的需要。

（三）主体的需要对于伦理关系的中介意义

作为伦理关系的中介，主体的需要在伦理关系的形成和发展中有着十分重要的意义。这是因为，"需要具有交往的性质"，"人的需要的个体性和整体性的关系必然通过人的活动，外在地表现为个人同他人、同社会群体的利益关系。这种关系就是个人同他人、同社会群体的交往中产生和实现的。"① 一方面，伦理关系的形成与主体的需要密不可分：主体的需要是社会需要，需要产生包括伦理关系在内的社会关系。马克思曾明确指出，社会关系是由人的需要产生的，"把人和社会连接起来的唯一纽带是天然必然性，是需要和私人利益"②，"真正的社会联系……是由于有了个人的需要和利己主义才出现的"③。可见，真正的社会联系是人的需要的现实产物。另一方面，主体的需要是伦理关系不断发展的重要动力。如前所述，两种生产是人类伦理关系产生和发展的历史前提，伦理关系是随着人类两种生产的发展而发展的。而在人类两种生产的发展中，主体的需要是一个持续不竭的动力："为了生活，首先就需要吃喝住穿以及其他一些东西。因此第一个历史活动就是生产满足这些需要的资料，即生产物质生活本身。"④ 可见，正是主体的需要推动着人类两种生产的不断发展。

就伦理关系本身而言，主体的需要作为伦理关系的中介，对伦理关系的发展更是具有直接的推动作用。"需要是一种被意识到的欲求不满状态，这种状

① 彭柏林：《道德需要论》，上海三联书店，2007年版，第2～3页。
② 《马克思恩格斯全集》第1卷，人民出版社1956年版，第439页。
③ 《马克思恩格斯全集》第42卷，人民出版社1979年版，第24页。
④ 《马克思恩格斯全集》第3卷，人民出版社1960年版，第31页。

态引起的感觉、思想、动机、意志成为追求理想的意图"①。需要的状态及其引起的意图正是伦理关系发展的不竭动力。从具体伦理关系看，每一个主体的每一种需要，都会引起伦理关系双方的注意，即每一个主体都要认真对待和满足对方的需要，这必将促使主体对自己所处的伦理关系进行新的认识和新的调整；主体需要的每一次满足，都可能使主体双方对自己所处伦理关系的认识达到一个新的水平，同时也可能使主体产生新的需要。从人类伦理关系发展的总体看，主体的需要是不断发展的，从主体的需要到需要的满足，再从新的需要到新的满足，人类伦理关系就是在主体需要的不断发展和满足中实现自身的发展的。

三、伦理关系的内核：主体意识

主体与主体通过需要联结了起来，但这种关系还不是伦理关系。因为主体的需要是多方面多层次的，它可能是经济方面的需要，也可能是政治、文化等其他方面的需要，由此形成的主体与主体之间的关系也是多方面多层次的，它可能是经济关系，也可能是政治、文化等其他关系。要使主体与主体之间的关系成为伦理关系，主体意识是不可或缺的内在因素。因此，从伦理关系的结构上看，主体与主体是伦理关系的主体条件，构成伦理关系的两极；主体的需要是伦理关系的中介；而主体的意识是形成伦理关系的不可或缺的深层次主观要素，构成伦理关系的灵魂和内核。

（一）伦理关系中的主体意识及其层次性

"主体意识是作为实践和认识主体的人对自身主体地位、主体能力和主体价值的一种自觉意识。"② 具体到伦理关系，作为伦理关系的灵魂和内核，主体意识表现为对自己与他人、集体、社会之间的关系"是怎样"以及"应该怎样"的认识。主体在社会生活中，首先会意识到自己必然和周围的人打交道，总会和他人、集体、社会发生各种关系，进而意识到自己在这些关系中的角色和地位。这是关于人与人之间关系"是什么"的认识。同时，主体在面对和处理自身与他人、集体、社会各种关系的时候，也总是在一定意识的指导下进行的。这种指导人们处理各种关系的意识，是关于人与人之间关系"应该怎样"的认识。例如，在父子伦理关系中，父与子首先知道自己是父亲和儿子，这是"是怎样"的意识；作为父亲，对儿子要慈爱，作为儿子，对父

---

① 姚新中：《道德活动论》，中国人民大学出版社1990年版，第91页。
② 冯契：《哲学辞典》修订版，上海辞书出版社2001年版，第2038页。

亲要孝顺，这就是"应该怎样"的意识。父与子在处理伦理关系的时候，总是自觉或不自觉地在这种意识的指导下进行的。

就伦理关系中主体意识"是怎样"和"应该怎样"两个方面的关系而言，"是怎样"是基础，"应该怎样"是高层次的意识；"是怎样"是一切社会关系主体都具有的意识，而"应该怎样"的意识则是使人与人之间的关系成为伦理关系不可或缺的深层次主观要素。伦理关系结构的前两个方面，即主体与主体、主体的需要，表达的是伦理关系的实然性的一面；要使主体的需要成为伦理的需要，要靠主体对双方关系"应该怎样"认识，告诉自己哪些需要是应该的，哪些需要是不应该的，对对方的需要，哪些是自己应该予以满足的，哪些是自己不应该满足或者可以不满足的。这就是说，它的取舍总是在主体自觉意识的指导下完成的。

当然，在现实社会生活中，伦理关系主体意识存在不同的程度和水平。因为从主体自身的素质看，主体的文化程度、道德认知水平有高低之分，主体的道德觉悟、道德品质也有高低好坏之分。具有不同道德认知水平、不同道德觉悟的主体所具有的意识显然是有区别的。道德认知水平高的主体，对自身与他人、集体、社会之间关系"应该怎样"的认识，往往具有较高的自觉性，能够反映人与人、个人与他人、集体、社会之间关系的应有状态；而道德认知水平不高的主体，对自身与他人、集体、社会之间关系的认识，则可能还没有达到自觉的程度；道德觉悟程度高、道德品质好的主体，对人与人之间关系"应该怎样"的认识，往往能够达到较高的道德水准，从而在处理自身与他人关系的时候，做出高尚的道德行为；而道德觉悟程度低的主体，在处理自身与他人关系的时候，则易于做出一些不合道德甚至损人利己的不道德的行为。但不管怎样，在伦理关系中，无论何种素质和水平的主体，总是有着对人与人之间关系"应该怎样"的认识。

应该指出的是，伦理关系主体意识"是怎样"和"应该怎样"的两个方面，是紧密结合在一起的，我们不能把伦理关系主体意识"是怎样"和"应该怎样"的两个方面截然分开。这里之所以对主体意识作这种划分，是为了从理论上分析它的内容而在思维中进行的一种抽象。

（二）主体意识使主体需要转化为主体间伦理的权利与义务关系

主体间伦理的权利与义务关系的形成，有两个基本要素，一是主体需要；一是主体意识。前者是主体间伦理的权利与义务关系形成的基础：在主体需要的基础上形成一般的权利与义务；后者则是使主体需要转化为主体间伦理的权利与义务关系的内在要素：主体的需要只有在主体意识特别是关于人与人之间的关系"应该怎样"的理性意识的指导下才能转化为伦理的权利与义务关系。

可见，从权利与义务的角度看，主体的需要是主体权利与义务的基础，从一定程度上甚至可以说，主体的需要本身就是主体权利与义务的另一种表达。主体与主体之间互相需要、互相满足的关系，意味着主体双方权利与义务的实现：主体需要的满足，对被满足的主体来说，意味着权利的实现；而对于另一方来说，则意味着义务的履行。

主体的需要是权利与义务关系形成的基础，但在主体需要的基础上形成的还只是一般的权利与义务关系，不是伦理的权利与义务关系。因为主体的需要是多方面、多层次的，这种多方面、多层次的主体需要必然形成多方面、多层次的权利与义务关系，如经济权利与义务、政治权利与义务、法律权利与义务等等。如前所述，伦理的权利与义务关系是从应然的角度对经济、政治、法律等其他权利与义务合理性的价值规定，它所体现的是经济、政治、法律等各种权利与义务关系的"应然"状态。这其中，渗透着主体关于权利与义务关系"应该怎样"的自觉意识。换言之，要使主体与主体之间的需要关系成为伦理的权利与义务关系，必须有主体意识对双方的需要进行限制和约束，使双方需要朝着"正当"和"合理"的方向发展。而使双方的需要朝着"正当"和"合理"的方向发展的主体意识，显然不能仅停留在对双方关系"是什么"的认识上，而主要应该是对双方关系"应该怎样"的自觉认识。只有在主体关于人与人之间关系"应该怎样"的意识的指导下，主体之间互相需要的关系才能成为伦理的权利与义务关系。

从这个角度看，伦理的权利与义务关系与其他一般的权利与义务关系之所以不同，根本原因之一就在于伦理关系与其他社会关系中主体意识的差异。毋庸讳言，主体与主体之间的经济、政治、法律关系中也包含着主体意识，否则就会和动物之间的关系无异，也不成其为经济关系、政治关系、法律关系。但是，经济、政治、法律等其他社会关系中的主体意识与伦理关系中的主体意识存在很大的不同。经济、政治、法律等其他社会关系中的主体意识主要停留在"是什么"的阶段。如果说也包含"应该怎样"的方面，也主要是从具体经济、政治、法律方面而言的。因此，一般社会关系中的主体意识主要是一种对人与人之间关系的实然性的认识。而伦理关系中的主体意识，除了关于人与人、个人与他人、集体、社会关系"是什么"的认识之外，更重要的是关于人与人之间关系"应该怎样"的认识，因而主要是一种应然性的认识。正是在这个意义上我们说，经济、政治、法律等其他社会关系主要是一种实然性的社会关系，而伦理关系既具有实然性的一面，又具有应然性的一面，而且应然性的一面更为根本。

四、伦理关系的结构模型

上面我们比较详尽地分析了伦理关系的一般结构。我们可以把伦理关系的结构用如下的图式来表示：

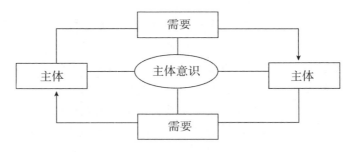

伦理关系一般结构示意图

从中可以看到，任何一种伦理关系都包括主体与主体、主体需要以及主体意识等三个基本要素。其中，位于伦理关系两极的是主体与主体；处于中介地位的是主体的需要；主体意识作为伦理关系的内核，包括"是怎样"和"应该怎样"的两个方面，并以后者作为自己深层次主观要素的主要方面。

具体地说，伦理关系作为主体与主体之间的关系，主体与主体是通过需要这一中介联系起来的。需要作为伦理关系的中介，对主体的作用呈现出两个相反的方向，体现了主体双方的需要互为权利和义务的关系。当然，在主体需要基础上形成的还只是一般权利与义务关系，要使在主体需要基础上形成的一般权利与义务关系转化为伦理的权利与义务关系，主体意识特别是关于人与人之间关系"应该怎样"的意识是不可或缺的内在要素。正是由于主体意识的作用，主体需要才能转化为伦理的权利与义务关系，也正是在这个意义上我们说，主体意识是伦理关系的灵魂和内核。

第二节　伦理关系的实体表现

从根本上说，我们考察伦理关系的目的，是要使人们正确认识和处理伦理关系，进而形成和谐的伦理关系，促进社会和谐。而人们认识和处理伦理关系，首先必须弄清伦理关系是在哪些主体之间发生的，即把握伦理关系的实体表现，否则，人们对伦理关系就无从把握。在这个意义上可以说，把握伦理关系的实体表现是人们认识和处理伦理关系的起点。因此，在把握伦理关系基本结构的基础上，必须弄清伦理关系在现实社会生活中的实体表现。

一、伦理关系的两个方面

伦理关系由客观关系与主体意识构成。从这一角度看，伦理关系的结构可以归纳为客观实体关系和主观精神关系两个方面。其中，客观实体关系是伦理关系的实体表现，即伦理关系的物质承载者；主观精神关系是伦理关系的灵魂和内核，是伦理关系之所以成其为伦理关系的主观条件。

以父子伦理关系为例：父子之间单纯的血缘关系还不是伦理关系，而只是一种简单的代际关系。从某种意义上说，这种简单的代际关系与动物代际关系并没有根本区别。这种父子关系只有在主体意识的作用下，即父亲和儿子分别具有作为父亲和作为儿子"应该怎样"的意识，在这种意识的指导和作用下的父子关系才是伦理关系。这其中，以血缘为基础的父子关系就是客观实体关系，即父子伦理关系的实体表现；父子之间在双方各自"应该怎样"的意识作用下形成的精神性关系是父子伦理关系形成的深层次主观要素，是父子伦理关系的灵魂和内核。舍此，不成其为伦理关系。

黑格尔在《法哲学原理》中认为，伦理关系从本质上讲是一种精神性关系。作为一种精神性关系，伦理关系以人与人之间的关系为内容，存在于家庭、市民社会和国家之中。其中，家庭是"直接的或自然的伦理精神"；市民社会是"各个成员作为独立的单个人的联合，因而也就是在形式普遍性中的联合"；只有国家是"实体性的普遍物"，是"致力于这种普遍物的公共生活所具有的目的和现实"①。从一般意义上说，在家庭、市民社会和国家中人与人之间的关系首先是血缘关系、经济关系和政治关系。但黑格尔为什么要把这些关系放在"伦理"阶段来讨论呢？笔者认为，重要原因之一就在于伦理关系是渗透在血缘、经济、政治关系之中的，或者说伦理关系以家庭、市民社会和国家为实体内容，家庭、市民社会和国家是伦理关系的实体表现。正如第一章所言，人与人之间在家庭、市民社会和国家中形成的经济关系、政治关系都是实然性的社会关系，而实然性的社会关系不一定具有合理性。黑格尔在

---

① 黑格尔：《法哲学原理》，商务印书馆 1961 年版，第 173～174 页。

"伦理"阶段讨论家庭、市民社会和国家，正是为了揭示其合理性，因为伦理关系的存在领域主要是应然的领域，即人与人之间的关系"应该怎样"的领域，因而可以对家庭、市民社会和国家存在的合理性进行反思和评价，或者为家庭、市民社会和国家的存在提供合理性依据，或者赋予人与人之间的经济、政治等其他社会关系以应然性①。

当然，对伦理关系从客观实体关系与主观精神关系两个方面来理解，只是为了研究的需要而在思维中进行的抽象，即在思维中把外在与内在、现象与本质分开来考察。在现实社会生活中伦理关系的两个方面显然是不能分开的。这是因为，一方面，作为伦理关系灵魂和内核的精神性关系总是附着在一定的实体上的，或者说，总有一定的物质承载者。否则，就只是单纯的思想关系，而不构成伦理关系。可见，伦理关系除了包含精神性关系之外，也是一种包含客观实体关系内容的社会关系。另一方面，人作为伦理关系实体表现的物质承载者，必须有意识的指导和思想的渗透，否则，人就永远只可能是孤立的个人，而不能成为具有社会性和自觉能动性的发展的人，人与人之间的关系也就不可能成为自觉的伦理关系。可见，在客观实存的人与人之间，必须有主观意识的渗透和作用才可能形成伦理关系；客观实体关系与主观精神关系作为伦理关系的两个方面，都是不可或缺的。我们在考察伦理关系的时候，必须把它放到现实社会生活之中，把握伦理关系的实体表现。

二、"伦理实体"的辩正

"伦理实体"本来是黑格尔伦理学中的一个重要概念。在黑格尔的伦理学体系中，伦理实体是绝对精神在客观精神阶段的真理性存在，黑格尔对伦理关系的理解是在伦理实体中进行的。可见，伦理实体是一个与伦理关系密切联系在一起的概念。伦理关系作为人与人之间的关系，从一定意义上也可以说是伦理实体之间的关系。按照这种理解，上述伦理关系中的客观关系，用另一种方式来表述，也可以说就是伦理实体之间的关系。事实上，无论是出于把握黑格尔的伦理关系理论，还是为了考察伦理关系的实体表现，都有必要对伦理实体

---

① 当然，作为评价家庭、市民社会和国家存在合理性的依据，伦理关系本身也存在一个合理性问题。那么，伦理关系的合理性在哪里？黑格尔是通过绝对精神的运动来解决的，这显然十分抽象和思辨。但黑格尔对绝对精神运动的考察又是放在社会历史发展的过程中来进行的，他主张从现实的社会生活中来寻找伦理关系合理性的依据，从而在抽象思辨中又包含着现实的内容。如果我们抛开黑格尔伦理学的唯心主义成分，注重其现实内容，并把它前进一步，就可以得出唯物史观的结论：伦理关系的合理性存在于以社会物质资料的生产方式以及在生产实践基础上社会交往活动和交往关系之中。

概念进行分析。

要把握伦理实体的概念，我们不能不先考察一下"实体"这一范畴。一般地说，实体就是实有的、实际存在的物体。但在哲学史上，实体是一个哲学本体论范畴。作为一个哲学本体论范畴，它表达的是世界的本原和本质。比如，中国古代的气、天、道，古希腊的水、火、原子等都是实体。我们知道，"实体学说"是亚里士多德哲学中一个十分重要的内容。在亚里士多德看来，"'实体'是一般和个别、本质和实物的结合，包含着一般、本质在内的具体实物"①。斯宾诺莎认为世界上只存在一个实体，即自然或神。实体有广延和思维两种属性，属性中又产生样态，"世界上除了实体、属性和样态之外，不存在任何别的东西了，而且一切存在物都依照必须的规律产生、发展和变化"②。可见，哲学史上对"实体"范畴的讨论主要是在世界本原的意义上进行的。

在黑格尔的客观唯心主义哲学体系中，世界的本原是绝对精神，因而实体也就是精神，就是理念，是世界存在的原因和根据，既具有普遍性，同时又必须在自主的运动中成为具有特殊性的具体的实体。具体地说，在黑格尔那里，实体的内涵包括三个方面："第一，实体即共体，是公共本质或普遍本质；第二，实体的对立物是自我，实体的本质规定既不是自我，也不是普遍，而是'单一物与普遍物的统一'；第三，实体达到'单一物与普遍物的统一'的最重要的品质和条件是'精神'。"③ 黑格尔认为，实体作为绝对精神，外化运动到客观精神阶段，就是伦理。可见，"'伦理实体'作为一个统一的概念所表达的是伦理性的实体，其核心就是关于具有必然性、普遍性的社会关系体系。"④

黑格尔虽然没有对伦理实体作出明确的规定，但我们根据他的伦理学说，特别是有关伦理关系的思想，仍然能够体会到他关于伦理实体的基本理解。黑格尔认为，"在考察伦理时永远只有两种观点可能：或者从实体性出发，或者原子式地进行探讨，即以单个的人为基础而逐渐提高。"⑤ 黑格尔主张运用前

① 罗国杰，宋希仁：《西方伦理思想史》上卷，中国人民大学出版社 1985 年版，第 180～181 页。

② 章海山：《西方伦理思想史》，辽宁人民出版社 1984 年版，350 页。

③ 樊浩：《道德形而上学体系的精神哲学基础》，中国社会科学出版社 2006 年版，第 325 页。

④ 高兆明：《制度公正论》，上海文艺出版社 2001 年版，第 43 页。

⑤ 黑格尔：《法哲学原理》，商务印书馆 1961 年版，第 173 页。

一种观点对伦理进行考察，因为"后一种观点是没有精神的，因为它只能做到集合并列，但是精神不是单一的东西，而是单一物和普遍物的统一。"① 根据前一种观点，即从实体性出发来考察伦理，"伦理性的实体包含着同自己概念合一的自为存在的自我意识"②。可见，黑格尔是从精神性上来理解伦理实体这一概念的。在黑格尔那里，实体就是精神，因此，伦理实体在本质上就是那些规定伦理关系的理念、概念或精神。他说："因为伦理性的规定构成自由的概念，所以这些伦理性的规定就是个人的实体性或普遍本质。"③ 既然伦理精神就是伦理实体，那么，家庭、市民社会和国家等就都是精神实体的外化。黑格尔甚至把伦理实体的精神或理念视为绝对精神在客观精神阶段的真理性存在，这种真理性存在具体表现在伦理发展的第三阶段——国家阶段。伦理实体的发展经过家庭、市民社会两个环节后上升到国家，家庭是直接的或自然的伦理精神，市民社会是各个成员作为独立的单个人的联合，只有国家才是伦理发展的真理性阶段。

需要指出的是，对于"国家"这一概念从不同的角度有不同的理解。"根据马克思主义的观点，国家的定义应为国家是统治阶级的组织，是经济上占统治地位的阶级为维护其阶级利益对社会实行统治的机关；国家是人口、领土、主权三者的总合体。"④ 到了现代，"'国家'一词有两种基本的意义：一种含义是指社会上一部分人对另一部分人进行统治的工具；另一种含义是指政治地理意义上的国家，例如俄罗斯、美国、法国、日本等等。对后一种含义应称为'国度'"⑤。但是，为什么国家在黑格尔那里成了绝对精神的真理性存在呢？这是因为，在黑格尔那里，"国家是具体自由的现实；但具体自由在于，个人的单一性及其特殊利益不但获得它们的完全发展，以及它们的权利获得明白承认（如在家庭和市民社会的领域中那样），而且一方面通过自身过度到普遍物的利益，他方面他们认识和希求普遍物，甚至承认普遍物作为它们自己实体的精神，并把普遍物作为它们的最终目的而进行活动。"⑥ 可见，在黑格尔那里，"国家有两种基本规定：一是必然性、普遍性，一是现实的组织关系结构，在

① 黑格尔：《法哲学原理》，商务印书馆 1961 年版，第 173 页。
② 同上。
③ 同上，第 165 页。
④ 阎铁力，沈火林：《政治学》，中国科学技术大学出版社 1996 年版，第 132 页。
⑤ 王勇飞，王启富主编：《中国法理纵论》，中国政法大学出版社 1996 年版，第 75 页。
⑥ 黑格尔：《法哲学原理》，商务印书馆 1961 年版，第 260 页。

这两种基本规定中，前者更为根本。"① 这就是说，在黑格尔的伦理学体系中，国家虽然也是现实的组织关系结构，更是一种具有必然性和普遍性的社会关系结构。作为一种具有必然性和普遍性的社会关系结构，国家是"伦理理念的现实"，"是绝对自在自为的理性东西，因为它是实体性意志的现实，它在被提升到普遍性的特殊自我意识中具有这种现实性。"② 因而个人只有成为国家成员才具有客观性、真理性和伦理性，家庭和市民社会都必须过渡到国家阶段，才能获得普遍性和真理性。

从总体上看，黑格尔从精神性上来理解伦理实体，把伦理精神看成伦理实体，而把家庭、市民社会和国家等都看成精神实体的外化的观点是唯心的。因为伦理精神、伦理理念只是一种伦理的价值或理论体系，它们存在于现实的伦理关系和伦理实体之中，甚至可以说它们是伦理关系和伦理实体的灵魂和内核，但不能说就是伦理实体本身。但是另一方面，黑格尔的伦理学虽然形式上是唯心的，但内容上却是现实的。如果我们抛开其唯心主义因素而注重其现实内容，同时抛弃其国家至上、为当时普鲁士政府辩护的保守思想，黑格尔的这些思想无疑是十分深刻的，它为我们考察伦理关系的实体表现提供了很好的思想资料。

目前，学术界对于伦理实体的概念并没有形成一致的看法。归纳起来，主要存在主观性的和客观性的两种解释。我们主张从客观性上来把握伦理实体的概念。客观性地理解伦理实体，一般说来，它是伦理关系的载体要素，一切伦理关系都必须附着在一定的实体之上，表现为现实社会中具体存在的社会实体，而社会实体是"用来表示处于一定社会关系中的人或由个人在社会中所组成的集合"③。因此，"凡是具有一定的伦理关系与伦理秩序的社会性团体，都可称为现实的伦理实体。"④ 从这个意义上看，伦理实体是具体、多样的，有着十分丰富的表现形态，可以说，各种社会实体，小至个人、家庭，大至民族、国家都可能是伦理实体。这是因为，理解伦理实体的关键是伦理关系，而伦理关系表现为人与人之间的关系，而人与人之间的关系在现实的社会生活中有着丰富的形态，它既可以表现为个人与个人的关系，也可以表现为个人、家庭、民族、国家等纵横交错的复杂关系。

---

① 高兆明：《制度公正论》，上海文艺出版社 2001 年版，第 45 页。
② 黑格尔：《法哲学原理》，商务印书馆 1961 年版，第 253 页。
③ 刑建国：《秩序论》，人民出版社 1993 年版，第 25 页。
④ 龚群：《当代中国社会伦理生活》，四川人民出版社 1998 年版，第 81 页。

三、伦理实体的关系体系

从现实社会生活的实际看，伦理关系的确有着十分丰富的实体表现。前述黑格尔把家庭、市民社会和国家视为"伦理"的三个阶段，是我们考察伦理关系实体表现的一个重要视角。

黑格尔认为，家庭关系是通过婚姻、财产和子女教育等三个环节完成的，"作为精神的直接实体性的家庭，以爱为其规定，而爱是精神对自身统一的感觉。"① 由家庭经过民族实现向市民社会的过渡，市民社会是介于家庭和国家之间的中间阶段。它也包括三个环节，即劳动和需要的满足、司法、警察和同业社会。"黑格尔把市民社会理解为经济关系以及由经济关系决定的法律关系、政治关系。但他同时又把经济、法律、政治等社会关系看作伦理关系的表现形式。"② 同时，市民社会由于无法克服个人与市民社会、个人利益与共同利益的矛盾和冲突，而必须发展到伦理的最高阶段——国家。"国家是伦理理念的现实。"③ 只有国家才能使个人的权利和义务统一起来，从而使个人实现具体的现实自由。这是因为，就个人与整体的关系而言，整体是个人的真理和根据，只有在赋予个人以实在性的真实整体中，个人和整体才能实现统一。在黑格尔那里，这个真实的整体就是国家，"由于国家是客观精神，所以个人本身只有成为国家成员才具有客观性、真理性和伦理性。"④ 显然，黑格尔是把伦理关系放在社会经济、政治生活中来考察的，他强调只有进入社会国家领域伦理关系才有现实性，应该说，如果我们抛开其理论基础的非科学性和唯心主义因素，而注重考察其现实内容，显然包含了许多历史唯物史观的真理性颗粒。黑格尔关于伦理发展的家庭、市民社会和国家三阶段的学说为我们考察伦理关系的实体表现提供一个非常好的视角，值得我们批判地分析。

同时，从现实社会生活的实际看，正因为伦理实体是具体、多样的，有着十分丰富的表现形态，因而由伦理实体之间构成的关系体系也是十分复杂的，呈现出一个纵横交错的网状关系体系。归纳起来，我们至少可以根据以下四个方面的标准或角度来考察伦理实体的关系体系。

第一，从形成的原因——"缘"的角度看，人与人之间的关系主要体现

---

① 黑格尔：《法哲学原理》，商务印书馆 1961 年版，第 175 页。
② 罗国杰，宋希仁：《西方伦理思想史》下册，中国人民大学出版社 1988 年版，第 489 页。
③ 黑格尔：《法哲学原理》，商务印书馆 1961 年版，第 253 页。
④ 同上，第 254 页。

在血缘关系、地缘关系、业缘关系以及偶遇关系等四个方面，在此基础上分别形成以血缘、地缘、业缘以及偶遇关系为客观实体关系基础的伦理关系。其中，血缘伦理关系是指在婚姻和血缘基础上形成的伦理关系，主要包括家庭中的伦理关系，如夫妻、父子伦理关系等等，家族中的伦理关系，如叔侄、表兄妹之间的伦理关系，等等。地缘伦理关系是指人与人之间因为居住地的原因，在共同的生产和生活中形成的伦理关系，如邻里关系等。业缘伦理关系则是指人与人之间由于工作、职业或业务往来而形成的伦理关系，如同事关系、上下级关系、服务人员和服务对象之间的关系等等。此外，还存在一些由于某种偶然性的因素而形成的伦理关系，如飞机、火车上陌生乘客之间的关系、公共娱乐场所顾客之间的关系等，这些伦理关系可以统称为偶遇伦理关系。

第二，从所涉及内容的角度看，人与人之间的关系主要表现为经济关系、政治关系、法律关系以及宗教关系等各个方面，在此基础上分别形成以经济、政治、法律和宗教关系为客观实体关系基础的经济、政治、法律、宗教伦理关系。它们分别是指产生和存在于人们的经济活动、政治活动、法律活动以及宗教活动中的伦理关系。比如，在经济生活中，如果主体按照经济活动和经济关系"应该怎样"的意识来指导自己的行为和关系，或者对经济活动和经济关系从伦理的角度进行评判，就是一种伦理关系，即经济伦理关系。比如，人与人之间的商品买卖关系，首先是一种经济关系。但双方的买卖行为必然涉及到诚信问题，包括商品的真假、双方是否遵守契约，交换是否合乎道义原则等等，如果主体按照商品买卖"应该怎样"的要求来指导自己的商品买卖活动，这种商品买卖关系也是一种伦理关系。同样的道理，政治、法律、宗教伦理关系则分别是指在政治、法律和宗教生活中，主体在政治、法律和宗教活动"应该怎样"的意识指导下，即按照政治道德、法律道德、宗教道德的要求来认识和处理相应的政治、法律和宗教关系，这种情况下的政治关系、法律关系和宗教关系就也都是伦理关系，即政治伦理关系、法律伦理关系和宗教伦理关系。

第三，从人们的社会生活的领域看，人与人之间的关系体现在家庭生活、职业生活和公共生活等三大领域，在此基础上分别形成以家庭、职业和公共关系为客观实体关系基础的家庭、职业、公共伦理关系。其中，家庭伦理关系是存在于家庭生活领域的伦理关系，即家庭成员之间的伦理关系。我们知道，家庭是在婚姻、血缘等关系基础上形成的社会生活的基本单位。历史意义上的家庭，更适合用"家族"或"宗族"来表述。家族或宗族的首领或族长可以凭借血缘关系，利用宗族法规对族人实行管理。现代家庭则是泛指由父母、子女等成员构成的社会生活的基本单位，其中也包括在家庭之间形成的亲属关系。因此，现代意义上的家庭伦理关系，除了包括夫妻、父母与子女、祖父母与孙子女等家庭基本成员之间的伦理关系之外，也还包括亲属伦理关系。职业伦理关系是存在于人们的职业生活领域的伦理关系。我们知道，职业活动是绝大多数成年人参与社会生活和社会交往的主要内容和方式。在职业活动中，人与人之间、人与单位之间、单位与单位之间都会产生伦理关系。这种产生于人们的职业活动中的伦理关系就是职业伦理关系，它包括单位与职员之间、单位同事之间、单位上下级之间、服务者与服务对象之间的伦理关系等等。公共伦理关系则是存在于社会公共生活领域的伦理关系，主要包括两个方面的内容，一是在公共人际交往时产生的人与人之间的公共伦理关系，如问路者与路人之间的伦理关系就属于这种类型；二是人们在社会公共活动中产生的人与社会之间的公共伦理关系，如人与公共规则、秩序之间、人与社会公共财物之间以及人与自然环境之间的伦理关系。

第四，从微观主体的角度看，人总是生活在社会关系之中的，在社会生活中，每个人都会与他人发生各种各样的关系，由此形成一个纵横交错的网状体系。在此基础上形成的伦理关系也是一个纵横交错的网状体系。这是因为，人与人之间只要发生关系，在这种关系中主体双方就都有一定的责任和义务，主体就会自觉不自觉地根据自身与他人之间的关系"应该怎样"的意识来认识和处理这种关系。正是在这个意义上我们说，一切社会关系中都蕴涵着一定的伦理关系。这样，伦理关系就呈现出了一个纵横交错的网状体系。

具体地说，从纵向上看，血缘关系方面包括父母与子女之间、祖父母与孙子女之间的伦理关系等等，这主要是代际伦理关系；在地缘关系方面主要有长幼之间的伦理关系；业缘关系方面主要有上下级之间、领导者和被领导者之间的伦理关系等。从横向上看，血缘关系方面主要有兄弟姐妹之间、族人之间的伦理关系；地缘关系方面主要有邻里、同乡、同乡人与异乡人之间的伦理关系；业缘关系方面主要有同行、异行、服务者和服务对象之间的伦理关系。此外，还存在男女两性伦理关系、朋友伦理关系以及路人伦理关系，等等。

四、伦理关系的一般类型

根据不同的标准或视角，从林林总总的具体伦理关系中我们可以概括出伦理关系的一般类型：

（一）先赋型与后致型

先赋型伦理关系是在先天注定、无法选择也无法抛弃的关系基础上形成的伦理关系。这类伦理关系形成的客观关系基础，是不以人的意志为转移的，不管主体有没有意识到，想不想接受，它都是客观存在的。先赋型伦理关系最典型的就是血缘伦理关系。血缘伦理关系是在血缘关系如父母与子女之间的关系基础上形成的，显然，这是人们所无法选择也无法抛弃的。后致型伦理关系则是在非先天性因素的基础上形成的伦理关系。每个人出生以后，在丰富的社会生活中，总会和他人发生各种各样的关系，如恋爱、求学、工作等等。在人与人之间的这些后天交往的基础上而形成的伦理关系就是后致型伦理关系，如夫妻伦理关系、朋友伦理关系、师生伦理关系等等。从一定程度上说，这种伦理关系主体是可以自由选择甚至可以抛弃的。

（二）隶属型与对等型

所谓隶属型伦理关系是指在不平等的、具有隶属关系的主体之间形成的伦理关系。其特点是伦理关系主体处于不平等地位，如古代家长与未成年子女之间的关系、行政管理中上级与下级之间的关系等。这种伦理关系中主体之间的权利与义务具有一定的强制性，主要表现为主体一方如果未能履行自己的义务，就会受到来自主体另一方或者第三方的制裁。与隶属型伦理关系不同，对等型伦理关系是指对等的、没有隶属关系的主体之间形成的伦理关系。其特点是伦理关系主体双方处于平等地位，主体之间的权利与义务之间一般不具有强制性。如兄弟姐妹之间、朋友之间的伦理关系就属于此种类型。

（三）单向型与双向型

这是按照伦理关系主体双方权利与义务的关系状况进行的分类。所谓单向型伦理关系，是指在伦理关系中，主体一方享有权利，另一方履行义务，主体双方不存在相反的联系。比如，在中国传统伦理关系中，人与人之间的权利义务关系在很大程度上就是一种单向的权利关系和单向的义务关系：在全国范围内，君主享有权利，臣民履行义务；在一定的行政区划内，父母官享有权利，老百姓履行义务；在上下级之间，上级享有权利，下级履行义务；在家庭内部，家长履行权利，其他家庭成员履行义务。这样，权利由贵、尊、上、长、男者享有，义务为贱、卑、下、幼、女者履行。这是一种典型的单向型的伦理关系。

双向型伦理关系则是指在伦理关系中，主体双方都享有一定的权利，双方都要履行一定的义务。或者说，主体一方享有的权利就是另一方应该履行的义务，主体一方义务的履行，就意味着另一方权利的实现。反之亦然。我们知道，从理论上讲，权利与义务应该是统一的。现代社会随着人们权利意识的日益增强，每个人都越来越多地关注自己的权利，同时也认识到享有自己权利的同时，不能损害他人的权益，或者说要履行自己的义务，否则，最终会损害自己的权利。这样，人与人之间的权利与义务关系在一定范围、一定程度上实现了统一。即使在尊卑、上下、长幼之间，也不再是单方面享有权利或单方面履行义务，而是互相享有权利、互相履行义务的双向型关系。

（四）开放型与封闭型

这是从开放性或封闭性特征的视角对伦理关系进行的分类。伦理关系的开放性或封闭性特征，我们可能从两个方面来进行考察。一是从伦理关系共同体即主体参加者的开放或封闭状态看，开放型伦理关系又称兼容性伦理关系，是指伦理关系主体参加者的开放状态，即在伦理关系现有主体的基础上，允许有其他主体参加，如师生关系、朋友关系等等；封闭型伦理关系又称排他性伦理关系，与开放型伦理关系正好相反，它是指伦理关系现有的主体双方排斥、禁止其他主体的加入。这种封闭型伦理关系最典型的就是实行一夫一妻制条件下的夫妻关系。

开放性或封闭性作为伦理关系进行分类的标准还包含了另一层意思，即观念的开放性或封闭性，包括伦理关系的主体意识、道德观念、价值取向等方面的开放性或封闭性。比如，父子伦理关系在中国古代社会就主要是一种封闭型的伦理关系，父为子纲，要求父慈子孝，在父子伦理关系中不允许有其他关系的存在；但在现代社会，父子关系除了要求父慈子孝外，在一些现代家庭中父子关系具有很大的朋友关系的民主和平等色彩，从而具有一定的开放性。

（五）情感型、工具型与混合型

这是根据主体双方赖以建立伦理关系的基础进行的分类。其中，情感型伦理关系是主体双方建立在真实情感基础之上的一种较为持久而稳定的伦理关系。在这种伦理关系中，主体之间的交往是完全出于非功利的情感需要，不带功利目的。情感型的伦理关系一旦建立，主体双方都能在很大程度上满足安全感、归属感等方面的需要，如纯洁的爱情关系、父母与子女关系、兄弟姐妹关系等。工具型（又称功利型）伦理关系，是主体双方出于一定功利目的进行交往而形成的伦理关系。在这种关系中，由于主体双方的关系是建立在功利目的基础之上的一种较为表面化、功利化的关系，不带情感成分，这种关系即使在本来关系不大的人之间也可能发生，因而这种伦理关系具有明显的时效性，更多的是一种暂时性的关系。混合型伦理关系介于情感型与工具型之间，主体双方既可能存在一定的情感基础，双方的交往也可能存在一定的功利目的。这类伦理关系通常是存在于家庭之外的、社会背景性关系之中，它最容易在亲戚、邻居、师生、同学以及同事、同乡之间形成。

在现实生活中，情感型、工具型、混合型伦理关系往往是互相交织在一起的，在一定的条件下可能互相转化。这种转化包括内容和形式两种截然相反的趋向。一种趋向是在内容上，情感型向混合型、混合型向工具型的转化：本属于情感型的伦理关系，如兄弟姐妹之间的关系，由于各种主客观原因，掺进了功利目的；本属于混合型的伦理关系，由于过分看重功利性的东西，在一定的场合可能演变成纯粹工具型伦理关系。另一种趋向是在形式上，工具型向混合型、混合型向情感型的转化：本是工具性的伦理关系，被蒙上情感的面纱；本是混合型的伦理关系，常常被有意无意地向情感型延伸，甚至被冠以家庭成员的角色，如一般朋友、同事、战友甚至陌生人之间称兄道弟等，从而形成一种虚拟的情感型伦理关系。

第三节　伦理关系的推展模式

根据主体存在的范围，我们还可以把伦理关系分为人际伦理关系、氏族（家族、宗族）伦理关系、阶级（阶层）伦理关系、民族伦理关系、国际伦理关系等许多不同的层次，各个层次的伦理关系从总体上可以归结为人际、群体以及社会等三个层面，从中我们可以大体勾勒出伦理关系的推展模式。

一、伦理关系的三个层面

从主体的角度看，我们可以把伦理关系从总体上分为人际、群体以及社会等三个层面。其中，人际层面考察的是个人与个人之间的伦理关系；群体层面包括个人与群体、群体与群体之间的伦理关系；社会层面包括个人与社会、群体与社会之间的伦理关系。

（一）伦理关系的人际层面

伦理关系作为人与人之间的关系，最直接最基本的关系就是个人与个人之间的关系即人际关系，如夫妻、父母与子女、兄弟姐妹、长幼、师生、邻里、朋友关系等等。因此，人际层面的伦理关系是我们考察伦理关系的基础。上述从微观主体的角度探讨的伦理关系就是人际层面伦理关系的具体类型。这里我们再从伦理关系静态展开的角度对人际层面的伦理关系作一番考察。

关于人际关系，社会学领域有一个流行的分类方法——把人际关系分为"初级关系"和"次级关系"①。在这里，我们不妨借用这一方法来考察人际层面的伦理关系。根据这一方法，我们可以把人际层面的伦理关系从总体上分为初级关系和次级关系两种类型。初级关系就是如家庭、邻里、朋友群等初级群体的成员之间的关系，如父子、夫妻、朋友关系等等；次级关系是如政党、社团、社会组织等次级群体的成员之间的关系，是一种较为正式的科层关系。从理论上说，初级关系一般带有感情色彩，是一种具有特殊取向的关系；而次级关系一般不应该带有感情色彩，是一种具有普遍取向的关系。

　　对人际层面的伦理关系作初级关系与次级关系两种类型的划分是一种涵盖面非常广、实用性非常强的一种分类方法。可以说，但凡个人与个人之间的伦理关系都可以归入这两种类型。从中我们可以清晰地看到伦理关系在人际层面展开的大体轮廓：初级关系具有原发性质，是人际层面伦理关系中最基本、最简单的方面；次级关系则是以初级关系为起点或基础形成和发展起来的。人际伦理关系中的初级关系之所以被称为"初级"，是因为初级关系是处在作为人们社会生活的基本单位和社会结构的基础单元的初级群体之中的人与人之间的关系，显然，这种关系是每个人成长和进入社会过程中最初发生的、反映人与人之间最基本、最简单的伦理关系，其他一切复杂的伦理关系包括次级关系甚至群体层面、社会层面的伦理关系都是以初级关系为起点或基础而形成和发展起来的。因为每个人一生下来，首先就是在家庭这样的初级群体里生活，产生父母与子女这样的初级关系。这是一种最为基本、最为重要的关系，对个人的人格发展和理想形成影响都十分深远。

　　当然，人际层面伦理关系这两种类型的划分也是相对的，在现实生活中，二者之间存在互相转化的现象。比如说，同属一定社会组织内部成员的男女由于互相倾慕结为夫妻，这是次级关系转化为初级关系；战时的父子兵，则是初级关系转化为次级关系。当然，对初级关系与次级关系的这种互相转化，我们应该认真分析。在一般情况下，现代社会对这种转化是不提倡的，有时甚至是

---

　　①　这种分类方法来自美国社会学家查尔斯·霍顿·库利（Charles Harton Cooley）关于初级群体和次级群体的划分。初级群体是人际关系密切、直接的面对面的互动形式，互动频率高，存在时间长，群体意识比较明显，包括家庭、邻里、朋友群等。次级群体人际关系疏远，互动以间接为主，互动频率不高，存在时间相对较短，包括政党、社团、社会组织等等。处于初级群体中的人际关系属于初级关系，处于次级群体中的人际关系属于次级关系。（参见陆学艺：《社会学》，知识出版社1996年版，第83页。）

明令禁止的，初级关系不能转化为次级关系，次级关系也不能转化为初级关系；但在特殊情况下，出于某种原因或某种目的，也可能允许甚至有意促使二者的相互转化。比如，在正常情况下，现代社会正式的科层组织中是不应该存在初级关系的，但有时候，出于加强管理、提高效益或者实现某种特定目标等考虑，在科层组织中也可以营造一定初级关系的人际氛围。值得注意的是，我国在社会转型期，许多次级关系通过不正当的途径转化成了初级关系，一些初级关系也被带到了次级关系之中。应该说，这是一种很不正常的现象，是我们必须反对的。

（二）伦理关系的群体层面

群体本来是社会学领域的一个重要范畴。迄今为止，学术界对群体概念尚没有形成统一的认识。透过学者们给群体所下的各种定义，我们认为，群体的基本含义包括两个方面：一方面，群体是一定数量人群的集合；另一方面，这种集合不是无条件的，而是在一定共同因素的作用下把人群联结在一起，因而是一种持续的集合，而不是偶尔的集合。促使人群集合的共同因素可以是类似或相关的身份，可以是共同的兴趣或爱好，也可以是共同的目标或期待。[1] 虽然，群体是一个容易产生歧义的概念，但由于这一概念具有很强的包容性，我们认为，要表示伦理关系中介于个人与社会之间的中观层面，没有别的概念比群体更为恰当。因此，在这里我们还是选择群体这一概念来表示中观层面的伦理关系。

从理论上说，群体层面的伦理关系应该包括个人与群体之间的关系即"群己关系"和群体与群体之间的关系即"群群关系"两个方面。由于平行的"群群关系"可以同个人与个人之间的关系相通或类推，在这里，我们仅讨论个人与群体之间的关系即"群己关系"。

"群己关系"也是人们必须处理的一种基本的伦理关系，甚至有学者把"群与己的关系"问题视为伦理学的基本问题[2]。在社会生活中，任何人都不仅要和别的个人打交道，而且必须和各种群体打交道，需要处理群己关系。事实上，个人只有在群体中才能成为社会的人，群体作为一种持续的人群集合体，也只有借助若干个人的力量才能存在。因此，个人与群体之间即群体层面的伦理关系，也是我们考察伦理关系不可忽视的重要环节。

---

① 参见陆学艺：《社会学》，知识出版社1996年版，第77页。
② 参见肖群忠：《伦理学基本问题新论》，《道德与文明》2007年第1期。

群己关系最早起源于原始社会的氏族、部落成员之间的关系。那时候，"凡人之性，爪牙不足以自守卫，肌肤不足以御寒暑，筋骨不足以从利避害，勇敢不足以却猛禁悍。然且犹裁万物，制禽兽，服蛟虫，寒暑燥湿弗能害；不唯先有备，而以群聚邪？群之可聚也，相与利之也。"① 可见，在原始社会，由于自然环境的恶劣、生产水平的低下，个人不可能离开群体而生存，群体利益的维护就意味着个人利益的实现。因此，在原始社会的群己关系上，强调个人对群体的依赖与服从："部落、氏族及其制度，都是神圣而不可侵犯的，都是自然所赋予的最高权利，个人在感情、思想和行动上始终都是无条件服从的"②。

　　随着氏族制度的解体、私有制的产生，原始社会群己关系的这种状况被打破了。如何认识和处理个人与群体的关系，成为中西方不同文化价值体系关注的焦点之一，也是古往今来中西方价值观差异的一个重要来源。由于社会历史条件和自然地理环境等各种因素的影响，在中西方群己关系的发展过程中，分别形成了两种不同的价值取向：中国传统社会形成了以群体为本位的群体取向，而西方则形成了以个人为本位的个人取向。中国由于血缘关系的基本保留，宗法制度的形成和发展，原始社会群己关系的一些特征，如重群体、轻个人的群体意识在很大程度上得以延续。早在先秦时期，儒家基于对群体秩序的重视，就十分强调群体原则，后来随着儒家思想统治地位的形成，宋明理学进一步把先秦儒家的群体原则发展成为整体主义。而在西方，由于氏族社会血缘关系的被打破，群己关系发生了根本性的巨大变化：从强调个人对群体的依赖与服从，转而强调个人对于群体的根本意义，认为个体权利优先于群体权利、个体需要高于群体需求，由此形成了个人主义的价值取向，并在以后长期的历史发展中不断得到强化。

　　从伦理关系结构的角度看，群体意识是群己伦理关系的内核。所谓群体意识，是指个人内心具有的对群体的归属、认同等评价性心理感受和意识。它主要包括归属感和认同感两个方面：前者是个人对自己归属于一定群体的自觉认识；后者则是指个人对自己与所属群体在需要和利益、认识和评价以及情感与信念等方面一致性的认识。其中，归属感是最基本的群体意识，只有每个人都具有归属感，即认识到自己是属于所在群体的，才会产生相应的责任感和义务

---

　　① 《吕氏春秋·恃君览》。
　　② 《马克思恩格斯全集》第21卷，人民出版社1965年版，第112～113页。

感。认同感是较高层次的群体意识，是群体向心力、凝聚力的源泉，个人只有在认识到自己归属于一定群体的基础上，认识到自己与群体的一致性，即对群体的利益、目标产生价值认同，才能自觉把实现个人利益与维护群体利益统一起来。

（三）伦理关系的社会层面

"社会"一词也有多种含义。这里讲的社会，主要是从主体的角度而言的，即把它视为在社会有机体中与个人不同质的另一主体。在社会有机体中，个人是与社会相对的、具有特殊个性、需要和利益的单个的人；社会则是由个人组成的以共同的物质生产活动为基础而互相联系的人们的总体。可见，社会是一个整体性的概念，作为"人们的总体"，在范围上，它显然大于群体，或者说是群体的总集合。这就是说，我们在这里讲的伦理关系的社会层面，是把它作为伦理关系宏观层面的主体而言的。

从理论上说，伦理关系的社会层面应该包括个人与社会整体、群体与社会整体之间的伦理关系两个方面。但由于具有兼主属性的群体与社会整体之间的关系可以同个人与群体之间的关系相通或类推，因此，在这里，我们仅简要说明个人与社会整体之间的关系。

个人与社会整体的伦理关系，实质上是一个价值论的问题，即个人与社会何者为更为根本、何者更具价值意义。这也是人们关注个人与社会关系问题的根本原因所在。因为人们在现实的社会生活中，面对有关个人与社会的问题，必须作出非此即彼的回答和选择。这种回答与选择，在不同的时代或不同的社会历史条件下，不同的社会伦理和主流价值观都会深刻地影响人们的选择。当然，历史上关于个人与社会关系的讨论中，个人、社会的含义通常是不确定的，具有比较大的随意性，但在实质内容上具有大体相同的性质，都是要在个人与社会两种价值之间做出"应当"的选择。今天，有关个人与社会关系的争论仍在继续，甚至可能会一直延续下去。

个人与社会的伦理关系，在现实性上归根结底是个人利益与社会整体利益的关系问题。在人类历史发展的长河中，个人利益与社会整体利益的关系可以分为两种基本类型——虚假联系型与真实联系型。前者指的是阶级社会中个人与社会之间的关系类型，后者则是指人类历史上无阶级或消灭了剥削阶级的社会中个人与社会之间的关系类型。在阶级社会中，国家表面上是社会整体利益的代表，但在实质上，它既不能真正代表社会整体利益，也不能真正代表个人利益，它所代表的仅仅是统治阶级的一己私利。也就是说，在阶级社会中的个人与社会之间是一种在形式上统一但在实质上并不统一的关系，这就是个人与社会之间的虚假联系。在无阶级和消灭了剥削阶级的社会中，作为社会整体代表的国家不仅能够真正代表社会整体利益，也能真正代表各社会成员的个人利益。个人利益与社会整体利益之间这种内在统一的关系说明，个人与社会之间的联系是一种真实性的联系。

我们认为，个人与社会应该是辩证统一的关系。二者作为社会有机体中两个不同质的主体，你中有我、我中有你，社会是由个人组成的社会，个人则是处在社会之中的个人。二者既相互区别、相互对立，又相互依赖、互为因果。

二、伦理关系的两种推展模式

从伦理关系的三个层面，我们可以大体把握伦理关系的展开轨迹：伦理关系是从人际层面到群体层面再到社会层面逐层展开的。在伦理关系的三个层面上，中国和西方存在明显的差异，正是这些差异导致了中西伦理关系两种不同的推展模式。

（一）中西伦理关系在三个层面上的差异

费孝通教授在《乡土中国》一书中曾把西方传统社会人与人之间的关系描述为"团体格局"，而把中国传统社会人与人之间的关系描述为"差序格局"。他把西方社会比喻为界限分明的一个个柴捆。他说，"西洋的社会有些像我们在田里捆柴，几根稻草束成一把，几把束成一扎，几扎束成一捆，几捆束成一挑。每一根柴在整个挑里都属于一定的捆、扎、把。每一根柴也可以找到同把、同扎、同捆的柴，分扎得清楚不会乱的。在社会，这些单位就是团体。"① 社会上的每一个人都生活在这种团体格局的社会关系之中。而中国社会的格局"不是一捆一捆扎清楚的柴，而是好像把一块石头丢在水面上所发生的一圈圈推出去的波纹。每个人都是他社会影响所推出去的圈子的中心。被圈子的波纹所推及的就发生联系。"② 这个比喻非常形象地说明了中国传统社会的伦理关系是一种典型的差序伦理关系。

费孝通教授对西方和中国社会团体格局和差序格局的区分告诉我们，中西社会伦理关系在三个层面上都是有明显差异的：

第一，在人际层面上，正如费孝通教授所说的，中国社会的差序格局"以'己'为中心，像石子一般投入水中，和别人所联系成的社会关系，不像

---

① 费孝通：《乡土中国》，北京出版社 2005 年版，第 30～31 页。
② 同上，第 32 页。

团体中的分子一般大家立在一个平面上的，而是像水的波纹一般，一圈圈推出去，愈推愈远，也愈推愈薄。"① 这清晰地说明了中西伦理关系在人际层面上的差异：中国传统社会在初级关系和次级关系之间有明显界限，人与人的关系是以"己"为中心，由近及远一层一层展开的，是一种熟人社会，十分看重私人关系和私人感情，甚至在陌生人之间也可以兄弟姐妹相称。而在西方社会，初级关系和次级关系之间不存在明显的界限，人与人之间"像团体中的分子一般大家立在一个平面上"，这说明西方社会的初级关系和次级关系之间界限不那么明显，是一种生人社会，私人感情相对弱化，一切凭权利与义务说话。这从西方人不分远近、不论亲疏的"先生"、"小姐"这样的称呼就可见一斑，因为从先生、小姐这样的称呼中很难看出人际关系的远近和亲疏。

不仅如此，中西人际层面伦理关系中的初级关系也是不同的。我们知道，家庭成员之间的关系是最基本的初级关系。家庭的发展经历了一个从以血缘关系为主到以婚姻关系为主的发展历程。这也是中国和西方不同家庭类型的集中反映。在西方，家庭主要是一个以夫妻关系为主的感情团体，具有十分清晰的团体界限，而在中国，家庭作为一个基本的生产单位和事业组织，最重要的功能是繁衍功能和经济功能，没有严格的团体界限，其范围可以沿着亲属差序向外扩大。

对家庭伦理关系我们主要可以从夫妻之间的关系和父母与子女之间的关系两个方面来考察。从夫妻关系看，在西方更重视权利，这体现在夫妻关系中，感情尤其是爱情是家庭的第一要义，无论是结婚以前还是结婚以后，都是"能合则合，不能合则散"。而在中国传统社会，夫妻之间的爱情相对于生育和生产要次要得多，因此，一旦结婚，往往是"能合则合，不能合也凑合"。这从伦理关系的角度看，中国夫妻更看重各自在家庭中的义务，主要包括生育、扶养子女以及作为丈夫或妻子的义务。西方夫妻关系强调爱情至上，更重视夫妻各自的权利。从父母与子女的关系上看，中国家庭以父系承袭，注重上下、长幼、尊卑等级秩序。长期以来，重生育、重生男的观念甚至一直影响到现代家庭。这种生育上的男女不平等带来了在家庭中男女地位的不平等。这与西方家庭中的男女地位的状况也是迥然不同的。

第二，在群体层面上，中西方群己关系的定位迥然有别。中国自古以来就形成了群体本位和群体取向，并不断得到强化，而在西方，个体本位和个体取

---

① 费孝通：《乡土中国》，北京出版社 2005 年版，第 34 页。

向是一直就有的传统。我们知道，中国古代社会是一种以血缘关系为纽带的家国一体的宗法社会，传统宗法观念就是重家庭轻个人、重群体轻个体。这样，处于群体重重包围之中的个人具有很强的依附性。儒家就是这种重群体轻个人价值取向的典型代表，并一直占据中国传统伦理思想的主流。这种群体取向在长期的历史发展中，经过历代统治者和思想家的推崇和完善，已经被大多数中国人所接受和认同。在群己关系中，"群"和"己"的权利和义务都不十分明确。正如费孝通所说的，中国社会这种"差序的推浪形式，把群己的界限弄成了相对性，也可以说是模棱两可了。这和西洋把权利和义务分得清清楚楚的社会，大异其趣。"① 事实上，西方大多数国家都是以个人主义为基本价值取向的。"在个人主义下，一方面是平等观念，指在同一团体中各分子的地位相等，个人不能侵犯大家的权利；一方面是宪法观念，指团体不能抹煞个人，只能在个人所愿意交出的一份权利上控制个人。"② 这就是说，处于团体格局中的群己关系，个人与群体的权利与义务的界限都是非常清楚的，个人不能侵犯团体的权利，团体也不能抹煞个人的权利。

中西群体层面伦理关系的这种差异引起了中西两种不同的道德观念。在中国，由于群己关系是以己为中心展开的伦理关系网络，这种差序格局中道德体系的出发点自然就是"克己"，一切以群体、国家整体为前提，"不但在我们传统道德系统中没有一个像基督教里那种'爱'的观念——不分差序的兼爱；而且我们也很不容易找到个人对于团体的道德要素。在西洋团体格局的社会中，公务，改选义务，是一个清楚明白的行为规范。而在中国传统中是没有的。"③ 的确，在西方的群己伦理关系中，道德的基本观念是建立在团体和个人关系的基础之上的。"团体对个人的关系就象在神对于信徒的关系中，是个有赏罚的裁判者，是个公正的维持者，是个全能的保护者。"④ 这就是说，在西方群己伦理关系中，个人与群体的界限是分明的，不仅个人不能侵犯团体的权利，团体也不能抹煞个人的权利，而应该维护和促进个人的权利的实现。

第三，在社会层面上，中国更重视个人对社会的义务，而西方则更注重社会对个人权利的保障。在中国，社会整体利益是出发点和归宿；在个人与社会的关系上，个人必须服从社会整体；当个人利益与社会整体利益发生矛盾冲突

---

① 费孝通：《乡土中国》，北京出版社 2005 年版，第 38 页。
② 同上，第 36 页。
③ 同上，第 47 页。
④ 同上，第 42 页。

的时候，个人必须"克己"以维护社会整体利益。关于这一点，费孝通教授也有一段非常精妙的论述。他说，由于"在我们传统里群的界限是模糊不清的'天下'，国是皇帝之家，界限从来就是不清不楚的，不过是从自己这个中心里推出去的社会势力里的一圈而已。所以可以着手的，具体的只有己，克己就成了社会生活中最重要的德性，他们不会去克群，使群不致侵略个人的权利。"① 儒家倡导的修身、齐家、治国、平天下，虽然力图追求个人理想与社会理想的统一，但其出发点是"修身"，修身的目的是为了齐家、治国、平天下。

而在西方社会，与个人财产私有权相联系，个人本位是西方认识和处理个人与社会关系的根本思维和价值取向，个人尊严、个性发展、个体自由成为占主导地位的价值观念。在伦理关系中，西方人一般不大重视家庭伦理，而更重视社会伦理。这种社会伦理在很大程度上排除了血缘关系的影响，强调社会是由个人组成的，在社会生活中，个人的权利和自由是首要的，以至国家也都成为"为每个分子谋利益的机构"②。这体现在社会层面的伦理关系中，即在个人与社会的关系上，西方人更注重社会对个人权利的保障，个人权利始终是认识和处理个人与社会之间伦理关系的出发点和归宿。

（二）中西伦理关系两种不同的推展模式

中西方伦理关系在三个层面上的差异，决定了中西方两种不同的伦理关系的推展模式。我们分别用如下图式来表示：

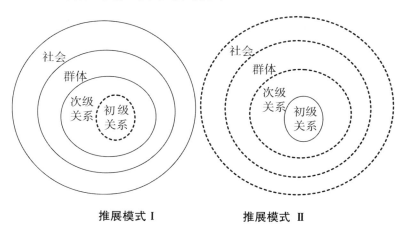

推展模式 Ⅰ   推展模式 Ⅱ

---

① 费孝通：《乡土中国》，北京出版社 2005 年版，第 39～40 页。

② 同上，第 39 页。

如图所示，推展模式 I 是西方社会伦理关系的推展模式，推展模式 II 是中国社会伦理关系的推展模式。从中我们可以看到，无论是西方还是中国，伦理关系都是从人际层面逐渐向群体层面再向社会层面推展开去的。但是同时，中西方社会伦理关系和两种推展模式又存在着明显的差异。主要是以下两个方面：

一方面，在人际层面上，在推展模式 I 中，由于西方社会人与人之间"像团体中的分子一般大家立在一个平面上"，因而人际层面伦理关系的两个方面初级关系与次级关系之间没有明显的界限。而在推展模式 II 中，人际层面伦理关系的两个方面初级关系与次级关系却有明显的界限。这是因为，中国传统社会人与人的之间的伦理关系是"以'己'为中心"，一层一层，由近及远推展开去的，不仅初级关系和次级关系明显不同，即便在初级关系内部，与"己"的距离不同，关系的亲疏也明显不同。这就充分地说明，在西方的生人社会中，人与人之间关系的亲疏远近不那么重要，而在中国的熟人社会中，人与人之间关系的亲疏远近是十分看重的。

另一方面，在三个层面的关系上，推展模式 I 所示西方社会伦理关系的人际层面与群体层面、社会层面之间的界限是非常清楚的。正如费孝通所说的，西方社会的"团体是有一定界限的，谁是团体里的人，谁是团体外的人，不能模糊，一定得分清楚。在团体里的人是一伙，对于团体的关系是相同的"①。而推展模式 II 表明，中国社会伦理关系的人际层面与群体层面、社会层面之间没有明确的界限。"在我们传统里群的界限是模糊不清的'天下'，国是皇帝之家，界限从来就是不清不楚的"。② 中国社会这种"差序的推浪形式，把群己的界限弄成了相对性，也可以说是模棱两可了。"③

———————————

①　费孝通：《乡土中国》，北京出版社 2005 年版，第 31 页。

②　同上，第 39 页。

③　同上，第 38 页。

第四章

伦理关系的调整

伦理关系需要调整。我们考察伦理关系的目的就是要使人们在正确认识伦理关系的基础上，正确处理各种伦理关系，实现伦理关系的和谐。因此，研究伦理关系，不仅要研究伦理关系是什么的问题，而且要进一步研究伦理关系的调整问题。

第一节 伦理关系的调整手段

伦理关系的调整是一项复杂的社会系统工程，需要综合运用各种手段。其中，道德调整与法律调整作为社会调整两种最基本的方式，是人类社会伦理关系调整的两种最基本的手段。

一、伦理关系的调整是多种手段的综合运用

伦理关系是广泛渗透在经济、政治、法律等其他社会关系之中的。因此，伦理关系的调整也必然涉及到人们经济、政治、文化等社会生活的各个领域，因而在调整的手段上既应该包括经济、政治、文化等各个方面的措施，也应该包括法律、道德以及习惯调整等各种手段。

（一）伦理关系的调整是一个复杂的社会系统工程

作为一个复杂的社会系统工程，伦理关系的调整涉及到人们经济生活、政治生活以及文化等社会生活的各个领域，涵盖着人与人之间关系的各个层面，需要全体社会成员的广泛参与。只有形成社会合力，才能实现对伦理关系的有效调整。

一方面，伦理关系的调整涵盖人与人之间关系的各个层面。前面提到，伦理关系包括人际、群体以及社会等三个层面的关系，具体包括个人与个人、个人与群体、个人与社会、群体与群体以及群体与社会之间等各个方面的关系。从另一角度看，伦理关系的主体从总体上分为两大类：一类是包括政权组织在

内的代表集体利益或社会整体利益的一切社会组织和社会机构；一类是包括当事人自己在内的一切社会成员。从这个意义上可以说，一切社会成员，包括作为社会整体利益代表的集团、社会组织和一般的社会成员，只要处在一定的伦理关系之中，就都是它的调整对象。

另一方面，伦理关系调整的内容涉及人们社会生活的各个领域。如前所述，伦理关系是广泛渗透在经济、政治、文化等社会关系之中的，一切社会关系中都蕴涵着一定的伦理关系。伦理关系作为主体间伦理的权利与义务关系，是从伦理应然的角度对其他权利义务的价值规定，因而涉及经济、政治、文化等各个方面。调整伦理关系，就是要调整主体间的权利与义务关系，促使主体履行自己相应的职责与义务，实现伦理关系的和谐。因此，伦理关系调整的内容与伦理关系所涉及的内容是完全重合的，也就是说，伦理关系的内容就是它的调整对象。可见，伦理关系调整的内容也是十分广泛的，它涉及人们经济、政治、文化等社会生活的各个方面和各个领域。

此外，伦理关系是随着人类物质资料生产方式和经济关系的发展而不断发展的，不同时代的伦理关系都有不同的内容和特征，不同时代伦理关系的调整也会有不同的目标、要求和价值取向，因而可能采取不同的手段、原则和方式。因此，对不断发展变化的伦理关系进行调整，必须把握它的时代特征。同时，社会政治、法律等其他社会关系对伦理关系也有不同程度的影响和制约作用。因此，在对伦理关系进行调整的时候，还必须充分考虑政治、法律等其他社会关系的影响，注重道德手段与政治、法律等其他手段的相互结合、相互补充。这就是说，伦理关系的调整需要综合运用各种手段，但在不同的时代、不同的社会条件下有不同的侧重。

（二）伦理关系的调整要综合运用强制性与非强制性的各种手段

如前所述，伦理关系不仅是一种他律性的社会关系，也是一种自律性的社会关系。作为一种他律性的社会关系，伦理关系的认识、处理和调整，首先都受制于外力，受外在规范的约束和节制。这些外力或外在的规范，包括经济、政治、法律以及道德等各个方面。而作为一种自律性的社会关系，伦理关系的认识、处理和调整，也是在主体自身内在的良心、意志的指导下得以完成的。只有把外在规范的约束和节制转化为伦理关系主体的内在要求和内在约束，主体才能对它予以认同，从而自觉按照这种他律性的要求来认识和处理伦理关系。

这从调整手段的角度看，显然，伦理关系的调整手段是强制性与非强制性各种手段的综合运用：既包括经济、政治、文化等各个方面的措施，也包括道德、法律、政策、教育以及舆论习惯等各种手段。其中，道德调整是运用道德的手段，将一定的道德原则和规范作用于人们经济、政治、文化等社会生活的各个领域，据以指导和纠正人们的行为和活动，从而协调人与人之间的社会关系。法律调整是"国家为了维护某一种社会制度，为了维护和发展某些利益，自觉运用一系列法律手段，对社会关系施加的规范性、组织性作用。"① 政策调整是通过政策的手段，把一些基本的道德准则和价值观念融于一些具体的政策措施之中，使可能做什么、不可能做什么与应该做什么、不应该做什么有机统一起来，通过政策这种带强制性的导向作用，促使人们形成良好的道德行为习惯和道德观念，自觉认识和处理好各种伦理关系。教育调整则是通过教育这一途径和手段，引导人们树立正确的世界观、人生观、价值观，从而正确认识和处理各种伦理关系，达到调整伦理关系的目的。舆论和习惯调整则是运用强大的社会舆论力量，营造惩恶扬善的社会舆论氛围，引导人们树立正确的道德观念，从而自觉实施道德的行为，抵制和反对不道德的行为。

当然，在具体伦理关系的调整过程中，在综合运用各种手段的情况下，对不同的伦理关系应该采取不同的调整手段，或者说不同伦理关系的调整手段应该有不同的侧重。比如，对伦理关系的不同层面，即人际层面、群体层面、社会层面的调整手段可能有不同的侧重；对具体伦理关系如父子伦理关系与路人伦理关系的调整手段也可能不同。同时，在不同的时代、不同的社会条件下伦理关系的调整手段也会存在明显的差异。比如，原始社会的伦理关系就是以习惯调整为主，不存在法律调整；阶级社会伦理关系的调整则是多种手段的综合运用，不同的时代、不同的社会制度下有不同的侧重，如西方在法治的大背景下伦理关系调整手段的一个突出特点就是侧重于法律调整，而中国古代在德治的大背景下，伦理关系调整手段的一个突出特点就是侧重于道德调整；今天，社会主义社会伦理关系的调整也是道德、法律、政策、教育以及舆论习惯等多种手段的综合运用，而以道德调整为最重要的手段。

二、道德与法律：伦理关系调整的两种基本手段

"伦理关系的维护和调整，一般是由道德和法律共同实现的。"② 在人类社会伦理关系调整的各种手段中，道德与法律作为社会调整两种最基本的手段，

---

① 公丕祥：《法理学》，复旦大学出版社 2002 年版，第 178 页。
② 宋希仁：《论伦理关系》，《中国人民大学学报》2000 年第 3 期。

自然也是伦理关系调整的两种基本手段。在某种意义上甚至可以说，伦理关系调整的各种手段都可以归结到道德与法律两种手段之中。这是因为，道德和法律都是用来调节人与人之间经济、政治和文化等各种社会关系的，经济的、政治的、文化的手段都必须以一定的道德或法律规范来予以规定，因而分别体现在道德与法律之中；政策、教育、舆论习惯等手段也都可以归结到道德与法律之中；政策规章制度本身在很大程度上就具有法律效力；教育、舆论习惯等手段在更广泛的意义上也可以被视为道德手段的重要方面。

（一）道德调整及其特点

道德调整是运用道德的手段对社会关系进行的调整，即运用道德的手段，将一定的社会价值取向和理想目标内在地渗透在经济、政治、文化和社会生活的各个领域，表达一定社会所认可、倡导的"应当怎样"的生活态度和行为方式，传递其对人们的价值期待和要求的信息，以此来指导人们的行为和活动，从而协调人们之间的社会关系。道德调整作为一种特殊的社会调整，与政治、法律等其他社会调整方式不同，属于"软调节"，具有自己的特点和优点，这主要是：

第一，道德调整的主体是所有社会成员。作为道德调整主体的社会成员可以从两个层面去考察。一是包括政权组织在内的代表集体利益或社会整体利益的一切社会组织和社会机构，他们作为广大社会成员的代表，运用本集团的道德原则和规范来调整具体社会成员的活动；二是包括当事人自己在内的一切社会成员，他们根据自己的道德认识、情感、意志来实施一定的道德行为。

第二，道德调整的对象具有广泛性。道德调整"由于自身原则性、抽象性的特点而决定了调整领域的宽泛"[①]。这是因为，道德是从现实利益关系的角度，特别是从现实生活中个人对他人和社会整体利益的态度的角度，去调节人们的各种社会活动和社会关系。人们的各种社会活动和社会关系不仅在本质上是一种利益活动和利益关系，而且其主体也是利益活动和利益关系的主体。因此，凡是涉及到现实利益的、以人为主体的活动和关系，都属于道德调节的范围。这就使得道德调整具有其他社会调节方式所不具有的广泛性。

第三，道德调整的尺度具有层次性。道德调整以"应该怎样"的道德规范为调整尺度，即以"应当"和"不应当"的方式来评价和调整人们的行为

---

① 庞正：《论法律调整的内在局限性及其与道德调整的协调发展》，《社会科学战线》2002 年第 6 期。

和关系，而"应该怎样"的道德规范、道德要求不只限于最基本的要求，它还包括许多高层次的要求，也就是说，它可以分为从底线道德到道德理想之间的许多递进性的不同层次。道德规范往往不是由国家机关制定和认可，也不一定以规范的文件形式来表达，它更多地表现为社会舆论、风俗礼仪、乡规民约等形式，其内容往往存在于人们的内心信念，通过人们的言行来表现，因而不具备法律规范那样的确定性。不同社会身份、地位和不同觉悟水平的人们，在道德调整面前，不只是"合道德"这样一个要求，也不是只作"善"与"恶"这样一种判定，而是要将"合道德"分为"小善"、"大善"、"至善"，将"不合道德"分为"小恶"、"大恶"、"极恶"等不同的层次。

第四，道德调整的方式侧重于内在调整，具有明显的内在性特点。总的说来，法律调整与道德调整在方式上都是外在调整与内在调整的统一，但侧重点正好相反：法律调整侧重于外在调整，而道德调整侧重于内在调整。这是因为，道德调整不仅要求人们的行为合乎道德，而且要求人们行为的动机合乎道德。它突出人们的道德认识、情感、意志对道德行为的决定作用，通过社会舆论对人们的思想意识施加影响，从而把外在的道德原则和规范内化为人们的道德认识、情感和意志，培养人们的道德信念，增强人们的道德修养，通过人们内心这一系列的变化去支配人们的行为。可以说，离开了主体内在的道德认识、情感、意志，道德调整便无从谈起。

事实上，道德调整不仅通过对行为的责任和价值判断，将社会认同和提倡的行为模式传递给行为主体，而且由于它体现了社会的共同情绪、意志和价值取向，能够造成一种特殊的善恶分明的氛围，使主体或因为自己不道德的行为而感到精神压力，不得不弃恶从善，或因为自己道德的行为受到尊重和褒扬，因而充满继续坚持这种行为的信心和力量。这就是说，道德调整依赖的主要力量来自人们的良知，通过培养人们的道德责任感和善恶判断能力，唤起人们的荣辱、羞恶之心，使人们自觉地纠正不道德的行为、坚持道德的行为。

第五，道德调整具有恒常性。"道德是人类的一个永恒的课题"[1]，作为维持社会秩序最基本的手段，道德调整是与人类社会共始终的。它随着人类社会的产生而产生，随人类社会的发展而发展，存在于人类社会发展的一切历史阶段。在人类社会的早期，政治、法律还没有诞生的时候，建立在人类理性不发达基础上的道德调整，是当时社会调整的主要手段。随着生产力的不断发展，

---

[1] 　唐凯麟：《伦理学》，高等教育出版社 2001 年版，第 34 页。

社会规范体系的日益完善，人类社会进入硬调节与软调节相结合的阶段，即一方面依靠外部强制规则如法律等手段来管理社会，另一方面仍然依靠道德手段来调整那些非对抗性矛盾，从而弥补法律调整的缺陷和不足。在未来社会，即使人类普遍达到了一种自觉状态，作为调节人们的行为和关系基本方式的道德调整也仍将存在。

正是道德调整的这些特点和优点，决定了它对人们的社会活动和利益关系有着巨大的调节作用：它通过善恶价值信息的传递和褒贬态度，启迪人们的道德觉悟，增强人们的自律意识，激励和促进行为主体自觉坚持或改变自己的行为。其实质在于价值选择和价值导向的一种宣示，体现了道德要求与道德理想的统一，从现实的社会道德水平出发，指向更高的道德理想，将人们的行为和关系不断引入到更加和谐的秩序水平。

（二）法律调整及其特点

法律调整是国家运用法律手段对社会关系进行的调整。具体地说，它是主体为了维护一定的社会秩序和稳定，保护和发展一定的利益关系，以国家强制力为后盾，运用法律手段作用于社会关系的活动和过程。法律调整是一种十分重要的社会调整，与伦理关系的其他调整手段相比较，法律调整的特点主要是：

第一，法律调整的主体是国家，是国家的统治阶级运用国家权力对社会关系所作的调整。作为调整主体的国家，在进行法律调整的过程中具体表现为国家立法机关、司法机关和执法机关等国家政权的代表，即专门的组织、机构和人员。法律调整的全过程，包括法律的创制、维护和执行，即从立法机关创制法律，到执法机关运用法律来调整相应的社会关系，再到司法机关裁决纠纷和制裁违法犯罪行为，都属于国家机关的活动。可见，法律调整是以国家强制力为后盾、由专门机构负责实施的。因此，从产生和存在的时间上看，法律调整是随着国家与法的产生而产生的，在国家产生之前的原始社会没有法律调整；法律调整也会随着国家的消亡而消亡。

第二，"法律调整的对象是社会关系及人与自然间形成的密不可分的关系"①，但并非一切社会关系都是法律调整的对象，法律不可能调整所有的社会关系。相反，法律调整"由于其严格、细致的行为规范内容规定而导致调

---

① 谢晖：《法学范畴的矛盾辨思》，山东人民出版社 1999 年版，第 327 页。

整领域的有限性"①。具体地说，作为法律调整对象的社会关系只能是：其一，具体的社会关系。这就排除了人与人之间的自然关系，如血缘关系；也排除了大规模的、群众性的社会过程，如人类社会从低级向高级发展、社会形态的更替等。虽然，在社会形态更替的过程中，法律也可能起到或阻碍或促进的作用，但从总体上看，社会形态的更替是一系列社会关系演变的综合过程，法律不能阻止或改变它的运动方向，它只能通过对具体社会关系的调整对之产生一定的促进或延缓作用。其二，由人的意志而产生的社会关系。这就排除了纯粹思想上的关系，也排除了非意志的行为，如精神病患者的行为、未成年人的行为。当然，对于这些人的损害行为，法律也可能通过一定的方式，把这种损害关系拟制为他们的监护人与受害人之间的赔偿关系。即使这样，这并不意味着法律可以调整非意志行为。法律调整的仍然只是通过人的意志而产生的社会关系，因为无行为能力人的损害行为所引起的社会关系的调整是通过调整其监护人的意志行为而实现的。其三，客观上要求法律调整的社会关系。法律调整是一种国家调整，国家不可能运用法律来调整所有的社会关系，而只调整客观上需要法律调整的社会关系。这种社会关系是国家认为重要的社会关系，也就是说，它是包含着经济、政治等方面重要利益的社会关系。各方面利益的重要程度，由于社会历史条件、民族习惯的差异，在不同的国家可能有不同的情况，因此，各国法律调整的选择也就可能各不相同。至于爱情、友谊、时装、发型等由于客观上一般不需要也不接受法律调整，因而不是法律调整的对象，但它们可能是道德、习俗等的调整对象。可见，法律调整的范围较之于道德调整要小得多。一般地说，需要法律调整的社会关系，同时也是道德调整的对象，也可能而且需要进行道德评价。从这个意义上可以说，法律所调整的仅仅是道德调整范围的一部分。除此之外，道德调整的范围还包括那些不需要法律进行调整或者法律不能调整的社会关系。道德调整不仅将触犯法律的行为纳入自己评判的范围，而且把许多法律管不到的行为也要进行善恶评价。可以说，一切社会关系都可以纳入道德调整的范围。

第三，法律调整的尺度具有确定性。众所周知，法律调整是以"必须怎样"的法律规范为尺度的，这种"必须怎样"的法律规范是由国家制定或认可的国家意志规范化的表现形式，具有明确的内容。在最一般的意义上，法律规范往往以一定的法律文件的形式存在，包括法典、单行法规以及用文字表达

---

① 庞正：《论法律调整的内在局限性及其与道德调整的协调发展》，《社会科学战线》2002 年第 6 期。

的判例等。而且，"必须怎样"的法律规范是所有社会成员都必须达到的最基本的要求，对所有社会成员一视同仁：任何人在法律调整面前都有且只有"合法"这一个要求，评判人的行为，只有"合法"或"违法"一种判定。

法律调整尺度的确定性决定了法律调整是一种规范性调整。一般地说，规范性调整是借助一般规范对社会关系进行的调整。它与个别性调整相对，所谓个别调整，指的是根据具体情况、针对具体问题而对一定主体的行为进行的一次性调整。规范性调整的最大好处是能够使整个社会形成普遍的秩序，因为它反复适用于同一类情况下所有人的行为。而个别调整不能针对被要求主体之外的其他主体，也不能反复适用。显然，法律调整属于规范性调整，它是国家这一主体在全社会范围内对所有社会成员都普遍适用的一种社会调整。当然，也有些人认为，在法律调整中，也存在个别调整。比如，对具体案件的判决往往会要求当事人作出一定的具体行为。显然，这种调整是在法律的规范性调整之下的，是规范性调整的具体化。可以想象，只要这种判决是依法的判决，以后的同类案件一定也会这样处理。这就是说，这种"个别调整"与一般意义上的个别调整是不同的。

第四，法律调整的方式侧重于外在调整，具有明显的外在性特点。这是因为，一方面，法律调整的尺度是"必须怎样"的法律规范，对法律关系主体而言，显然这是一种外在的尺度。另一方面，法律调整的对象不是人们的内心意志，而是人们的外在行为。换言之，法律直接调整人们的行为，要求人们的外部行为必须合法而不能违法，而不能离开人们的行为和后果去追究动机和目的。这体现在对违法犯罪行为的定罪量刑上，虽然动机、目的也可能也是需要考虑的因素，但毕竟是次要因素。这就是说，法律调整所着重要求的是人们外部行为的合法性，不能离开人们的行为和后果去追究动机和目的。正如马克思所说："对于法律来说，除了我的行为以外，我是根本不存在的，我根本不是法律的对象。我的行为就是我同法律打交道的唯一领域，因为行为就是我为之要求生存权利，要求现实权利的唯一东西，而且因此我才受到现行法的支配。"① 的确，法律为人们提供了一整套行为规范体系，人们的行为符合这一套规范体系就会被评价为"合法"，违背了这套规范体系就会被评价为"非法"，从而受到相应的惩罚。显然，单纯的思想意识不是法律调整的对象，法律不能根据思想意识来判定人们"合法"或者"非法"。

---

① 《马克思恩格斯全集》第 1 卷，人民出版社 1956 年版，第 16～17 页。

（三）道德与法律是伦理关系调整的两种基本手段

道德与法律作为伦理关系调整的两种基本手段，在伦理关系的调整这一复杂的社会系统工程中，道德调整是基础性工程，法律调整是支持性工程。所谓伦理关系的道德调整，是在主体意识的支配下，一定的道德规范作用于伦理关系主体的行为及主体之间的关系，从而使主体间伦理的权利与义务关系实现从应然向现实的转化过程；所谓伦理关系的法律调整，则是国家运用法律手段，对伦理关系施加的规范性、组织性作用。

道德与法律是伦理关系调整的两种基本手段，是由伦理关系调整的客观要求和道德调整与法律调整的特点决定的。从伦理关系调整的客观要求看，由于伦理关系既包括客观关系，又包括主体意识；既有自身的规定性，又与经济、政治、法律等其他社会关系有着密切的联系；实现伦理关系的和谐既要求主体自身加强自我修养、提升道德境界，又要求一定的外在导向、约束以及良好社会环境的熏陶。因此，伦理关系的调整也必然是一个包括他律性调整与自律性调整、外在性调整与内在性调整以及强制性调整与非强制性调整等在内的复杂系统和过程。

从道德调整与法律调整的特点看，如上所述，道德调整以自律性、内在性与非强制性为特点，或者说道德调整侧重于自律性、内在性与非强制性调整，而法律调整以他律性、外在性与强制性为特点，或者说法律调整侧重于他律性、外在性与强制性调整。应该说，道德调整与法律调整的相互结合，正好可以适应伦理关系调整的客观要求。事实上，在现实伦理关系的调整过程中，社会组织、社会机构和社会成员或者以"必须怎样"的尺度这一伦理关系主体必须达到的最基本的要求，或者以较高层次的要求即"应该怎样"的要求为尺度；或者以国家强制力为后盾，或者以道德舆论、价值评价的方式影响社会成员的行为；或者是外在性调整即直接调整人们的行为，要求人们的外部行为必须合法而不能违法，或者是内在性调整即不仅要求人们的行为合乎道德，而且要求人们行为的动机合乎道德，它突出人们的道德认识、情感、意志对道德行为的作用，通过人们内心这一系列的变化去支配人们的行为。显然，前者主要是指法律调整，而后者主要是道德调整。道德调整与法律调整相结合，是伦理关系调整的有效手段。

三、道德调整与法律调整的关系

道德调整与法律调整作为社会调整的两种基本手段，既互相区别，又互相联系。在现实伦理关系的调整实践中，二者可以而且应该实现相互结合、相互补充。

（一）法律调整与道德调整的联系

"道德的下限是法律，法律的上限是道德。"① 法律调整与道德调整作为伦理关系调整的两种基本手段，虽然在上述一系列问题上都存在明显区别，但同时它们也有密切联系。归纳起来，法律调整与道德调整的联系主要表现在观念上的同一、内容上的部分重合以及调整目的的一致性等三个方面。

首先，法律调整与道德调整在观念上是同一的，或者说它们都源于同一价值观念，即人们在社会生活实践中形成的对人与人之间关系的看法以及正义、公平等价值观念。这种观念从法律调整的角度看是法律观念，从道德调整的角度看则是道德观念，法律调整与道德调整都是为了实现这些价值。在日常生活中，当我们对人们的某种行为作出正义或非正义、善或恶的判断时，可能既运用了法律观念又运用了道德观念。从这个意义上可以说，法律调整与道德调整在观念上实质上是同一的。

其次，用以进行道德调整的道德规范和用以进行法律调整的法律规范，虽然它们的作用范围和方式有很大的不同，但它们都是人类社会的行为规范，具有很大程度的相通性。我们知道，法律规范是对人们行为和关系的一种最起码的要求，即要求人们不损害别人；而道德规范是一种高层次要求，它"自古以来就与抑制自利有关，牺牲自己的利益并有利于他人成为道德的同义词。"② 因此，道德调整不能代替法律调整，法律调整也不能代替道德调整。但是，道德规范和法律规范作为人类社会两种基本的行为规范，在很大程度上是具有相通性的。正是由于这种相通性，不仅法律调整的对象都是道德调整的对象③，而且随着时代的发展，许多道德问题也日益成为法律调整的对象。比如，我国在相当长的时期内，刑法对于已婚者与他人同居是不管辖的，"通奸"更多的是一个婚姻道德问题。但新的《婚姻法》把这一问题纳入了刑法的调整对象，"重婚罪"就是专门针对这一行为的。

其三，法律调整与道德调整的目的，都是为了协调社会关系，形成和维护一定的秩序。虽然，法律调整的直接目的是为了形成一定的法律秩序，道德调整的直接目的是为了形成一定的伦理秩序，但法律秩序和伦理秩序是很难区分

---

① 温晋锋：《法律与道德调整对象的检视》，《南京社会科学》2007 年第 1 期。

② 茅于轼：《法律　道德　制度》，河南人民出版社 2002 年版，第 17 页。

③ 这是因为，法律行为、法律关系和法律现象一般也都可以进行道德评价，而道德评价正是道德调整的一个重要方面。

的。这是因为，一个社会的秩序只可能是一种秩序，不可能并存有几种不同的秩序。只是说这种秩序从法律调整的角度看是法律秩序，从道德调整的角度看是伦理秩序。或者说，这种秩序既是法律秩序，又是伦理秩序。我们不能说一个社会的秩序仅仅是法律秩序而不是伦理秩序，或者仅仅是伦理秩序而不是法律秩序；我们也不能说，如果一个社会是有秩序的，这种秩序只符合法律要求而不符合道德要求，或者只符合道德要求而不符合法律要求。可以说，任何社会都不存在只符合道德要求而不符合法律要求或只符合法律要求而不符合道德要求的秩序。

（二）法律调整与道德调整可以而且应该互相结合、互相补充

可以说，法律调整与道德调整的特点，在很大程度上正好是互补的。正如孔子所说的："政之以道，齐之以刑，民免而无耻；道之以德，齐之以礼，有耻且格。"① 这也正是中国传统法律文化和道德文化的合理之处。同样，在现实社会伦理关系的调整实践中，两者可以而且应该相互结合、相互补充。

事实上，单纯的内在调整或外在调整，或者单纯的强制性调整或非强制性调整都是有缺陷的。因为伦理关系本身既包括客观关系，又包含主体意识，既有自身的内在规定性，又与经济、政治、法律等其他社会关系有着密切的联系，单纯的内在调整或外在调整，或者单纯的强制性调整或非强制性调整显然都不足以满足伦理关系调整这两方面的客观需要。而法律调整与道德调整的缺陷，正好从对方那里可以得到弥补。也就是说，法律调整与道德调整互为长处与不足：法律调整的长处正好是道德调整的不足；法律调整的不足正好是道德调整的长处。反之亦然。

具体地说，法律调整在调整的方式、调整的范围以及调整的时效等方面都存在一定的局限性。在调整方式上，法律调整侧重于外在调整，它通过创设一整套法律规范，为人们的行为提供一定的标准来调整社会关系。人们的行为只有符合这些标准才是合法的。但事实上，人们在行为中遵循的不仅仅是法律规范，人的行为往往是认识、情感、意志、目的、利益等各种因素有机结合的产物。法律调整虽然也有一定的教育、引导、评价功能，但其作用的发挥终归是外在的、强制性的，而不是主体内在的、自觉的。在调整的范围上，如前所述，法律调整客观上需要法律调整的社会关系，而其他许多社会关系如爱情、友谊等法律调整是无能为力的。同时，法律是立法者为维护一定政治经济利益

———————————

① 《论语·为政》。

的需要而创制的，这意味着它不可能全面反映所有社会成员的利益而不可避免地具有不同程度的偏私性。在调整的时效上，由于社会关系处于不断的变动之中，而法律调整具有相对稳定性，这种相对稳定性在现实的调整实践中往往会导致法律调整的滞后性——即使是最好的法律调整也可能与社会关系的变化脱节，或者即使是实现了预期的调整目标，却由于不符合变化了的社会关系的需要而最终未能实现法律调整的应有目标。法律调整的这些不足，正好可以从道德调整那里得到弥补：道德调整的广泛性、内在性、非强制性以及时效上的灵活性正好可以弥补法律调整的不足。

　　当然，从法律调整与道德调整两种手段在伦理关系调整中的地位看，伦理关系的调整应该以道德调整为主，而以法律调整为辅。这是由伦理关系的本质和法律调整与道德调整的不同特点所决定的。从伦理关系的本质来看，伦理关系作为一种特殊的社会关系，是一种贯穿应然规定的价值关系，是主体间伦理的权利与义务关系，因而主要是非对抗性的矛盾关系，更多需要以非强制性的手段来进行调整；从法律调整与道德调整的特点来看，法律调整是以强制性、外在性为特点的，而道德调整是以非强制性和内在性为特点。这就决定了伦理关系的调整应该以道德调整为主，而以法律调整为辅。

　　最后，需要指出的是，由于法律调整是法学的一个基本范畴和研究对象，我们下文不再讨论法律调整，而仅探讨道德调整。对伦理关系的道德调整，我们拟从道德调整的原则、道德调整的方式和目标以及道德调整的内外机制等三个方面进行分析。

第二节　道德调整的原则

　　道德原则是伦理学理论中一个具有重大理论意义和实践意义的问题，各种性质和类型的伦理学体系都十分重视道德原则。从一定意义上说，道德原则是区分各种伦理学体系的重要标志。就伦理关系的道德调整而言，究竟坚持何种道德原则对伦理关系进行调整也具有根本性意义，在很大程度上决定着伦理关系调整的方向和结果。因此，必须对伦理关系调整的道德原则问题作深入的分析。

一、伦理关系是确立道德原则的重要依据

　　道德是产生于包括伦理关系在内的社会关系之中的。伦理关系既是道德产生和存在的基础，又是道德所要调整的重要对象。因此，道德原则的确立应该

以伦理关系本身为根据，道德原则的存在应该能够适应伦理关系调整的客观要求，道德原则的功能应该能够满足伦理关系调整的实际需要。

（一）伦理关系：道德的存在论基础

从词源学的角度看，道德是产生于人伦关系之中的。在第一章我们从词源学的角度考察了道德与伦理的联系。在中国古代"德"之所以通"得"，是因为"德"需要"得"。"得"什么？得"道"，即得到人们应该遵守的行为规范和准则。"道"从何来？道来源于"理"，即人们应该遵守的各种道理。而理又是从人伦关系中产生的，人们在人伦关系中遵循一定的道理和准则，就是符合"人伦之理"。可见，从词源学的角度看，道德是产生于人伦关系之中的，是在认识人伦关系的基础上形成的调整人与人之间关系的规范和准则，以及人们在社会生活中遵守这些规范和准则而形成的道德品质。

从道德起源的历史前提看，包括伦理关系在内的社会关系为道德的起源提供了直接基础。可以说，道德从产生到发展，都是和社会关系的产生和发展密不可分的。原始社会由于生产力不发达，人与人之间的关系是最简单、最狭隘的关系。随着劳动分工的发展、交往关系的扩大，人们之间的关系变得日益复杂，人与人之间、个人与整体之间既相互依赖、相互需要，又开始出现矛盾甚至冲突。为了调节各种关系，解决各种矛盾和冲突，人们开始把一些用以调整这些关系的行为准则和要求固定下来，并取代了以前的风俗习惯。

可见，道德产生于调整人与人之间包括伦理关系在内的社会关系的客观需要。可以说，伦理关系既是道德产生和存在的基础，又是道德所要调整的重要对象。人们总是根据调整包括伦理关系在内的社会关系的需要提出相应的道德原则和规范，并按照这些原则和规范来认识和调整相应的伦理关系。比如，孟子所讲的"五伦"，即"父子有亲，君臣有义，夫妇有别，长幼有序，朋友有信"，就是对中国传统社会基本伦理关系及相应道德规范的概括。"父子"、"君臣"、"夫妇"、"长幼"以及"朋友"是中国传统社会最基本的五种人伦关系，"亲"、"义"、"别"、"序"、"信"分别是用以调节这五种人伦关系的道德规范。

我们知道，道德的总体社会功能主要是认识功能和调节功能两个方面。从道德的认识功能看，一个重要的方面就是从人与人、个人与集体、个人与社会之间关系的角度，给人们展示现实社会的发展状况，从而为人们预测社会发展的未来提供依据。从道德的调节功能看，一个重要的方面也是从社会生活中人们对待他人、集体以及社会利益态度的角度，来调整人们的各种行为和关系。

因此，无论是道德的认识功能还是调节功能，伦理关系都是一个重要对象。

正因为道德产生于伦理关系之中，伦理关系既是道德产生和存在的基础，又是道德所要调整的重要对象，因而作为道德体系中最高层次的规范，即道德原则的确立也应该以伦理关系本身为根据，应该立足于认识和调整各种伦理关系的客观要求。

（二）道德原则的核心议题涵盖了伦理关系的各个层面

一般地说，道德原则的核心议题是个人与集体的关系问题。不同的伦理学体系有不同的道德原则，各种道德原则所回答的实质上都是一个问题，即个人与集体的关系问题，只不过这一问题在不同的情况下有不同的表现。当然，这里讲的个人与和集体都是哲学范畴。作为哲学范畴的个人与集体，在具体的现实社会生活中，既可以表现为个人与他人的关系，也可以表现为个人与集体的关系，还可以表现为个人与社会的关系。

具体地说，作为一个哲学范畴，"个人的本质表现为历史的本质和社会的本质。从纵向上看，个人表现为历史过程中的人；从横向上看，个人表现为社会生活中的人。纵横线的坐标交叉点，就是我们理解的个人的本质。"[1] 而作为伦理学领域道德原则核心议题的个人与集体关系中的个人，则是在具体社会关系和社会生活中个性化了的，作为伦理关系主体的个人。这种个人仍然是以作为自然生物体的个人和以作为历史主体的个人为前提的，是在具体的道德活动中具有自己特殊个性的一个个特殊的个体，表现为"你"、"我"、"他"等个人与他人的差别。

作为哲学范畴的集体是相对于个人而言的，它"相当于整体范畴或社会范畴的抽象，集体包容的范围，应不窄于整体或社会包容的范围"[2]，而作为伦理学领域道德原则核心议题的个人与集体关系中的集体，则是作为哲学范畴集体概念的具体化，即具体化为代表整体或社会的集团、阶级或国家，表现为各种具体的不同大小的社会实体，如生产单位、事业单位、国家乃至整个社会。而作为社会整体的代表，集体在代表社会整体利益的时候存在一个真假问题：有的集体不仅能够真正代表社会整体的利益，而且能把社会普遍利益与个人利益统一于自身；有的集体则不仅不能真正代表社会整体的利益，甚至也不能代表作为该集体成员的个人利益。前者是真实的集体，这是只有在共产主义

---

① 罗国杰：《伦理学》，人民出版社 1989 年版，第 139 页。
② 同上，第 142 页。

社会才能实现的理想的集体，即"人的自由联合体"。后者则是虚幻的集体，这是历史上各种占统治地位的剥削阶级的利益集团。在真实的与虚幻的集体之间，还存在一种现实的集体。比如，我国在社会主义初级阶段条件下的集体，相对于历史上各种占统治地位的剥削阶级的利益集团而言，是相对理想的集体，但与"人的自由联合体"比较起来还存在较大的距离。这就是说，今天，我们的集体虽然超越了各种虚幻的集体，但也还不是理想的集体。在这种集体中，人与人、个人与集体的关系还没有达到人类所要求的理想状态。

从个人与集体的概念我们可以看到，作为道德原则核心议题的个人与集体的关系，在范围上涵盖了伦理关系的各个层面，而不应该被简单地理解为个人与群体的伦理关系。这是因为，集体与群体是两个不同的概念。集体与群体在许多基本点上都存有明显区别。比如，集体首先是一个哲学范畴，而群体是一个社会学范畴；集体比群体更有组织性；集体成员比群体成员有着更为明确的共同价值目标，等等。从包容的范围上看，集体明显大于群体。如前所述，集体作为一个哲学范畴，它所包容的范围，相当于整体范畴或社会范畴的抽象，而群体主要是一个社会学范畴，它是指一定数量人群的集合，它所包容的范围，显然小于整体或社会的范畴。因此，我们不能把个人与集体的关系简单等同于个人与群体的关系。

事实上，作为哲学范畴的个人与集体的关系，在范围上应该包括个人与个人、个人与群体、个人与社会、群体与群体以及群体与社会之间等各个层面的关系。在这个意义上可以说，个人与集体的关系囊括了伦理关系的所有层面，而不仅仅是群体层面。

（三）道德原则是调整各种伦理关系的基本原则

作为道德原则的核心议题，个人与集体的关系主要包括两个方面的内容：一是个人和集体的地位问题，即个人与集体有无至上性以及何者具有至上性的问题。这个方面决定着各种伦理学体系在处理个人与集体的关系问题上，把何者作为自己的出发点和归宿，从而决定着对待个人利益与集体利益的不同态度。二是个人与集体的具体关系问题，即集体是个人的简单相加还是有机统一，集体利益与个人利益是单向的决定与被决定的关系，还是双向的互为决定的关系。对这些问题，不同的伦理学体系、不同的道德原则都作出了不同的回答。正是这些不同的回答，显示了不同道德原则之间的本质区别。

由于个人与集体的关系在范围上涵盖了伦理关系的各个层面，因此，各种道德原则对个人与集体关系的不同回答，实际上就是对各个层面伦理关系应该如何的基本回答。从这个意义上说，道德原则就是调整伦理关系的基本原则。

马克思主义伦理学以集体主义作为自己的道德原则，既坚持集体利益与个人利益的辩证统一性，又强调集体利益的至上性。而以往形形色色的道德原则，如功利主义、利己主义以及利他主义等，都把集体利益视为个人利益的简单相加，不管在形式上是利己、利他还是追求最大多数人的最大幸福，最终落脚点和归宿都是个人利益。利己主义自不用说，功利主义由于把社会利益视为个人利益的简单相加，因此，要促进社会利益，实现人们的最大幸福，最终就是要落实到增进个人的利益。虽然功利主义者也强调个人利益与社会利益的统一，但在归根结底的意义上，社会利益与个人利益统一的基础只能是个人利益。而利他主义虽然批评利己主义是人性的堕落，标榜自己的道德原则是一种美德，但由于它不懂得个人与集体的辩证统一关系，往往易于流于禁欲主义，而且最终仍然可能以利己的形式表现出来。

二、道德调整伦理关系的基本原则

在各种道德原则中，集体主义与个人主义是根本对立的。我们认为，以伦理关系本身为依据、立足于认识和调整伦理关系的客观要求来确立道德原则，必然得出集体主义的结论；个人主义是与伦理关系调整的要求相违背的，不能适应伦理关系调整的客观要求。因此，集体主义是伦理关系调整的基本原则。

（一）集体主义与个人主义的根本对立

集体主义与个人主义既是关于一定经济制度、政治制度以及思想文化制度的理论，在伦理学意义上又是两种根本对立的道德原则。作为两种根本对立的道德原则，集体主义与个人主义在一系列根本问题上都有着质的区别。

1. 个人主义

个人主义的思想是随着私有制的产生而产生，随着私有制的发展而发展的。但在严格的意义上，作为一种完整的理论体系的个人主义，则是随着近代资产阶级的产生而产生，并与资本主义相适应的一种思想体系。

对个人主义的概念我们可以从广义与狭义两个方面来理解①。广义的个人主义，包括文艺复兴时期的人文主义思想和17、18世纪资产阶级革命时期形形色色的资产阶级思想，如霍布斯、洛克、斯密、边沁、卢梭等人的思想。狭义的个人主义，则是指从这一概念正式产生以来的一种意识形态理论和学说体

---

① 参见夏伟东等著：《个人主义思潮》，高等教育出版社2006年版，第12页。

系。一般认为，托克维尔在《论美国的民主》一书中最早使用了个人主义的概念，用以概括当时的美国经济、政治、思想文化现象。托克维尔把它形容为一种温和的利己主义。从此，个人主义的概念被广泛使用，成为一种资本主义的社会意识形态和学说体系。

概括地说，个人主义是一种强调个人利益，重视个人自由和自我支配，不受外来约束和控制的学说和理论体系。它既是资产阶级的一种意识形态，也是一种政治和社会哲学，既是一种关于人性和人的价值的一种基本理论，也是一种伦理学说和道德原则。作为一种价值理论，主张个人具有最高价值，因而一切都要以个人价值为中心；作为一种伦理学说，个人主义信奉个人至上、个人本位，强调个人在价值、尊严、平等以及自由等方面的首要地位；作为一种道德原则，个人主义坚持个人利益至上，主张一切从个人需要出发，以追求个人利益的满足作为一切行为的出发点和归宿。

2. 集体主义

集体主义是个人与集体之间的辩证统一关系在道德上的必然反映，即当个人利益与集体利益发生冲突时的基本价值取向。一方面，集体主义强调集体利益与个人利益的辩证统一：集体利益是个人的集体利益，但集体利益并不是个人利益的简单相加，而是个人利益最集中、最真实的代表；同时，也强调个人利益的集体性，即个人利益不是脱离集体利益的个人利益，而是集体的个人利益。另一方面，集体主义强调集体利益的至上性，即集体利益与个人利益统一的基础是集体利益，集体利益是个人利益得以实现的前提。"既然正确理解的利益是整个道德的基础，那就必须使个别人的私人利益符合于全人类的利益"①，"只有在集体中，个人才能获得全面发展其才能的手段，也就是说，只有在集体中才可能有个人自由。"② 因此，当集体利益与个人利益发生冲突的时候，提倡顾全大局，个人利益服从集体利益，必要时不惜作出个人牺牲。

必须指出的是，集体主义强调集体利益的至上性，并不意味着集体可以随意牺牲个人的正当利益，而是一种有着严格限定的必要的牺牲。因为在真实的或现实的集体中，集体利益与个人利益多数情况下是一致的。在集体与个人利益一致的情况下，集体不会也不必要让个人利益作出牺牲。只有在集体利益与个人利益相冲突、发生两难选择的特定情况下，才要求个人作出适当牺牲。因

---

① 《马克思恩格斯全集》第 2 卷，人民出版社 1957 年版，第 167 页。
② 《马克思恩格斯全集》第 3 卷，人民出版社 1960 年版，第 84 页。

为如果个人不作出适当牺牲，就不能保障集体利益，从而必将最终导致该集体所有成员的利益受损。这实际上是一个价值选择的优先序列问题。

3. 集体主义与个人主义的根本区别

集体主义与个人主义作为两种根本对立的理论体系和道德原则，在以下几个基本点上都有质的不同：首先，二者的理论出发点不同。个人主义的理论出发点是"人性自私"的理论，个人主义者认为人的本性是自私的，这是人先天就有的本性。个人主义者信奉"在任何时代，任何国家，人们过去、现在和未来，都是爱自己甚于爱别人的"。① 而集体主义者从人的社会历史性出发，认为人性自私只是私有制条件下的社会关系在人们观念和行为中的反映，原始社会人们就没有这种自私的观念和行为。

其次，二者对个人与集体、社会之间关系的基本观点不同。个人主义"实质上是一种从个人至上出发，以个人为中心来看待世界、看待社会和人际关系的世界观。这种理论主张，个人本身就是目的，社会只是达到个人目的的手段。"② 而集体主义既坚持个人利益与集体利益的辩证统一性，又强调集体利益的至上性，认为个人与集体统一的基础是集体利益。

其三，二者在对待个人利益、集体利益、社会利益的根本态度不同，从而决定着两种道德原则的不同前途和命运。个人主义把个人利益作为判断人的行为善恶的根本价值尺度，因此，在认识和处理个人利益与集体利益关系的时候，强调以个人利益的满足为出发点和归宿。与此相反，集体主义把集体利益作为判断人的行为善恶的根本价值尺度，强调以集体利益为出发点，认为集体利益的实现本身也就意味着个人利益的实现。

（二）集体主义是道德调整伦理关系的基本原则

集体主义与个人主义的根本对立表明，只有集体主义才符合伦理关系的观点，只有集体主义原则才符合伦理关系调整的客观要求，个人主义是与伦理关系调整的要求相违背的。因此，只有坚持以集体主义原则来调整社会伦理关系，才能实现伦理关系调整的目标。

第一，只有集体主义原则才符合伦理关系的观点。伦理关系的观点就是关系的观点和应然的观点。从关系的观点出发，人们在思考人与人、个人与社会之间关系的时候，要立足于关系双方的需要和利益，而不能仅立足于自己一方

---

① 《18 世纪法国哲学》，商务印书馆 1963 年版，第 501 页。
② 朱贻庭主编：《伦理学大辞典》，上海辞书出版社 2002 年版，第 25 页。

的利益；从应然的观点出发，人们在认识和处理个人与集体之间关系的时候，不仅应该立足于双方的利益，而且应该把集体利益放在更突出的位置，只有这样才能体现崇高性、理想性和应然性。集体主义作为一种道德原则，最基本的功能就是为人们认识和处理人与人、个人与集体以及个人与社会之间的关系提供一个基本的标准或尺度。集体主义的道德意义就在于通过对集体利益的维护，促进人的全面发展，并为个人的行为和活动提供价值导向。集体中的每一成员都要根据自己在集体中的位置和能力为集体作贡献，一切不顾集体利益的行为，从归根结底的意义上说都是对个体自身价值的漠视，并最终损害自己的个人利益。所有这一切，都是对人的一种较高的应然性要求。

第二，集体是个人存在的基本方式，因而也是伦理关系主体的基本存在方式。从实质上看，集体就是一种社会关系体，在现实社会生活中具体表现为各种生产单位、事业单位、国家乃至整个社会。人是社会关系的总和。任何人都不能孤立存在，"一个人的发展取决于和他直接或间接进行交往的其他一切人的发展"①，"只有在集体中，个人才能获得全面发展其才能的手段，也就是说，只有在集体中才可能有个人自由。"② 可见，每一个个人都必须在集体中，依赖集体提供的生产和生活条件才生存和发展。

当然，如前所述，集体有真实、现实与虚幻之分。作为个人存在方式的集体，显然不能是虚幻的集体，因为虚幻的集体不仅不能代表社会的普遍利益，也不能代表该集体成员的个人利益，因而不可能作为个人存在的方式。作为个人存在方式的集体只能是真实的集体或现实的集体。真实的集体，是只有在共产主义社会才能实现的理想的集体，即"人的自由联合体"。在我国还处于社会主义初级阶段条件下的集体是现实的集体，这种集体虽然尚未达到真实集体的理想状态，但相对于虚幻的集体而言，这种集体又是真实的，它坚持个人利益与集体利益的统一，既强调集体利益的至上性，也承认个人合法利益的正当性，从而能够成为个人的生存和发展基本条件。

第三，集体主义符合伦理关系调整的客观要求。如前所述，道德原则的核心议题是个人与集体的关系问题，在伦理关系中则表现为主体间伦理的权利与义务关系问题。伦理关系的调整，就是要促使主体双方都履行自己的职责与义务，从而维护对方的利益和主体双方的共同利益，促进伦理关系的和谐。集体

---

① 《马克思恩格斯全集》第 3 卷，人民出版社 1960 年版，第 515 页。

② 同上，第 84 页。

主义强调集体利益与个人利益的辩证统一，既强调集体利益的至上性，也强调集体应该向个人利益负责，应该努力为集体成员的全面发展和利益实现创造条件，促进该集体成员正当个人利益的满足。这是因为，真实的或现实的集体作为整体或社会的代表，最基本的职责和任务就是要满足该集体成员的利益。舍此，集体利益本身是没有意义的。

第四，只有坚持集体主义原则，才能实现伦理关系调整的目标，才能实现伦理关系主体的利益。伦理关系主体的利益包括双方各自的利益和双方共同的利益两个方面。就双方各自利益而言，由于伦理关系的主体可能是个人、可能是群体也可能是社会，集体利益是伦理关系主体双方各自利益的源泉。因为相对真实的集体利益或现实的集体利益与个人利益之间的关系是一种整体与部分的关系，也是一种源与流的关系：集体利益是由该集体所有成员的利益有机构成的，只有集体利益得到了发展，个人利益的实现才有了可靠的基础和保障。伦理关系主体双方各自的利益也是这样，任何个人要想实现自己的利益，都必须从集体利益这一"源"上下功夫，维护和实现集体利益。

就双方共同利益而言，集体利益就是伦理关系主体双方的共同利益本身。只要发生关系，关系双方就有共同利益。而这种共同利益在个人主义条件下是不可能真正实现的。这是因为，在个人主义原则下，主体都只顾及自己的个人利益，共同利益是无法实现的，并最终导致个人利益由于失去共同利益的基础而无法实现。只有在集体主义的原则下，主体双方的共同利益才可能实现，从而最终在最大程度上实现双方各自的利益。

（三）个人主义不符合伦理关系调整的客观要求

个人主义在产生之初乃至相当长的一段时期内，都是一种进步的思想体系，对资产阶级战胜封建主义、促进资本主义文明的发展和进步具有重要的意义。但是同时，个人主义从它产生之日起，在推动社会发展的同时，也不可避免地带有消极影响，而且随着社会的发展，这种消极影响日益扩大。

从程度上看，个人主义可以分为一般的和极端的两种类型[①]。一般的个人主义就是托克维尔所说的温和的利己主义，即由洛克、斯密、托克维尔等人所论述的个人主义。这种个人主义从人性利己、人性自私的观点出发，强调个人自由、个人利益至上。但同时这种个人主义还没有发展到极端的程度，它在强调个人自由和利益的同时，并不否定社会的利益，虽然强调个人利益的优先性

---

① 参见夏伟东等著：《个人主义思潮》，高等教育出版社 2006 年版，第 14 页。

和至上性，但并不主张损人利己，因而相对于极端利己主义而言，是一种"合理"的利己主义。极端的个人主义绝对化地理解个人自由、权利与利益，不仅强调以个人自由和个人利益为中心，而且绝对否认他人与社会的价值和利益，为了实现个人利益可以不择手段，甚至不惜通过损人的方式来满足自己的个人利益。当然，对个人主义作这样的划分，只是为了说明在个人主义内部存在一定程度上的差别。从实质上看，它们都是一致的，都是与资本主义发展相适应的一种理论体系和道德原则。

就伦理关系的调整而言，无论是一般的个人主义还是极端的个人主义，显然都不符合伦理关系调整的客观要求，因为伦理关系的调整客观上要求维护主体双方的利益，为此，必须把主体双方的共同利益放在首位。而个人主义正好相反，由于个人主义不以关系的观点看问题，个人主义把个人视为一个个孤立存在的个体，把集体视为个人的简单相加，因而未能正确反映人的存在方式，也不符合伦理关系主体的存在方式。因为在伦理关系中，主体与主体之间是密切联系的，在密切联系的基础上构成一个关系共同体，主体存在的方式只能是集体的方式。同时，个人主义主张个人利益至上，一切从个人利益出发，把实现和维护个人利益视为处理伦理关系的最终目标，甚至为了个人利益不惜损害他人、集体和社会利益。这在很大程度上不仅不是道德的要求，在更多情况下甚至会丧失最基本的道德底线，不符合最起码的要求。因此，在个人主义原则的指导下，由于主体双方的共同利益无法实现，最终必然导致个人利益也无法实现，从而无法实现伦理关系调整的目标。

三、道德调整伦理关系的具体原则

集体主义是道德调整伦理关系的基本原则。但集体主义作为一个总原则，在具体伦理关系的调整过程中，有时并不能发挥直接作用，更多的是一种指导性原则。事实上，伦理关系不同层面的道德调整，在坚持集体主义原则的前提下，都需要一定的具体原则予以直接指导，或者说，集体主义原则应该具体化为相应的具体原则。具体地说，在集体主义原则的统领下，人际、群体和社会等三个层面伦理关系的调整应该坚持的具体原则分别是：平等原则调节人际层面即个人与个人之间的伦理关系；共生原则调整群体层面即个人与群体的伦理关系；义务原则调整社会层面即个人与社会整体之间的伦理关系。

（一）平等原则：调节个人与个人的关系

从现代社会发展的进步的趋势和要求看，每一位社会成员的在政治和法律上都应该是平等的。因此，平等原则不仅应该成为社会的政治和法律原则，而且应该成为调整伦理关系的具体道德原则。作为调整伦理关系的具体道德原则，平等原则主要是指人的人格独立和平等、人的竞争和发展的机会平等以及权利与义务的对等。它不仅要求人与人之间不存在高低贵贱之分，每个人在政治、法律以及道德地位是都是平等的；每个人都有生存和发展的权利，都可以追求自己的合法、正当利益，同时不损害他人的合法、正当权利。当然，平等原则并不意味着"平均"，由于人与人之间在知识、能力等方面的差异，个人之间起点的平等并不一定能产生完全相同的结果，这种由于正当竞争而导致的事实上的不平均在一定范围内是允许存在的。

（二）共生原则：调节个人与集体的关系

个人与集体是辩证统一的关系：一方面，集体利益是个人的集体利益，集体利益是个人利益最集体、最真实的代表；另一方面，个人利益不是脱离集体利益的个人利益，而是集体的个人利益。因此，在正常情况下，集体利益与个人利益可以实现和谐共生、同步实现。当然，集体利益与个人利益统一的基础是集体利益。这就要求在特殊情况下，尤其是集体利益与个人利益发生悲剧性冲突的时候，个人利益必须服从集体利益，必要时不惜作出个人牺牲。在实践中坚持共生原则调整个人与集体的关系，必须反对两种错误倾向：一是只强调集体利益的至上性，忽视甚至否定个人的正当利益；一是片面强调个人利益，甚至在损害集体利益的情况下谋取个人利益。这两种错误倾向实质上都是把集体利益与个人利益割裂开来甚至对立起来。我们坚持集体利益与个人利益的统一性，主张在增进集体利益的前提下增进个人利益，实现集体利益与个人利益的和谐共生。

（三）义务原则：调节个人与国家的关系

个人与国家的关系是伦理关系的社会层面，义务原则作为调整个人与国家关系的道德原则也是伦理关系道德调整中的高层次的具体原则。根据义务原则来认识和处理个人与国家之间的伦理关系，从个人的角度看，个人必须把国家利益放在第一位，个人利益服从国家利益，个人必须承担对国家的道德责任，履行自己的道德义务，必要时不惜作出个人牺牲。这是因为，"个人本身只有成为国家成员才具有客观性、真理性和伦理性"①，虽然，"个人从他的义务说是受人制服的，但在履行义务中，他作为公民，其人身和财产得到了保护"，

---

① 黑格尔：《法哲学原理》，商务印书馆 1961 年版，第 254 页。

正是在这个意义上，"国家所要求于个人的义务，也直接就是个人的权利"①。从国家的角度看，由于"国家的力量在于它的普遍的最终目的和个人的特殊利益的统一，即个人对国家尽多少义务，同时也就享有多少权利"②，因此，作为个人利益的真实代表，国家应该通过致力于经济与社会建设，促进个人的全面发展和权利实现。

第三节　道德调整的方式和目标

所谓道德调整的方式就是道德作用于伦理关系及其主体行为的具体方式；而所谓道德调整的目标，则是在一定的道德原则的指导下，通过一定的方式对伦理关系进行调整所要达到的目的。研究伦理关系的道德调整，最直接的就是要考察道德究竟是通过何种方式对伦理关系发挥作用的。同时，道德调整作为一个系统的整体和过程，不管主体是否意识到，总要围绕一定的目标展开。因此，探讨伦理关系的道德调整，必须把握它的方式和目标。

一、道德调整伦理关系的方式

道德调整伦理关系的方式是由不同道德规范的规定性、不同的伦理关系主体及其行为方式决定的。一方面，用以调整伦理关系的道德规范本身包含各种不同的内容、由低到高的不同层次以及不同的适用范围；另一方面，伦理关系的主体由于年龄、性格、文化程度特别是价值观念、道德认识水平不同，其行为方式也千差万别，因而需要不同的调整方式。这就是说，从不同的角度看，伦理关系的道德调整有不同的方式类型。

（一）约束性调整和导向性调整

约束性调整与导向性调整是由道德规范的不同内容以及主体履行义务的不同行为所决定的道德调整伦理关系的方式。其中，约束性调整又可称为禁止的方式，即要人们承担不实施一定行为的义务；导向性调整又可称为积极义务的方式，即要求主体做出某种行为、承担做出某种积极行为的义务。

"道德具有规范和约束作用，这种作用只能通过义务体现出来"③。可见，道德规范在内容上一般表现为要求主体履行做出或不做出某种行为的义务，包

---

① 黑格尔：《法哲学原理》，商务印书馆 1961 年版，第 263 页。
② 同上，第 261 页。
③ 余涌：《道德权利研究》，中央编译出版社 2001 年版，第 21 页。

括禁止性规范和命令性规范两大类。禁止性规范就是禁止主体做出某种行为的规范,它针对的都是消极行为,即主体不应该做的行为。因此,与命令性规范的调整方式相比,禁止性规范的调整方式主要是对主体行为的一种约束,即禁止主体做出一定的行为。这种以对主体行为的约束为主要内容的调整方式就是约束性调整。命令性规范则是要求主体必须履行做出某种行为的义务的规范,通过肯定的方式来表达,表现为对主体行为的一种导向,即主体必须做出一定的行为。因此,命令性规范在调整伦理关系的实践中,以对主体行为的肯定性导向为目标,即通过命令性规范的调整,引导主体做出一定的行为,履行一定的义务。这种以对主体行为的肯定性导向为目标的调整方式就是导向性调整。

约束性调整与导向性调整是道德调整最重要、最基本的方式。这是因为,伦理关系体现的是主体间的职责与义务关系,道德调整的直接目的无非就是要促使主体双方都履行各自的职责与义务。但在现实的社会生活中,由于各种主客观原因,主体对权利往往会主动追求,而对义务的履行却相对消极。同时,从权利与义务所涉及的后果来看,虽然权利也关涉到伦理关系双方甚至集体的价值取向,但它最直接、最主要的首先意味着个人利益的实现,因而即使没有外力的作用,主体也可能受利益的驱动而积极主动地去追求;而义务的产生和履行不以获取某种权利为目的,它更多地关涉到集体的或公共的价值取向,主体履行义务,意味着他人权利的实现和自身的付出。这样的反差导致主体履行义务的主动性、积极性会远不如对权利的追求。而约束性调整与导向性调整两种方式,都是着眼于伦理关系主体双方的义务,目的就是要促使双方履行各自的义务:即在积极义务或禁止的方式下,要求主体履行一定的积极义务或消极义务。正是在这个意义上我们说,这两种调整方式是道德调整最基本、最重要的方式。

(二)激励性调整与惩罚性调整

从调整时效的角度看,约束性调整与导向性调整都或者是事前调整或者是事中调整。在伦理关系中,当主体根据道德规范的要求履行了义务,或者不遵守道德规范、不履行义务时,需要对主体采取或奖励或惩罚的措施。麦金太尔说:"应得赏罚的概念只有在这样一个社会共同体的背景下才适用,即该共同体的基本联结物是对人而言的善和共同体的利益这两者有一个共同的理解,个人根据这种善和利益制定自己的根本利益。"① 就伦理关系而言,激励性调整

---

① 麦金太尔:《德性之后》,中国社会科学出版社 1995 年版,第 315 页。

和惩罚性调整就是根据主体是否按照善的目标，是否按照关系双方的共同利益以及社会的整体利益来认识和处理伦理关系，即"制定自己的利益"，而确定的调整方式。就是说，在约束性调整与导向性调整的"事后"，还需要通过激励性调整或惩罚性调整，对主体履行义务的道义行为予以奖励，对主体不履行义务的行为予以惩罚，以促使主体在以后认识和处理伦理关系的时候，能够坚持道德的行为，纠正不道德的行为。

1. "善行"与激励性调整

激励性调整是由道德规范的道义内容以及主体出于纯道义目的的高尚道德行为所决定的道德调整伦理关系的方式。一般地说，在道德生活中遵守道德规范的人可以分为两大类，"一类是按照普通的道德标准遵守着政府的种种道德指令，过着一般水平的道德生活"，"还有一类人按照完美的道德标准遵守着政府的种种道德指令，过着高尚的道德生活"[①]，前者是普通公民，后者是道德典范。事实上，从"奖励"的本义来说，激励性调整包括两个方面：一方面是主体履行义务的结果即享有的权利，这是伦理关系中主体履行义务背后自然应该受到的道德调整机制内部的奖励；另一方面则是主体所做出的自己在一定伦理关系之中所应履行的义务之外的纯道义的高尚道德行为所应受到的奖励。但是，作为道德调整方式的激励性调整主要是指后一方面。这是因为，主体是否选择高尚的道德行为，与自身在伦理关系中应该履行的义务无关，他完全可以选择做，也可以选择不做。对这种出于纯道义目的的高尚道德行为，主体即使不做，社会对他也无可厚非；当然，主体如果做了，社会理应对他予以奖励。这是道德调整应该表明的对这种行为的基本态度，其实质是对选择高尚道德行为的一种引导措施。只有高扬高尚的道德行为，才能在全社会形成追求高尚的道德氛围，激励人们选择高尚的道德行为。

2. "恶行"与惩罚性调整

可以说，只要有规范，就一定有与规范相关的惩罚性措施。否则，规范就会由于仅仅停留在正面的说教上，缺乏对"恶行"的惩罚和制裁而最终得不到落实。道德规范也不例外。道德调整中的惩罚性方式就是针对伦理关系主体不遵守道德规范、不履行道德义务的"恶行"而言的。"恶行"即不道德的行为，是主体出于非善的或者恶的动机而做出的对他人、集体和社会不利甚至有严重危害的行为。只要有"恶行"存在，就必须有对它的控制措施，因此，

---

① 丁大同：《国家与道德》，山东人民出版社2007年版，第202～203页。

从广义上说，道德规范本身也是对"恶行"的一种监督和控制措施。对于"恶行"，在量上我们大体可以把它分为"非善"、"小恶"、"大恶"、"极恶"等各种不同的层次。对于不同层次的"恶行"，社会在道德评价上应该区别对待，因而在实施惩罚性调整的具体程度上也要区别对待。当然，道德的惩罚性措施主要是一种"软惩罚"，它不同于法律的强制性措施，它主要表现为社会舆论根据道德规范的尺度对"恶行"进行谴责和贬抑，向主体传递恶行的负面价值信息，迫使主体接受来自外部的善恶判决，从而认识到自己行为的不道德性，进而纠正自己不道德的行为，达到道德调整的目的。

（三）自主性调整与强制性调整

这是由道德规范的功能以及主体对道德的态度及行为方式所决定的道德调整的方式。从道德规范的功能上看，由于它的产生是源于调整人类社会生活和伦理关系的需要，因此，任何时代的道德，无论是对个体主体还是对社会主体都既具有工具性价值又具有目的性价值，是工具性价值和目的性价值的统一。具体地说，对个体主体而言，道德的工具性价值主要表现为它是完善个体人格、实现个人幸福的重要手段；道德的目的性价值主要表现为它是个体人格完善的核心内容，也是人的全面发展的重要标志。对社会主体而言，道德的工具性价值主要表现在它是社会有序运行的重要手段；道德的目的性价值主要表现为它是社会良好道德风尚和精神文明的重要标志，提高全社会成员的道德水平和道德境界是社会发展的重要目的。从道德规范对个体主体的价值看，主体无论是出于道德对自身的工具性价值考虑，还是出于对自身的目的性价值考虑，都会自觉认同道德的要求，并把道德规范的外在要求化为自己的行动指南，从而使自己的行为与道德规范的要求保持一致，这实质上就是自主性调整。从道德规范对社会主体的价值出发，社会无论是出于道德对自身的工具性价值考虑，还是出于对自身的目的性价值考虑，都会按道德规范的标准或尺度，要求主体做出或不做出一定的行为，当主体的行为违背道德规范的要求时，社会就会通过一定的强制措施对这些恶行予以惩罚和纠正，这就是强制性调整。

有人认为，道德调整不存在强制性调整。我们认为，这是从道德调整与法律调整相比较的意义上说的。但从一般意义上说，"义务的确存在强制性与非强制性之分，这不只是表现在法律义务和道德义务的区分上，也表现在道德义务自身的区分中，当然，在这两种区分之间，强制与非强制的含义是不同的。"① 从主体对道德的态度上看，当主体把自身的权利义务与道德要求相对应，道德规范就会自然地被内化为主体内心的"法则"，道德就会对主体产生一种自主性调整的效应，在伦理关系中主体无论是享有权利还是履行义务的行为就会自觉地与道德规范相一致，做到以道德规范的要求作为自己行为的要求。这就是自主性调整。如果主体把自身的权利义务与道德要求相对立，道德规范就会与主体内心的准则相背离，主体在行为选择上就可能与道德规范相背离，从而产生"恶行"。对于"恶行"，就需要强制性措施予以调整。显然，自主性调整实质上就是主体自身对遵守道德规范、履行道德义务等合道德的行为的一种肯定和褒扬，强制性调整则是对违反道德规范的恶行的一种否定和纠正。

（四）实然性调整与应然性调整

这是由道德规范的实然性与应然性相统一的特质以及道德调整的状态所决定的道德调整的方式。实然性调整源于道德规范的实然性以及由此形成的道德调整的实然状态；应然性调整则源于道德规范的应然性以及由此形成的道德调整的应然状态。从伦理关系的角度看，道德规范的实然性表明，道德规范作为一定伦理关系和客观道德要求的反映和概括，表达的是现实伦理关系和社会道德生活的实际状态。这是道德规范对伦理关系发挥调节作用的出发点。这一出发点决定了相应的道德调整是一种实然性调整，它采用"必须"、"必须不"之类的语词来表达，旨在促使主体适应伦理关系的客观要求，按照社会道德生活的实际状态和本来面目来认识和处理各种伦理关系。

道德规范不仅具有实然性，而且具有应然性，这是更为重要的方面。从伦理关系的角度看，道德规范的应然性表明，道德规范不仅是对现实伦理关系和社会道德生活实际状态的概括，更是人们对未来伦理关系和道德生活理想状态的期盼。这是道德规范对伦理关系发挥调整作用的更高层次。这就是说，仅有实然性的道德调整是远远不够的，实然性调整必须上升到应然性调整，才能真正发挥道德调整的功能。而且，道德调整的作用更重要的是体现在应然性调整之中，它采用"应该"、"不应该"等语词来表达，旨在说服、感化主体，唤起主体的良知，从而使主体在处理各种伦理关系的时候能够按照道德规范的应然性要求，自觉履行伦理义务，甚至积极选择那些出于纯道义的高尚道德行为，从而使人与人之间的伦理关系以及社会道德生活朝着理想的目标迈进。

① 余涌：《道德权利研究》，中央编译出版社 2001 年版，第 72 页。

（五）个别性调整与一般性调整

这是由用以调整伦理关系的道德规范的适用范围所决定的道德调整的方式。其中，个别性调整是一事一规则的调整方式，即一定的道德规范专门调整一种伦理关系。这种调整方式从一定道德规范起作用的对象和范围上看，它仅限于"一事"，即一种伦理关系；从调整的效力和后果上看，也仅仅对这一种伦理关系起作用。这种调整方式最初是在人类认识能力不高、处理伦理关系的预见性不强的情况下产生的，存在明显的局限性：一事一规则本身可能意味着对相同行为的不同评判，从而导致事实上的不公平，引起人们心理不平衡，难以为人们自觉、自愿地接受，调整的效果会大打折扣，加上调整的成本过高，必然为一般性调整所取代。

一般性调整是凭借一般性的道德规范对具有大体相同或相似情形的伦理关系进行的调整。一般性调整是随着人类认识能力的提高，人们处理伦理关系的实践经验越来越丰富，处理伦理关系的预见性大大增强的基础上产生的。人们对同类伦理关系进行过多次反复调整之后，就确立了一般性的道德规范，用以调整某一类伦理关系。与个别性调整比较而言，一般性调整具有个别性调整无法比拟的优势：不仅大大降低了调整成本，而且由于一般性调整本身意味着同类伦理关系、同一类行为受到相同方式的评判，自然保证了相对的公平，人们就能从内心认同并自觉接受道德调整，从而在一定程度上能够保证道德调整的实效。

二、道德调整伦理关系的目标

道德调整作为社会调整一种不可或缺的重要方式，在现实社会生活中，对人们的社会活动和利益关系有着巨大的调节作用。正如马克思所指出的，道德是人类以"精神—实践"的方式把握世界的一种特殊手段。它从现实出发，注重于实践，却又指向理想；它以规范为基本形式，以价值为实践指向，为人们的行为选择和关系协调提供一种价值支撑。可见，道德调整是以人们的行为和关系的和谐为直接目标的。就伦理关系而言，人们实施正确的道德行为是实现伦理关系和谐的根本条件，因此，道德调整的直接目标可以概括为伦理关系的和谐。同时，道德调整的目标并不仅仅局限于具体伦理关系本身，从社会伦理关系的整体看，道德调整的最终目标是要形成良性伦理秩序。

（一）道德调整的直接目标：和谐伦理关系

道德调整作为伦理关系调整的基本手段，伦理关系本身就是道德调整的对象，因此，道德调整的直接目标就是伦理关系的和谐：道德调整就是要通过社会道德赏罚、评价、教育等方式，向伦理关系主体传递善恶价值信息和褒贬态度，培养主体的道德责任感和善恶判断能力，确立行为选择的正确价值取向，从而正确认识和处理与他人、集体、社会之间的伦理关系，推动主体与主体之间的伦理关系和道德行为实现从"现有"到"应有"的转化，实现伦理关系的和谐。

毋庸讳言，和谐历来是人们努力追求的价值目标和社会理想。儒家思想的出发点就是人伦关系，德治的目标就是实现社会和谐，而社会和谐是以人与人之间关系的和谐为基础的。儒家把"和而不同"① 作为理想人格的重要标准，强调"君君、臣臣、父父、子子"，目的也是要实现人伦关系的和谐。在西方思想史上，从古希腊柏拉图的《理想国》到欧洲的空想社会主义，历代思想家都提出了各种和谐社会的蓝图，体现出对和谐社会理想孜孜不倦的追求。一般地说，和谐指的是一种"和而不同"的状态，即社会上存在着不同的利益主体，不同利益主体之间既存在不同的价值追求，又能和睦相处的一种相对平衡的状态。这就是说，和谐并不是说不存在不同的利益主体，也不是说不允许主体有不同的价值追求，或者说不允许差异、矛盾和冲突的存在，而是指不同主体的不同价值追求在社会核心价值观的引导下而形成的协调、平衡状态，不同主体的不同价值追求的差异、矛盾和冲突被控制在一定的程度和范围之内。

作为道德调整的直接目标，伦理关系的和谐指的是道德调整要力图实现的伦理关系主体与主体之间相互尊重、彼此信任、互助合作、和谐共处的状态。由于社会伦理关系包括人际、群体以及社会等三个层面，因此，对道德调整的直接目标即伦理关系的和谐，我们也可以从这三个层面分别予以考察。其中，人际层面伦理关系的和谐，是社会伦理关系和谐的基础。这是因为，伦理关系作为主体与主体之间的关系，最直接最基本的关系就是个人与个人之间的关系即人际关系，或者说伦理关系总是首先表现为个人与个人之间的关系。无论是西方还是中国，伦理关系都是从人际层面逐渐向群体层面再向社会层面推展开去的。因此，道德调整的首要目标就是要实现人际层面伦理关系的和谐。所谓人际层面伦理关系的和谐，在具体伦理关系中表现为，伦理关系的每一主体都能自觉履行自己的义务，从而实现双向对等的权利与义务关系；在社会范围内则表现为，每个社会成员享有公平、对等的权利和义务关系，从而保证每个社会成员之间在没有根本利益冲突的前提下平等竞争、相互依赖、共同前进。

---

① 《论语·子路》。

群体层面和社会层面的伦理关系也是人们必须处理的基本伦理关系，因此，个人与群体、个人与社会之间伦理关系的和谐也是道德调整的重要目标。个人与群体、个人与社会之间的伦理关系，在现实性上归根结底是个人利益与集体利益、个人利益与社会整体利益的关系问题。因此，所谓个人与集体、个人与社会之间伦理关系的和谐，指的就是个人利益与集体利益、个人利益与社会整体利益之间辩证统一、和谐共生的关系，或者说是在个人与集体、个人与社会之间建立起真实性的联系：集体、国家不仅能够真正代表集体和社会整体利益，而且能够真正代表各社会成员的个人利益。具体地说，一方面，集体和社会应该能够给每个人以追求幸福和自由的充分权利，能够为每个人提供发展个性和发挥才能的机会和社会平台，能够给每个人提供维护和实现其价值所必需的公正、和谐的社会环境；另一方面，每一个人都能根据自身的条件和能力，为集体和社会提供相应的服务，在增进集体和社会利益的基础上增进自己的正当利益；当个人利益与集体、社会整体利益发生冲突的时候，自觉服从集体和社会整体利益，必要时不惜作出个人牺牲。

从实质上看，道德调整的直接目标是通过促使伦理关系中主体双方义务的履行，使伦理关系中的"应该"转化为主体道德行为和伦理关系的现实。这是因为，伦理关系的和谐，是以主体双方都做出正确道德行为为前提的。所谓正确的道德行为，无非就是指主体的道德行为合乎自己在该伦理关系中所处的角色身份，即根据社会对伦理关系主体的角色期待和角色要求履行相应职责与义务的行为，它具体表现为主体遵守道德规范，按照道德规范对双方职责与义务的规定，履行相应的职责和义务。正是在这个意义上我们说，以伦理关系主体双方义务的履行为基础的伦理关系的和谐是道德调整最直接、最基本的目标。

（二）道德调整的一般目标：良性伦理秩序

什么是伦理秩序？这是我们在下一章要集中论述的问题，这里暂不作讨论。但就道德调整的目标来看，伦理秩序是道德调整的一般目标；如果我们把伦理秩序放在道德调整的全过程来考察，可以说伦理秩序是道德调整的最终目的和结果。作为道德调整的最终目的和结果，伦理秩序一经形成，它就作为一个相对独立的方面与道德调整相对应。道德调整与伦理秩序的对应关系主要表现为两个方面：一方面，用以调整伦理关系的道德规范体系的不同性质，不同国家和社会道德调整的不同性质和特点，往往决定着伦理秩序的不同性质和特点；另一方面，由于现实经济、政治、法律等发展的差异，也由于历史文化传统的不同，不同国家和社会的伦理秩序都会呈现出不同的面貌，有的甚至存在明显的界限。

当然，说伦理秩序是道德调整的目的和结果，并不意味着道德调整与伦理秩序始终是一一对应的关系。事实上，在现实社会生活中，伦理秩序与道德调整在更多的情况下并不是一一对应的，伦理秩序的形成与道德调整往往并不完全同步。从某种意义上说，每一社会的伦理秩序都不是固定不变的，而是一个不断发展变化的状态和过程。即使每一种道德规范体系都能形成与之相对应的伦理秩序，但这都还只是伦理秩序的局部，而不是整体。伦理秩序的整体，就一个国家而言，是整个国家的社会伦理关系的有序化状态；而就整个世界而言，则是人类社会伦理关系的有序化状态。这种有序化状态既包括伦理秩序的现实状态，也包括伦理秩序的理想状态。正是在这个意义上说，伦理秩序是一个永无止境的发展过程。显然，这种伦理秩序的整体并不是道德调整所能产生的直接效果，或者说，在更多的情况下，伦理秩序并不与道德调整一一对应。

尽管如此，我们仍然不能否认道德调整是伦理秩序形成不可或缺的重要因素；伦理秩序是道德调整的最终目标。从深层次的意义上看，伦理秩序之所以是不断发展变化的，正是由于道德调整下人与人之间的伦理关系以及人们的道德行为都是不断变化的。为了实现自己的直接目标和一般目标即和谐伦理关系和良性伦理秩序，道德调整要经历从道德合理性的设定，到道德合理性的展开，再到道德合理性的实现等各个环节。人类伦理关系和伦理秩序正是在这一过程中实现自身的发展演变的。

第四节　道德调整的机制

道德调整作为一个由一系列要素构成的系统，自身内部诸构成要素之间及其与外部环境之间都是相互联系、相互作用的。因此，我们考察道德调整的机制，实际上就是考察道德调整作为一个系统，其内部诸构成要素之间及其与外部环境之间的有机关联性。前者即道德调整伦理关系的内部机制，主要考察道德对伦理关系发挥作用的过程；后者即道德调整伦理关系的外部机制，主要考察影响道德调整伦理关系的各种外部因素。

一、道德调整机制的含义

"机制"本来是工程学的一个概念，指的是机器的构造、工作原理和运转方式。后来生物学、医学借以表示有机体的构造、功能及其相互之间的关系。

现在，"机制"一词被许多学科广泛使用，用来表示其研究对象作为一个系统，"渗透在各个组成部分中并协调各个部分，使之按一定方式运行的自动调节、变应的功能"①，即系统自身内部各构成要素之间以及它与外部诸相关因素之间的相互联系、相互作用的关系及其运行方式。可见，"机制"一词主要是一种从整体动态的角度出发，来表达事物内外各环节、各要素之间的因果联系和运行状况，这一概念清晰地表达了事物的整体性和运动性特征。本文要探讨的道德调整的机制就是在这个意义上使用的。

如前所述，当我们把道德调整作为一个整体来考察时，道德调整是一个由主体、内容及对象等要素构成的系统或过程；当我们把道德调整放在整个社会调整中来考察时，道德调整与法律调整、政策调整以及习惯调整等共同构成社会调整的有机系统；当我们把道德调整放到人们的社会生活中去考察时，道德调整则受社会环境的影响和制约。因此，所谓道德调整的机制，就是指道德调整作为一个系统或整体，在自身内部诸构成要素之间以及它与外部环境诸因素之间有机关联性的基础上，而形成的相互联系、相互作用和运行方式。

可见，道德调整机制是一个从整体动态的角度来考察道德调整各种内外因素相互联系的概念，其各种内外因素和整体运行方式具有以下明显特点：

一是系统性。上面提到，"机制"一词表达的是事物作为一个系统或整体，其内部各构成要素之间及其与外部环境之间的相互联系和运行方式。道德调整的机制也是在这个意义上说的，因而具有系统性特点。道德调整的作用只有在整体或系统中才能充分发挥出来。因为道德调整的作用不是其各构成要素的简单相加，而是在其诸构成要素有机结合的基础上形成的系统。道德调整机制的概念本身就包含着道德调整内外各方面的关系。

事实上，道德调整的各构成要素之间、各构成要素与整体之间以及道德调整整体与所处的外部环境之间都存在相互联系、相互作用的关系，这一切对道德调整功能的发挥都有重要影响。具体地说，道德调整内部各构成要素的状况对道德调整整体功能的发挥有重要影响；内部各要素之间的相互联系和相互作用的状况一方面离不开整体，反过来对整体作用的发挥也有重要影响；道德调整作用的发挥还离不开它所处的外部环境，包括社会经济、政治、文化的发展状况。

二是层次性。道德调整是一种特殊的社会调整。社会调整是一个由多个不

---

① 张小平，王玉珠：《社会主义协调机制与改革》，《新华文摘》1988 年第 1 期。

同系统构成的大系统；道德调整机制作为社会调整大系统中的一个子系统，又是由许多相互联系的环节或要素构成的。如果我们把构成道德调整的各环节或要素也当做系统来考察，这些环节或要素还可以分为若干更小的环节或要素。这样，道德调整的机制就形成了多层次的局面。具体地说，道德调整机制的层次性，我们大体可以从三个层次来考察，即宏观总体上用道德的手段对伦理关系进行调整，中观层次上通过道德原则或规范对某一类伦理关系进行调整，以及微观层次上通过具体的道德评价或道德赏罚对某一具体的伦理关系进行调整。

三是有序性。道德调整本身是一个过程性的概念：道德调整是由一系列环节构成的，每一个环节反映的都是道德调整的具体过程。道德调整作为一个系统，各环节之间存在一定的顺序性。具体说来，道德调整一般要经历道德规范的建立、道德规范对伦理关系的作用、伦理的权利与义务实现等主要环节。只有实现道德调整各个环节的有机统一，才能形成道德调整的完整机制。道德调整机制的过程性说明，在道德调整的过程中，虽然需要主体的意志努力，但也有自身的客观规律。要充分发挥道德调整的功能，必须在遵循这一规律的基础上，充分调动主体的积极性和创造性。

四是目标性。道德调整具有明确的目标指向，这一目标指向是通过它的具体机制来具体体现的。具体地说，道德调整内部各构成要素、道德调整过程中的各个环节以及道德调整外部环境诸因素的相互联系、相互作用，最终目的就是要实现内构环节和要素结构的优化、内外因素的最佳结合，从而真正发挥道德调整的功能，正确指导或纠正人们的行为和活动，协调人与人之间、个人与集体之间的关系，实现伦理关系的和谐。

从道德调整机制的概念我们可以看到，道德调整的机制总体上主要包括两个方面的内容：一方面是道德调整作为一个整体，自身内部各构成要素之间的相互联系、相互作用和运行方式；另一方面是道德调整与所处的外部环境各因素之间的相互联系、相互作用。前者构成道德调整的内部机制，即道德调整作为一个系统基于内构诸要素和环节之间的相互联系和相互作用而形成的机制；后者构成道德调整的外部机制，即道德调整基于同外部环境诸因素之间的相互联系和相互作用形成的机制。

二、道德调整的内部机制

作为一个系统或整体，道德调整系统内部各要素之间是相互联系、相互作用的。道德调整的内部机制指的就是道德调整系统内部各要素之间的有机关联性，它表现为一个由道德合理性的设定——道德规范的形成与效力、道德合理性的展开——道德的运行与实效、道德合理性的实现——主体间伦理的权利与义务实现等三个环节构成的完整过程。

（一）道德调整伦理关系的基本根据①

道德调整作用于伦理关系的根据主要有三个方面：第一，伦理关系本身的应然性。如前所述，伦理关系不仅具有实然性，而且是一种应然性的社会关系；作为伦理关系内核的主体意识不仅包括对自己与他人、集体、社会之间关系"是怎样"的认识，而且包括对自己与他人、集体、社会之间的关系"应该怎样"的认识。因此，在伦理关系中，对主体双方而言都是一种"应该怎样"的行为要求，这种"应该怎样"的行为要求显然不仅仅是最基本和最起码的要求，而是包括了一些高层次的要求。从另一角度看，这种高层次的要求就是道德的要求。伦理关系本身的应然性说明，道德是维系和调整伦理关系不可或缺的基本手段。这是道德调整伦理关系的必要性。

第二，道德调整伦理关系的可能性在于道德本身对伦理关系的依存性。如前所述，伦理关系是道德的存在论基础：道德产生于伦理关系之中，伦理关系既是道德产生和存在的基础，又是道德所要调整的重要对象。道德原则和规范的确立必须以伦理关系本身为根据。可见，道德本身对伦理关系具有很强的依赖性。从这个意义上可以说，没有伦理关系就没有道德；没有伦理关系，道德也就失去了存在的意义。正因为道德原则和规范的确立是以伦理关系本身为依据的，这就决定了道德可以适应伦理关系调整的客观要求，应该能够满足伦理关系调整的实际需要。

第三，道德调整作用于伦理关系更重要的根据，在于道德与伦理关系的同构性，即用以调整伦理关系的道德原则和规范与伦理关系本身在应然性方面的一致性。这就是说，要真正说明道德调整伦理关系的根据，必须回到道德本身，从伦理关系的调整手段——道德本身中去寻找。道德与伦理关系的同构性主要表现为道德与伦理关系主体需要的同构及其与伦理关系中主体间伦理的权利与义务的同构两个方面。道德与伦理关系主体需要的同构，是指道德是主体需要的一种规范表达。主体的需要虽然是多方面、多层次的，但其中也一定存

---

① 这一问题在本章第一节实际上已经涉及到了。道德与法律之所以是伦理关系调整的两种主要手段，是由伦理关系调整的客观要求和道德、法律调整的特点决定的。道德调整对象的广泛性、调整方式的内在性及其非强制性等特点，决定了它是伦理关系调整的基本手段。显然，这也是道德调整伦理关系的基本依据之一。

在共同性的内容和规定。道德就是对主体需要中共同性内容和规定的一种规范表达。道德与伦理关系中主体间伦理的权利与义务的同构，则是指道德也是对主体间伦理的权利与义务的一种规范表达。与主体需要相比，主体间伦理的权利与义务作为伦理关系的实质性内容，也包含着一些基本的规定性。道德的要求与主体间伦理的权利与义务的基本规定也是一致的。

（二）道德调整伦理关系的基本原理

道德调整伦理关系的基本原理大体有两个方面：一是道德对伦理关系的可规范性；二是伦理关系主体对道德内容的可接受性。这就是说，道德原则和规范首先必须能够表达伦理关系调整的客观要求；但仅此还不够，道德原则和规范的内容还必须具有可接受性。这是因为，道德规范即使表达了伦理关系的客观要求，如果伦理关系主体在实践中不能接受，再好的道德规范对伦理关系也不能起到有效的调整作用，因为在实践中，道德原则和规定未必一定能够符合主体心中对"善"的追求。因此，只有实现二者的统一，道德对伦理关系的调整才可能顺利进行。

具体地说，道德在调整伦理关系中这两个方面的关系有三种情况：一是把着力点放在道德的可规范性上，即从道德对伦理关系的可规范性出发，做到道德对伦理关系调整要求的客观反映，从而实现主体对道德内容的自然接受；二是把着力点放在道德的可接受性上，即从主体对道德规范的可接受性出发，认为只有主体能够接受的道德规范，才是对伦理关系要求的客观反映；三是二者结合、互补互致，即道德不仅要反映伦理关系调整的客观要求，而且要尽可能地为主体所接受。显然，这是二者关系的理想状态。因此，如何实现二者的结合和统一，是道德更好发挥对伦理关系调整功能的关键所在。

道德调整伦理关系基本原理的两个方面是缺一不可的。道德如果不能对伦理关系的规定性予以客观反映，它必然被伦理关系的规定性所抛弃；反过来，道德如果不能反映主体的需要，从而不能被主体所接受，即使它反映的是伦理关系的客观规定性，也仍然只能被主体所抛弃。从二者的关系来看，二者应该尽可能实现统一与互致。否则，二者就会发生分裂，道德就不可能对伦理关系作出真正有效的调整。

（三）道德调整伦理关系的主要过程

道德调整伦理关系的过程，是一个从道德规范的形成到主体间伦理的权利与义务实现的过程。这一过程主要包括以下三个环节：

1. 道德合理性的设定：道德规范①的形成与效力

如上所述，用以对伦理关系进行调整的道德既要对伦理关系具有可规范性，又要使道德的内容具有可接受性。这就是说，用以对伦理关系进行调整的道德应该是具有合理性的道德。而用以调整伦理关系的道德集中表现为道德规范，因此，我们考察道德合理性的设定，主要可以从道德规范的形成和效力两个方面进行。

我们知道，规范是人类社会生活中普遍存在的现象。可以说，规范无处不在，如行政规范、法律规范、宗教规范、道德规范等等。在人们的现实生活中，规范起着十分重要的作用，它是人们思想和行为的标尺。作为一种标准和准则，规范既可以是人们有意识制定的，也可以是人们约定俗成的。在古代社会，政治、法律、道德等各种规范都是联结在一起的，同一个规范可能既是政治规范、法律规范，也是道德规范。随着经济社会的发展，规范本身发生分化，形成了既相联系又相区别的政治、法律、道德、宗教等各种规范。可见，在社会规范体系中，道德规范是一个重要的组成部分。作为社会规范中的一种特殊类型，"道德规范是人们对自身生活、特别是对人与人之间的社会关系的理性思考和总结。"②

道德规范的形成是主客观因素共同作用的结果。在伦理关系中，道德规范作为主体必须遵守的道德标准和准则，既具有客观性，又具有主观性，是客观性与主观性的统一。从客观性方面看，道德规范是对这一伦理关系的反映和表现，因而它本身是不以主体的意志为转移的客观的道德标准和要求；从主观性方面看，作为伦理关系和客观道德要求的反映，道德规范无疑渗透着主体的主观意识，内蕴着人们的主观意识活动，并以道德概念、范畴、判断等主观形式存在。

道德规范一经形成，就会对伦理关系发生一定的效力。与其他规范相比较，道德规范的效力具有自己的特殊性。我们知道，道德规范与其他规范的一个重要区别，就在于它是一种非制度化的规范。众所周知，政治、法律等规范是由国家、阶级或政治组织制定出来的制度化的规范。尤其是法律规范，作为国家和统治阶级意志的反映和表现，必须以国家强制力为后盾保障实施。而道

---

① 这里讲的道德规范是包括道德原则在内的道德规范体系。在第二节我们曾指出，从规范的本来意义上说，道德原则也是道德规范，而且是整个道德规范体系中处于最高地位和主导地位的基本规范。

② 李德顺、孙伟平：《道德价值论》，云南人民出版社2005年版，第72页。

德规范不是由一定的机构或人员制定和颁布出来的，而是人们在长期的社会生活中积累下来的行为习惯、准则和要求，因而它主要是一种"软约束"，其实施不是靠国家强制力，而主要依靠社会舆论、传统习俗以及人们的内心信念，使之内化人们的情感、意志和信念，从而促使人们自觉、自愿地遵守。

2. 道德合理性的展开：道德的运行与实效

道德合理性的设定还只是道德调整机制的开始。要使道德规范对伦理关系真正发挥作用，必须使道德合理性得以充分展开。道德合理性展开的过程实际上是一个道德规范作用于伦理关系的过程。道德规范对伦理关系的作用过程，包括他律性与自律性两个方面。前者是道德规范对伦理关系主体及其行为的约束和导向作用；后者则是指把道德规范的外在约束和导向作用转化为伦理关系主体自身的内在约束和内在导向，从而使主体自身内在的意志约束成为自己认识和处理伦理关系的行为动因。

具体地说，道德规范对伦理关系的约束功能，指的是道德规范对伦理关系主体及其行为的制约作用。这表明，在伦理关系中，主体双方都没有绝对的自由，他们都要受到主体双方结合而成的共同利益的制约，受到外在道德规范的制约。具体到伦理关系的调整上，道德规范对伦理关系的约束，就是用以维护和促进伦理关系主体双方共同利益的道德对主体行为的节制与约束，从而使主体的任何一方在处理伦理关系的时候都不能"我行我素"。

道德规范对伦理关系的导向功能，也是道德规范他律性的重要表现。它指的是道德规范对伦理关系主体及其行为的引导作用。道德规范作为一种行为准则，在对伦理关系主体及其行为发挥约束作用的同时，实际上也是在引导主体的行为。道德规范的约束功能，是从"不应该"的角度，使主体认识到在处理伦理关系的时候，什么是自己所不能做的；而道德规范的导向功能，则是从"应该"的角度，使主体正确认识到在伦理关系中，自己应该做什么和应该怎么做。在具体伦理关系的调整上，道德规范对伦理关系的导向，就是使主体必须考虑对方和双方的共同利益，必须遵守道德规范，履行自己应该履行的义务。

道德规范对伦理关系的约束与导向功能，分别源于道德规范的实然性与应然性。道德规范的实然性表明，道德规范作为一定伦理关系及其客观道德要求的反映和概括，表达的是现实伦理关系和社会道德生活的实际状态；道德规范的应然性表明，道德规范不仅是对现实伦理关系和社会道德生活实际状态的概括，更是人们对未来伦理关系和道德生活理想状态的期盼。道德规范的实然性是道德规范对伦理关系发挥约束功能的出发点；道德规范的应然性则是道德规范对伦理关系发挥导向功能的出发点。

值得注意的是，道德规范的约束和导向功能是一个问题的两个方面，二者是"你中有我"、"我中有你"的关系，不能截然分开。事实上，道德规范对伦理关系的约束与导向功能是同时并存、同时发挥作用的，在这里我们之所以把它们进行分别论述，主要是在思维中从不同的角度来考察道德规范对伦理关系的作用过程。

道德规范对伦理关系的约束功能和导向功能，是道德规范他律性作用的两个基本方面。道德规范要发挥最佳效力，还必须把道德规范的外在约束和导向内化为主体自身的意志约束，即伦理关系主体自己的规律。这是因为，道德规范要真正发挥作用，必须使伦理关系主体对道德规范的外在约束和导向作用产生认同，既认识到道德规范所具有的他律性作用，又深感道德规范的这种功能正是自身所需要的，从而自觉遵守道德规范，把这种道德规范的要求贯穿到自己处理伦理关系的实际行为之中。正如康德所说的："有两种东西，我们愈时常、愈反复加以思维，它们就给人心灌注了时时在翻新、有加无已的赞叹和敬畏：头上的星空和内心的道德法则。"① 显然，康德赞叹和敬畏的"内心的道德法则"就是作为主体自身意志约束的道德规范。可见，主体只有真正认同、服膺道德规范的他律性作用，才能把这些外在的道德规范转化为自己内心的道德法则，从而使自身的行为动因由原来的外在约束和导向转化为主体自身内在的意志约束。主体对自身的意志约束，表现在伦理关系中，主体会根据相应道德规范的要求，把对方的需要和利益以及双方的共同利益摆在首要位置，从而自觉节制自己的个人欲望和利益，实现伦理关系的和谐。

3. 道德合理性的实现：主体间伦理的权利与义务实现

道德调整伦理关系的第三个环节是主体间伦理的权利与义务的实现，具体表现为伦理关系中主体双方职责与义务的履行，其实质就是在道德调整过程中主体职责与义务在主体道德行为中的具体落实。其特点是把包含在道德规范中的应然性要求即道德规范对主体设定的职责与义务，转化为伦理关系主体之间的具体行为尺度，并落实到主体的实际行为之中，通过主体的实际行为，使道德规范对主体设定的职责与义务在伦理关系及其主体行为中得以履行，从而使伦理关系的"应该"转化成主体道德行为和伦理关系的现实，道德调整伦理

---

① 康德：《实践理性批判》，商务印书馆 1960 年版，第 164 页。

关系的过程得以完成。

值得注意的是，以上三个阶段只是道德调整伦理关系的一般过程，是在伦理关系主体能够遵守道德规范的合道德行为的基础上完成的。在现实社会伦理关系的调整中，并非所有的道德调整都是在主体具有充分的道德自律性、能够遵守道德规范而不需要外在强制的情况下就能实现的。也就是说，在道德调整伦理关系的过程中，并不是有了道德规范，主体都能自觉遵守，都能按照道德规范对主体设定的行为尺度来履行职责和义务，也可能出现各种障碍。这就需要通过一定的外在强制措施，迫使主体按照道德规范的要求来处理伦理关系。我们可以把道德调整伦理关系一般过程之外的这一阶段称之为道德调整的补充阶段或机动阶段。这一阶段我们不妨借用一个法学的概念，称之为道德的"适用"阶段。

这样，我们就可以把道德调整伦理关系的完整过程用如下的图式来表示：

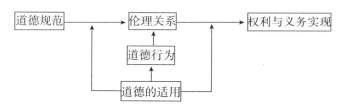

道德调整伦理关系的过程

三、道德调整的外部机制

道德调整的外部机制非常复杂。归纳起来，影响道德调整的外部因素主要包括三个方面：一是经济与社会发展水平和经济、政治、文化等各种社会制度。这是道德调整得以进行并发挥作用的社会基础，从根本上决定着道德调整的性质，深刻制约着道德调整功能的发挥。二是社会意识，包括政治的、法律的、文化的、道德的以及宗教的等各种形式。其中，对道德调整来说最为重要的是社会道德意识。在一定程度上可以说，社会条件对道德调整的作用和影响集中体现在社会道德意识之中，它既独立于道德调整之外，对道德调整起着重要的引导和评价作用，又能渗透到道德调整的各个阶段，成为道德调整机制各环节和要素中不可或缺的重要因素。三是社会传播工具，这不仅是我们培养人们道德意识的重要工具，也是使人们接受并自觉遵守道德规范的重要条件，同时还是道德调整信息反馈的重要渠道。

影响道德调整的外部因素虽然复杂，但我们只要把不同的外部因素对道德调整的影响和作用综合起来，仍然可以从总体上把握道德调整外部机制的大致轮廓。具体地说，道德调整的外部机制主要表现为以下三个方面：一是内容上的互涵机制，即道德调整的内构要素与外部因素之间相互包含、相互渗透、相互影响、相互作用的关系。比如，在一定的社会历史条件下，用以进行道德调整的道德原则、道德规范与政治、法律、宗教规范之间往往是相互渗透、相互包含、相互贯通的。如中国古代的"三纲五常"，既是重要的政治准则，又是重要的道德准则；今天，"正义"既是一个重要的政治目标，也是一个重要的法律目标，同时还是一个重要的道德目标。因此，我们在考察道德调整的外部机制时，必须十分重视与其他社会因素内容上的互涵关系。

二是功能上的互补机制。这是说道德调整作为一个系统对外发挥的社会功能，与其他外部因素的社会功能之间存在相互联系、相互作用、相互补充的关系。比如，道德调整与法律调整功能上的相互补充，就是一个典型的表现。前面提到，道德调整与法律调整各有自己的优势与不足，当法律调整无能为力的时候，就需要道德调整予以补充，当道德调整无能为力的时候，就需要法律调整予以补充。同样，道德调整与其他外部因素之间在功能上也存在不同程度的互补关系。

三是目标上的互致机制。如前所述，道德调整是有明确目标的，其他社会调整和社会因素也都有自己的目标。道德调整的目标与其外部因素的目标之间也存在相互影响、相互制约的关系。道德调整目标的确定要以外部因素的目标为参照，道德调整目标的实现也要以外部因素目标的实现为外部条件；经济、政治、文化等外部因素目标的确定也要考虑道德的因素，道德调整目标的实现是经济、政治、文化等目标实现的道德基础。反过来说，经济、政治、文化等外部因素的目标如果不能实现，对道德调整目标的实现也会有不同程度的负面影响；反之亦然。

当然，道德调整外部机制的各个方面对道德调整的影响和作用有不同的性质和程度。从性质上看，道德调整外部机制有影响力的正负之分。一般地说，当道德调整与其外部因素具有相同的社会性质时，这些因素会对道德调整起积极的促进作用；当道德调整的与其外部因素具有不同的社会性质时，这些因素会对道德调整起消极的阻碍作用。因此，我们必须努力为道德调整创造具有相同社会性质的外部机制，避免不同社会性质的外部机制，只有这样，才能保证道德调整在一个良好的社会环境下进行。从程度上看，道德调整外部机制有作用力的强弱之别。这主要取决于外部各因素在整个社会生活中的地位和作用。

比如，在不同的时代，政治、法律、宗教等因素的地位和作用是不同的，即使在同一个时代，它们在社会上所处的地位和作用也不一样。在古希腊，城邦政治对道德的影响总体上大于其他因素对道德的影响；在欧洲中世纪，宗教对道德的影响又远远大于政治与法律对道德的影响；近代以后，法律对道德的影响又开始凸显。各种外部因素在社会生活中的不同地位和作用，决定了它们对道德调整影响和作用的不同强弱程度。这就要求我们在考察道德调整的外部机制时，要突出重点，着重抓住那些对道德调整影响大、作用力强的因素。

最后，需要指出的是，伦理关系道德调整的内部机制与外部机制都是不可或缺的。就二者的关系而言，内部机制是基础，是起决定性作用的机制，作为道德调整伦理关系的基本环节和过程，它从根本上决定着道德调整的结果和总体面貌。外部机制虽然也不可或缺，在特定的时期或特殊的历史条件下，外部因素其至也可能对道德调整发生决定性的作用。比如，在欧洲中世纪，由于一切都处于神学的禁锢之下，人与人的伦理关系也被完全归于人与神的关系，在这样的条件下，宗教对道德调整的影响在很大程度上是决定性的。但从总体上看，与内部机制相比较而言，外部机制是次要的，作为影响道德调整的外部因素，它必须通过内部机制才能起作用。

第五章

伦理秩序

伦理秩序是道德调整的目的和结果，也是我们研究伦理关系的落脚点。因此，研究伦理关系及其调整问题，最后必须落实到伦理秩序。

第一节　伦理秩序：伦理关系的特定表现形态

伦理秩序是伦理与秩序的结合：用秩序来表达伦理关系和人们道德行为的有序化和规则化状态，即为伦理秩序。可见，伦理秩序与伦理关系是两个密切联系在一起的概念：伦理关系是伦理秩序的存在论前提，伦理秩序作为道德调整的目的和结果，是伦理关系的特定表现形态，二者互为表里。

一、伦理与秩序的不解之缘

伦理与秩序是密不可分的：伦理即人伦关系以及维系这种人伦关系应该遵循的行为规范和准则；秩序包括自然秩序与社会秩序两大类，其中，社会秩序是在一定社会规范的作用下形成的社会关系的有序化状态和人们行为的规则化状态。用秩序来表达伦理关系和人们道德行为的有序化和规则化状态，即为伦理秩序。

（一）秩序与社会秩序

在古代，"秩"和"序"表达的都是某种规则化和有序化的状态。其中，"秩"是常规的意思，如"宾之初筵，左右秩秩"①。"序"是次序的意思，如孟子说的"长幼有序"②，庄子说的"春夏先，秋冬后，四时之序也"③，其中的序都是次序意思。后来，秩序连用作为一个词被广泛运用，成为反映社会生

───────────────

① 《诗经·小雅》。
② 《孟子·滕文公上》。
③ 《庄子·天道》。

活有序性的一个基本概念。

目前，秩序一词在经济学、政治学、法学、社会学以及伦理学等各个学科领域都广为使用，但究竟什么是秩序，学术界仍然众说纷纭。一般认为，秩序是自然界和人类社会发展进程中的规则性、稳定性、协调性。比如，有学者认为，秩序是指"在自然进程和社会进程中都存在着某种程度的一致性、连续性和确定性。"① 有学者认为，"秩序是指自然界和人类社会发展和变化的规律性现象。"② 有学者认为，"秩序是反映对象结构的稳定性和协调性以及运动过程的规则性和连续性的一个范畴。"③ 有学者认为，"秩序可以说是自然界和人的公共领域中有规则存在的特定状态，是其即时发生的均衡状态。"④ 从总体看，这些定义都涉及到秩序概念两个方面的内容：秩序是存在于自然界和人类社会；它是一种规律性的现象或状态，这种规律性具体表现为规则性、稳定性、协调性等特点。据此，我们认为，所谓秩序就是自然界和人类社会中以规则性、稳定性和协调性为特点的一种规律性的现象或状态。

秩序可以分为自然秩序与社会秩序两大类。其中，自然秩序是存在于自然界的秩序，这里我们不作讨论。关于社会秩序的概念，学术界也没有形成统一的认识。西方学者主要从社会的可控性、社会生活的稳定性、行为的互动性以及社会活动中的可预见性等几个方面来理解社会秩序。⑤ 值得一提的是，哈耶克对秩序所作的两种区分：一是事实的秩序，即"人们设想客体或事件在一定时间内所具有的、或人们赋予它的一定的物质格局"；二是理念的秩序，即"可以用来指根据我们的感觉从不同方面对事物或事件加以排列或划分的精神活动的结果"。⑥ 国内学者则主要从关系、行为以及状态等角度来理解社会秩序。如有学者认为，"社会秩序表示在社会中存在着某种程度的关系的稳定性、进程的连续性、行为的规则性以及财产和心理的安全性。"⑦ 有学者认为，"社会秩序是秩序的一种，它反映着人类社会组织之间、个体之间及其社会组

① ［美］博登海默著，邓正来译：《法理学：法律哲学与法律方法》，中国政法大学出版社1999年版，第219页。

② 张文显：《法理学》，高等教育出版社2003年版，第390页。

③ 沈亚平：《社会秩序及其转型研究》，河北大学出版社2002年版，第18页。

④ 丁大同：《论道德秩序》，《理论与现代化》2003年第6期。

⑤ 参见邢建国等：《秩序论》，人民出版社1993年版，第2页。

⑥ 哈耶克：《致命的自负》，冯克利等译，中国社会科学出版社2000年版，第12页。

⑦ 张文显：《法理学》，高等教育出版社2003年版，第390页。

织与个体之间的相互联系、相互交往和相互作用的有序状态。"① 还有学者认为，"所谓社会秩序，就是社会主体行为的规范化、模式化互动所形成的相对稳态的有机社会。"② 应该说，这些定义都从不同视角不同程度地揭示了社会秩序的本质和特征。我们认为，社会秩序是在一定社会规范的作用下形成的社会关系的有序化状态和人们行为的规则化状态。

（二）伦理与秩序密不可分

从伦理与秩序的关系来看，伦理与秩序的确有着不解之缘。如前所述，伦理侧重于反映人与人之间的关系以及维系这种人伦关系应该遵循的行为规范和准则。它产生于人与人之间的社会交往，作为一种交往关系，伦理是对人类客观理性关系的揭示，因而也是主体之间的一种实践关系。而人与人之间的关系和行为在一定行为规范和准则的作用下，必然形成一定的状态：或有序或无序、或规则或不规则。前者是人们努力追求的，后者则是人们极力避免的。秩序就是人们努力追求的人与人之间的关系和行为的有序化和规则化状态。

从社会秩序的形成要素来看，至少包括主体要素和规范要素两个方面：社会秩序总是要通过主体的活动来实现，是一个在主体及其相互作用下不断发展、更替的过程；社会规范是人们在社会生活中行为规则的总称，包括法律、道德、宗教、习俗、礼仪、禁忌等一系列共同的生活准则。"社会是按照一定规范整合起来的人类生活共同体，它按照既定的一套行为规范维持社会秩序，调整人们之间的关系，规定和指导人们的思想和行为方向。"③

从上面的分析我们可以清晰地看到，伦理与秩序是密不可分的：伦理即人伦关系以及维系这种人伦关系应该遵循的行为规范和准则，是秩序得以形成的基本要素；秩序则是人们努力追求的人与人之间关系和行为的一种规则化、有序化状态。因此，用秩序来表达伦理关系和行为的有序化和规则化状态，即为伦理秩序。

在中西伦理思想史上，伦理与秩序之间这种密不可分的关系一直受到思想家们的普遍重视，用秩序来表达伦理的特定状态是中西传统伦理思想史上的一个共有的传统，伦理学家们对伦理与秩序的密切联系都有不同程度的认识。比如，早在古希腊，柏拉图就在《理想国》中勾勒了一幅恢宏的伦理秩序图：

---

① 沈亚平：《社会秩序及其转型研究》，河北大学出版社 2002 年版，第 23 页
② 李邠：《试论法律秩序的概念及构成》，《法律科学》1989 年第 6 期。
③ 郑杭生：《社会学概念新修》，中国人民大学出版社 1994 年版，第 71 页。

他把社会分为统治者、武士和生产者三个等级，统治者为了治理好国家必须有智慧，武士为了保卫国家必须勇敢，农夫、手工匠等生产者要解决衣食住行等问题，使国家生存下去，就必须节制自己的欲望。为了实现应有的社会秩序，这三个等级的人都必须安分守己，恪守自己的本分和职责：生产者和武士服从统治者，特别是生产者要克制自己的欲望，安于被统治的地位，这才是合乎公正的有秩序的社会。在这里，柏拉图给我们描绘了一幅具有等级特征的伦理秩序的完整图画。

在中国，用秩序来表达伦理状态的传统更加典型。从一定意义上说，中国传统社会本身就是一种伦理型社会。在这种社会条件下，伦理与秩序的结合更为紧密：伦理是秩序的基础，社会对秩序的维护和追求是在人伦关系即伦理关系中实现的，秩序是伦理有序状态的直接表达。从这个意义上可以说，中国传统社会秩序本身就是一种伦理秩序。孔子看到了社会生活中各种人伦关系，并把父子和君臣关系作为各种人伦关系的基础。在此基础上，孟子强调"五伦"，提出了中国传统社会最基本的五种伦理关系，要求"父子有亲，君臣有义，夫妇有别，长幼有序，朋友有信。"① 孟子认为五伦具有内在的结构性特征，父子和君臣代表的是纵向的伦理关系，夫妇、兄弟和朋友则代表横向的伦理关系，其他各种伦理关系都可以归结到这五伦之中。这种结构性特征就是当时与家国同构的社会结构相适应的伦理秩序模式。当然，中国传统伦理思想史上最为完备的伦理秩序图是"三纲五常"。其中，"三纲"即"君为臣纲、父为子纲、夫为妻纲"，不仅是君臣、父子以及夫妇之间必须遵守的道德规范，而且是他们之间的一种上下尊卑秩序；"五常"即"仁、义、礼、智、信"也既是五种根本的道德准则，同时也是伦理秩序。"三纲"是一套纵向的等级分明的伦理秩序图，"五常"则是横向的规范人与人之间伦理关系的伦理秩序图。"三纲"、"五常"融为一体，构成了一幅中国传统社会具有等级特征的伦理秩序的完整图画。

二、伦理秩序：道德调整的目的和结果

一般地说，秩序有两层含义，"一是实际存在或历史上存在过的秩序，这种秩序的含义是指各种存在过的事实。二是合乎本质的秩序，或者说合理的秩序，应该称为'本质秩序'。"② 在笔者看来，前者可以理解为广义的秩序，

---

① 《孟子·滕文公上》。
② 丁大同：《国家与道德》，山东人民出版社 2007 年版，第 86 页。

是人们社会生活的一种现实；后者则可以理解为狭义的秩序，是人们追求的一个重要目标。就伦理秩序而言，"狭义的伦理秩序是人们自由行为的目的，广义的伦理秩序则是人们自由行为的现实。"① 前者是一种应然的秩序，后者是一种现实的秩序。本书所讨论的伦理秩序是作为道德调整的目的和结果的伦理秩序，因而是一种应然的伦理秩序。所谓伦理秩序，就是指通过道德规范对伦理关系的调整而实现的伦理关系的有序化状态和主体道德行为的规则化状态。显然，作为伦理关系的有序化状态和主体道德行为的规则化状态，伦理秩序并不是道德规范自发作用的结果。因为道德规范只是对人与人之间伦理关系和道德行为"应该怎样"进行了一般规定，要使道德规范的这种规定能够真正对伦理关系和人们的道德行为发挥作用，必须有活动性的道德调整环节。具体地说，作为道德调整的目的和结果，伦理秩序的形成包括以下五个环节：

（一）道德规范：伦理秩序的设计图式

道德规范是伦理秩序的一个基本要素，它为人与人之间的伦理关系及人们的道德行为提供了一套标准和尺度，道德规范体系的存在是伦理秩序得以形成的一个基本前提。道德规范对伦理秩序的前提性作用主要表现为它是伦理秩序的设计图式，它为伦理秩序"拟定"了一个基本框架或图景模式。可以说，没有道德规范体系，伦理秩序就无章可循。特别是道德规范的应然性，即它所表达的对人们的理想道德要求和道德的理想状态，对人类未来道德生活和理想伦理关系的憧憬，就是对伦理秩序的一种图式预设。这就是说，道德规范预制了伦理秩序的图景或模式：通过道德规范，我们在一定程度上可以预知伦理秩序的应有状态。如果伦理秩序形成的其他环节也运行顺利，道德规范所设定的伦理秩序图式就会得以实现。

道德规范与伦理秩序之间的关系，从动态的角度看，伦理秩序是道德规范所要努力追求的目的，只要一定的道德规范还在起作用，伦理秩序就是道德规范运行的目标。从静态的角度看，道德规范作为伦理秩序的设计图式，伦理秩序是道德规范的必然结果。这就是说，一般情况下道德规范与伦理秩序是相对应的关系，道德规范本身的好坏在很大程度上决定了伦理秩序的好坏：在其他环节正常运行的情况下，如果道德规范好，一般也会调整出良性的伦理秩序；如果道德规范本身不合理，就不可能调整出良性的伦理秩序。如果伦理秩序与道德规范之间的差距太大，则意味着道德规范的明显失灵。在这种情况下，首

---

① 高兆明，李萍等著：《现代化进程中的伦理秩序研究》，人民出版社2007年版，第27页。

先要对道德规范本身的合理性进行论证，如果道德规范本身不合理，则必须首先对道德规范本身进行重建；如果道德规范是具有合理性的，则必须对伦理秩序形成的其他环节进行检验，发现并解决问题，从而促成道德规范所设计的伦理秩序图式得以实现。可见，形成良性伦理秩序的关键一步，就是要为伦理秩序设计一幅好的图式，即建立合理的道德规范体系。

当然，道德规范作为伦理秩序的设计图式，是以道德调整第一环节的"身份"发挥作用的。前面提到，伦理秩序是道德调整的目的和结果，而道德规范不仅是道德调整的一个环节，而且是道德调整的首要环节，道德调整的其他各个环节的都是以道德规范为基础和根据展开的。正是道德调整的作用使道德规范所设计的伦理秩序图式得以实现。

（二）伦理关系：伦理秩序的组织细胞

道德规范作为伦理秩序的设计图式，是通过作用于伦理关系而得以实现的。如前所述，伦理关系既是道德调整的对象，也是道德调整的目标。作为道德调整的对象，伦理关系是道德调整过程得以展开的直接对象；作为道德调整的目标，伦理关系是具体道德调整过程的结束。从这个意义上说，伦理关系是伦理秩序的有形的、具体化的表现形式，亦如黑格尔所说是"伦理关系本质上是现实合理性的秩序中的关系"①，或者说，作为道德调整直接结果的伦理关系是构成伦理秩序的现实内容或组织细胞。从另一角度看，"伦理关系本身是一结构体系，每一具体伦理关系均是这一结构体系中的纽结，各个纽结错落有致、协调稳定，表现在宏观上就是社会伦理生活的秩序。"② 可见，没有伦理关系这种组织细胞，伦理秩序可能永远只能停留在道德规范所设计的图式上而不能真正得以形成。

可见，作为道德调整的基本环节，伦理关系与伦理秩序之间也存在明显的因果关系：伦理关系是伦理秩序的原因，伦理秩序是伦理关系的结果。作为伦理秩序的原因，表明道德规范对各种伦理关系进行了个别性的处理和调整，处理和调整的结果，是伦理关系主体的权利与义务得以实现。但这种被个性化处理的伦理关系仅仅是构成伦理秩序的基本细胞，还不是伦理秩序本身。也就是说，伦理关系作为伦理秩序的原因，作为伦理秩序的有形的、具体化的表现形式，并不意味着它本身直接就是伦理秩序。作为伦理关系的结果，伦理秩序就

---

① 黑格尔：《法哲学原理》，商务印书馆1961年版，第274页。
② 高兆明，李萍等著：《现代化进程中的伦理秩序研究》，人民出版社2007年版，第32页。

是由各种具体伦理关系构成的整体状态。作为一种整体状态，它不能仅停留在各个具体伦理关系的协调上，而应该是所有伦理关系的综合协调；它所表达的不只是单个具体伦理关系的和谐状态，而应该是所有伦理关系的有序化状态。

（三）道德行为：伦理秩序图式的运演展开

道德规范为伦理秩序设计了一种样式，但它本身还不是真正的现实伦理秩序。道德规范对伦理关系的调整，最终要落实到主体的道德行为上，只有通过主体的道德行为才能使伦理的权利与义务得到真正实现。这就是说，要使道德规范预设的伦理秩序图式变成现实伦理秩序，最终必须把道德规范落实到伦理关系主体的道德行为上。正是在这个意义上，主体的道德行为是道德规范所设计的伦理秩序图式的动态运演。

关于道德行为，我们不能不提到黑格尔对道德行为的基本规定。黑格尔认为道德行为是道德意志的外在表现。在黑格尔那里，道德行为有三个方面的基本规定：第一，道德行为是一种有自我意识的行为，"当其表现于外时我意识到这是我的行为"；第二，道德行为是一种与应然的概念相联系的行为，"它与作为应然的概念有本质上的联系"；第三，道德行为应该具有社会意义，即道德行为"与他人的意志有本质上的联系。"① 需要指出的是，黑格尔的意志概念是建立在他的唯心主义理念论的基础之上的。但是，如果我们抛开他的唯心主义的理念论，他的关于道德行为的理论还是非常深刻的，从中我们可以看出道德行为的一般规定：道德行为是"自觉的、出于道德准则的，并且是与他人的意志具有本质联系的行为。"②

当然，我们把道德行为作为一个对象进行研究，并不意味着道德行为就是一种独立的纯粹道德意义上的行为。相反，作为一种社会行为，道德行为往往是与其他行为互相结合在一起的。对于同一个行为，从经济学的角度看，我们可以说它是一种经济行为；从法学的角度看，可以说它是一种法律行为；从道德的角度进行评价，又可以说它是一种道德行为。可见，道德行为并非独立的、纯道德意义上的行为，而只是从道德这一特定的角度来进行评价的行为。

道德行为与伦理秩序之间也存在明确的因果关系：道德行为是伦理秩序的原因，伦理秩序是道德行为的结果。作为伦理秩序的原因，道德行为是道德规范在主体认识和处理伦理关系实践中的直接运用，因而是道德规范所设计的伦

---

① 黑格尔：《法哲学原理》，商务印书馆 1961 年版，第 116 页。
② 罗国杰：《伦理学》，人民出版社 1989 年版，第 377 页。

理秩序图式的动态运演，或者说，道德行为是伦理秩序的动态表现。从静态的角度看，道德行为则是伦理秩序的预设图式和现实状态之间的桥梁。作为道德行为的结果，伦理秩序是道德行为的规则化状态。当然，作为道德行为的规则化状态，伦理秩序也并不意味着它就是道德行为本身。事实上，伦理秩序也不能仅停留在各个具体道德行为上，它所表达的不只是单个道德行为的状态，而应该是由各种道德行为构成的一种规则化状态。

（四）道德调整：伦理秩序的内在要求

道德调整是伦理秩序形成的主导过程：道德规范对伦理秩序的图式设计、伦理关系和道德行为要真正转化为现实的伦理秩序，都必须通过道德调整这一环节。可见，道德调整是伦理秩序形成的内在要求，没有道德调整就没有伦理秩序。

具体地说，道德调整对伦理秩序的作用主要表现在两个方面：一是形成伦理秩序，道德调整使人类对秩序的追求有了一个重要的实现手段。如前所述，伦理秩序作为伦理关系的有序化状态和道德行为的规则化状态，是道德调整的目的和结果。在这个过程中，道德调整的作用就是为伦理关系的有序化和道德行为的规则化提供现实的实现手段。

二是维护既有的伦理秩序，恢复被扰乱的伦理秩序。一般地说，在社会道德规范是适时道德的条件下，人们在认识和处理伦理关系的过程中，一般都能以合道德的行为来表示对道德规范的遵守和对他人权利的尊重，自觉履行自己的职责与义务，从而使自己的道德行为规则化，使各种伦理关系有序化。但是，仍然可能有少数人因各种主客观原因而置道德规范于不顾，在伦理关系中不履行相应的义务，做出不道德的行为，从而使伦理关系处于不和谐甚至是冲突状态。这时的道德调整就进入了一个特殊阶段，即惩罚性调整阶段：针对主体不遵守道德规范、不履行职责与义务的不道德的行为，社会根据道德规范的尺度对"恶行"进行谴责和贬抑，向主体传递恶行的负面价值信息，迫使主体接受来自外部的善恶判决，从而认识到自己行为的不道德性，进而纠正自己不道德的行为，履行相应的伦理义务，从而使伦理关系恢复应有的和谐状态，进而恢复被破坏了的伦理秩序。当然，如果用以进行道德调整的社会道德规范不是适时道德，而是已经不具有现实合理性的过时道德，则必须首先对道德规范本身进行重建。

（五）道德整合：伦理秩序的最终形成

以上四个环节是伦理秩序形成的基本环节，它表明通过道德规范对伦理关系和道德行为进行有效调整，可以保证具体伦理关系和道德行为的规则与有序。但是，从整个社会伦理关系的整体看，具体伦理关系的和谐并不意味着社会伦理关系的整体和谐，或者说并不意味着伦理秩序的整体实现。因此，要最终形成伦理秩序，还必须进行道德整合。

"整合"本来是社会学的一个基本概念。法国社会学家杜尔凯姆曾提出社会整合的概念，作为与社会解体相对应的范畴。特别值得一提的是，他在研究社会问题的时候，特别关注道德对社会的影响和功能，认为道德的功能在于维持社会的整合。① 美国社会学家 T·帕森斯把社会整合纳入自己的结构功能主义理论之中，认为社会整合有两层含义：一是社会体系内部各组成部分之间的和谐关系和均衡状态；二是社会体系已有成分的维持。② 国内学者一般认为，社会整合就是社会一体化。比如，郑杭生教授认为，社会整合是"社会的不同因素、部分结合为一个协调统一的社会整体的过程"③。根据这些观点，我们认为，所谓道德整合，就是对道德系统的各个部分或各个要素及其功能进行协调和控制，使之成为一个有机整体的过程。

就伦理秩序的形成而言，作为伦理秩序形成的最终环节，道德整合主要包括两方面的内容：一方面，道德通过各种方式，将伦理秩序的各种构成要素及其功能和相互关系结合成一个有机整体的过程。当上述四个阶段特别是道德调整完成以后，虽然可能实现了具体伦理关系的和谐，但就全社会的伦理关系总体而言，并不意味着就已经实现了有序化和规则化状态，有时甚至可能仍然处于不协调的状态。这就是说，经过道德调整阶段后，具体伦理关系的和谐状态，并不意味着整个社会伦理关系的协调，或者说并不意味着伦理秩序的整体实现。因此，只有在前四个环节的基础上进行道德整合，才能实现整个社会伦理关系的有序化和道德行为的规则化，从而最终形成伦理秩序。

另一方面，道德整合是以道德规范所设计的伦理秩序图式为标准，对现实的伦理秩序进行检验的过程，即考察现实的伦理秩序与道德规范的设计图式是否一致。具体地说，这种检验主要包括时间的检验和空间的检验两个方面。其中，时间的检验是要求道德规范在其时效范围内所有的调整结果应该大体一致；空间的检验则是要求道德规范在其空间范围内所有的调整结果应该大体一

---

① 参见崔建明：《杜尔凯姆的道德社会整合论》，《学术月刊》1996 年第 5 期。
② 参见《中国大百科全书·社会学卷》，中国大百科全书出版社 1991 年版，第 351 页。
③ 郑杭生：《社会学概论新修》，中国人民大学出版社 2003 年版，第 362 页。

致。如果伦理秩序与道德规范所设计的图式一致，说明道德规范所设计的伦理秩序图式已经实现。如果伦理秩序与道德规范之间不一致，即在道德调整的时间、空间范围内不出现不同的结果甚至差距过大，则意味着道德规范所设计的伦理秩序图式没有实现，或者说虽然实现了规则化状态的伦理关系和道德行为，但处于单个状态的伦理关系之间并没有能够协调成一个有机的系统，表明伦理秩序出现了紊乱。这必然影响人们对道德规范信奉和遵循，从而影响道德规范的实际效力。这就需要进行进一步的协调与整合。

总之，伦理秩序的形成要经历一个从道德规范到道德整合的过程。在这个过程中，道德规范作为伦理秩序的设计图式，是伦理秩序形成的起始环节；伦理关系和道德行为分别作为伦理秩序的组织细胞和伦理秩序图式的运演展开，其有序化和规则化状态是伦理秩序的主要内容；道德调整作为伦理关系有序化和道德行为规则化状态实现的基本途径，是伦理秩序的内在要求和必由之路，正是在这个意义上我们说，伦理秩序是道德调整的目的和结果；道德整合则是伦理秩序形成的最终环节。这样，我们就可以把伦理秩序形成的完整过程用如下的图式来表示：

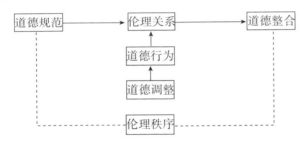

伦理秩序的形成过程

三、伦理秩序与伦理关系

从系统或整体的角度看，伦理关系是一个纵横交错的网状结构体系，每种具体的伦理关系都可以看做是伦理关系这一复杂结构体系中的一个结。每一个结都处在一定的位置，各得其所，和谐有序，从宏观上看就是社会的伦理秩序。具体地说，人际、群体、社会等伦理关系的不同层面，血缘、地缘、业缘等伦理关系的不同类型，经济、政治、文化等伦理关系的不同内容以及家庭生活、职业生活、公共生活等伦理关系的不同领域联结有序、稳定和谐，构成完整的社会伦理关系体系，这种社会伦理关系体系就是伦理秩序。换言之，"伦理秩序是伦理关系的结构性存在"①。比如，我国古代以"三纲五常"为核心的封建社会伦理秩序，实际上就是我国封建社会客观的社会伦理关系结构体系。"三纲五常"本身既是一种道德原则和规范体系，也是我国封建社会伦理关系的秩序图式。这种伦理关系结构体系以主观的形式加以表现，就是我国封建社会的道德原则和规范，以客观的形式表达出来，就是我国封建社会的伦理秩序。

值得一提的是，哈耶克曾把秩序分为"自生自发的"和"人造的"两大类，前者哈耶克又把它称为"非设计的秩序"或"传统"，后者又称为"设计的秩序"或"制度"。在哈耶克看来，伦理是一种自生自发的秩序。② 对此我们应该加以批判的分析。应该说，伦理秩序的形成是自发性与自觉性、客观性与主观性的统一。从伦理秩序的最初形成来看，人类伦理秩序是客观的、必然的：伦理秩序是人们在认识和处理伦理关系的道德行为和活动中必然要形成的一种秩序。从这个意义上说，伦理秩序具有自发性，可以说它是人们在实践中"自生自发"的产物。但是，随着人们主体意识的增强，人们一旦对人与人之间的关系"应该怎样"有了自觉的认识，并通过一定的方式把"应该怎样"的要求固定下来成为社会的制度安排时，伦理秩序就不再是最初那种"自生自发的秩序"，而是一种"设计的秩序"了，或者说具有了人为设计的因素。在这个意义上说，伦理秩序又是人定的：人类伦理秩序的具体规则是由人们对社会伦理关系和道德生活的认识水平以及与这种水平相适应的人的主体意识活动和行为实践的基础上而形成的。作为人类的一种生活方式，没有主体的意识和实践活动，伦理秩序是不可能形成的。从这个意义上说，伦理秩序又具有自觉性。应该说，哈耶克之所以把伦理秩序片面地理解为一种自生自发的秩序，一个重要的原因在于他未能认识到伦理秩序是伦理关系的结构性存在。

伦理秩序是伦理关系的结构性存在说明，伦理秩序与伦理关系之间是一种互为表里的关系。一方面，伦理关系是伦理秩序的存在论前提。如前所述，伦理关系是伦理秩序的主要内容和基本要素之一；伦理秩序是道德调整下的伦理关系，是伦理关系的有序化状态。可见，伦理秩序是以伦理关系作为自己产生和存在的前提和基础的，没有伦理关系就没有伦理秩序。另一方面，伦理秩序是伦理关系的特定表现形态。伦理关系是伦理秩序的存在论前提、伦理秩序是

---

① 　高兆明：《制度公正论》，上海文艺出版社2001年版，第59页。
② 　参见哈耶克：《自由秩序原理》上卷，北京三联书店1997年版，第26页。

伦理关系的结构性存在并不意味着伦理秩序就是伦理关系本身。或者说，伦理关系作为伦理秩序的一个基本要素，它本身并不就是伦理秩序，只有它的特定表现形态即有序化的特定状态才是伦理秩序。显然，从伦理关系到其特定的有序化表现形态即伦理秩序必须经历一个转化的过程。在这个过程中，道德调整是必由之路。换言之，道德调整是实现从伦理关系到伦理秩序转化的基本途径。

如前所述，道德调整是伦理关系调整的基本手段，道德调整的直接目标是促使道德规范所设定的伦理关系主体的职责与义务的履行，实现伦理关系的和谐；道德调整的一般目标则是形成和维护一定的伦理秩序。伦理秩序作为伦理关系的有序化状态，标示的是道德调整下人们理性化、规范化的道德生活方式，是任何社会道德所追求的共同目标，也是道德调整的最终目的和结果。而道德调整的产生则正是出于形成和维护一定秩序的需要，它或者起因于人与人之间伦理关系和秩序的失调，或者起因于人们维护已有秩序的需要，正是道德调整使得人类对秩序的追求有了一个基本的实现手段。因此，道德调整是实现从伦理关系到伦理秩序这一转化的内在要求和基本途径。

第二节　伦理秩序的结构和功能

在一般的意义上，伦理秩序与经济、政治、法律秩序一样，也是整个社会秩序的重要组成部分。但是，伦理秩序与其他社会秩序有很大的不同。作为社会秩序的一个特殊方面，它是从伦理的角度表达着社会发展的状态和要求，反映着人类道德生活的综合状态和水平。伦理秩序的要求主要是一种应然性的要求，它是建立在对社会关系和人们行为"应该怎样"的自觉认识的基础之上的，因而在伦理秩序的形成过程中体现着主体更多的自觉因素。伦理秩序的这种形成过程决定了它具有自己特殊的结构和功能。只有在把握伦理秩序概念的基础上，把握伦理秩序的结构和功能，才能对伦理秩序有一个完整的认识。

一、伦理秩序的结构

对伦理秩序的结构，我们可以从三个不同的视角进行考察：从伦理秩序的内容或要素结构看，它包括关系秩序与行为秩序；从伦理秩序的形成和存在状态看，它包括动态秩序与静态秩序；从伦理秩序发挥社会功能的方式看，它包括规范秩序与德性秩序。伦理秩序就是由关系秩序与行为秩序、动态秩序与静态秩序、规范秩序与德性秩序构成的有机整体。

（一）关系秩序与行为秩序

伦理秩序所"标识的首先是伦理关系的客观性关系结构，这种客观性关系结构具有客观交往法则系统，即伦理关系的内在秩序。这种内在秩序通过人的行为活动表现于外，成为现象性的交往秩序即伦理关系的外在秩序。"① 可见，从伦理秩序的内容或要素结构看，伦理秩序包括关系秩序和行为秩序两个方面。如前所述，伦理秩序包括伦理关系的有序化状态和主体道德行为的规则化状态两个方面。这表明，伦理秩序是由关系秩序与行为秩序构成的统一体。其中，关系秩序是道德在社会不同层面形成的有序化的伦理关系状态，是伦理秩序的深层结构。作为伦理关系的客观性关系结构，伦理秩序"是政治秩序、法律秩序、经济秩序等具体社会秩序构成的价值合理性依据"②。具体地说，它是在道德对伦理关系的调整中产生的，是由具体伦理关系有机构成的伦理关系体系的总体面貌。根据伦理关系的三个层次，关系秩序也可以分为人际关系秩序、群体关系秩序以及社会关系秩序等三个层次。它们分别是个人之间、群体之间以及个人、群体与社会之间的伦理关系在道德调整的作用下而形成的有序化状态。

行为秩序是伦理秩序的表层结构，是道德在伦理关系的不同层面形成的规则化行为状态，这是伦理秩序中的直观部分。具体地说，所谓行为秩序，是指道德规范作用于伦理关系的人际、群体以及社会等各个层面的主体而形成的有序行为的总体。之所以说行为秩序是伦理秩序中的表层结构和直观部分，是因为行为秩序的外在表现就是伦理关系主体根据道德规范的图式设计来实施自己的道德行为。显然，道德行为是一种外显的秩序。根据伦理关系主体的三个层面，行为秩序也包括个体行为秩序、群体行为秩序以及社会行为秩序等三个层次。个体行为秩序是伦理关系中的个人根据道德规范的要求进行道德活动的行为总体。需要注意的是，个体行为秩序并不仅仅是单个个人的行为，而是由所有个体的道德行为构成的总体。群体行为秩序和社会行为秩序分别是行为秩序的中观层次和宏观层次，分别指伦理关系中的群体主体和社会主体根据道德规范的要求进行的各种道德活动的行为总体。个体行为秩序是整个行为秩序中最基本的成分，群体行为秩序作为行为秩序的中观层次，是整个行为秩序的关键，社会行为秩序则是衡量行为秩序的主要指标。所谓社会道德风尚，从行为

---

① 朱贻庭主编：《伦理学大辞典》，上海辞书出版社 2002 年版，第 262 页。
② 同上。

秩序的角度看，就是由个体行为、群体行为以及社会行为构成的总体面貌。

关系秩序与行为秩序作为伦理秩序结构的两个层面，作为伦理秩序的深层结构和表层结构，既有联系又有区别。从联系的方面看，关系秩序是行为秩序的内在原因，行为秩序就是主体在认识和处理伦理关系的过程中实施的道德行为的总体，行为秩序的形成是为了认识和处理伦理关系、实现和维护一定关系秩序的需要。行为秩序是关系秩序的外在表现，关系秩序必须通过主体的外在行为加以表现。因此，人们对伦理秩序的认识和评价，更多的可能是根据行为秩序而不是关系秩序，尤其是不具有较高道德认知水平的人更是如此，因为行为秩序具有直观性，对主体的道德行为，人们可以通过自己的感觉直接感知。只有那些具有较高道德认知水准的人，才可能根据行为秩序和关系秩序两个方面对伦理秩序进行综合考察。

二者的区别主要表现在两个方面：一方面，关系秩序作为伦理秩序的深层结构，必须通过人们的抽象思维才能把握；行为秩序作为伦理秩序的表层结构，人们可以直接感知。另一方面，关系秩序具有相对稳定性，而行为秩序具有易变性。关系秩序的相对稳定性是由伦理关系的相对稳定性决定的，行为秩序的易变性则是由构成该秩序的行为本身的易变性所决定的。这就导致与关系秩序相比较而言，行为秩序的稳定性不高，易于受到一些外来因素的影响和冲击，甚至在短期内发生变化。

（二）动态秩序与静态秩序

对伦理秩序的这一结构我们可以从两个方面来考察。一方面，伦理秩序的形成和存在状态都表明伦理秩序包括动态秩序与静态秩序两个方面。从总体上说，伦理秩序是处于绝对动态之中的。如前所述，伦理秩序的形成是一个包括道德规范、道德调整、伦理关系、道德行为、道德整合等一系列环节在内的动态过程。伦理秩序形成的这一过程不仅受社会经济、政治、文化等因素的影响和制约，而且道德调整、道德行为、道德整合本身都是动态性的概念。但是同时，在特定时空条件下形成的伦理秩序也总是具有稳定性的一面，因为伦理秩序与其他社会秩序一样，能够为人们提供一定的行为模式和价值导向。如前所述，伦理秩序所"标识的首先是伦理关系的客观性关系结构，这种客观性关系结构具有客观交往法则系统"①，"对这种客观交往关系及其交往规则系统的

---

① 朱贻庭主编：《伦理学大辞典》，上海辞书出版社 2002 年版，第 262 页。

自觉意识与主观表达，即为伦理规范要求。"① 一旦主体形成了一定的行为模式，各种主体的道德行为综合而成的伦理秩序本身就具有静止性的特点。

另一方面，从动态秩序与静态秩序本身的内容看，静态伦理秩序之所以被称为静态，是因为主体不需要实施积极的行为。即是说，只要道德规范所要求的伦理关系不被破坏，相应的伦理秩序即可形成。而动态伦理秩序之所以被称为动态，则是因为主体必须实施一定的积极行为。伦理关系的内在秩序"通过人的行为活动表现于外，成为现象性的交往秩序"②，显然，由人的行为活动构成的交往秩序，必须在主体根据道德规范的要求积极履行义务，做出一定的积极行为的基础上才能形成。伦理秩序内容本身的两个方面是由道德调整的方式决定的。如前所述，道德调整是伦理秩序形成的内在要求。而道德调整的方式从道德规范的义务内容以及主体履行义务的行为方式的角度看，包括约束性调整即禁止的方式和导向性调整即积极义务的方式两个方面。禁止的方式仅仅要求人们承担不为一定行为的义务，这就是说，只要主体不做出道德规范所禁止的行为，就实现了道德调整的要求。在此基础上形成的伦理秩序就是静态伦理秩序。而积极义务的方式则要求主体做出某种行为、承担做出某种积极行为的义务，才能实现道德调整的目的。在此基础上形成的伦理秩序就是动态伦理秩序。

静态伦理秩序与动态伦理秩序在行为秩序与关系秩序中都有自己的表现。从整体上看，关系秩序和行为秩序分别作为伦理关系的有序化和道德行为的规则化状态，它们本身都是动态性与静态性的统一。这是因为，伦理关系的有序化和道德行为的规则化本身表达的都是一种社会伦理关系的总体状态和社会道德行为的总体面貌，因而它们本身都是静态性的概念。但关系秩序和行为秩序中又都包含着动态性的因素与过程：既然是一种关系状态，肯定有主体与主体之间的互动，既然是行为状态，更是直接包含动态的过程；作为一种秩序，不管是关系秩序还是行为秩序本身也都是永远处于运动、变化和发展之中的。从局部上看，行为秩序与关系秩序的形成都有两种情况：一种情况是由主体履行义务的积极行为而形成，即主体根据道德规范的要求，在实施了一定道德行为的基础上形成的；另一种情况是由主体不做出违背道德的消极行为而形成，即主体根据道德规范的要求，只要不做出一定的行为即可形成伦理秩序。由前一

---

① 高兆明，李萍等著：《现代化进程中的伦理秩序研究》，人民出版社 2007 年版，第 31 页。
② 朱贻庭主编：《伦理学大辞典》，上海辞书出版社 2002 年版，第 262 页。

种方式形成的秩序就是动态行为秩序，后一种方式形成的秩序就是静态行为秩序。

从伦理秩序的整体结构看，静态秩序与动态秩序都是不可或缺的重要组成部分，都是衡量一个社会伦理秩序和道德面貌的重要标志。人们评价一个社会的伦理秩序，往往首先是看伦理秩序的现实状态，即静态伦理秩序。因此，要维护一定的社会伦理秩序，必须加强道德教育，使人们认识并自觉遵守道德规范，不做违背道德的事情。而动态秩序作为伦理秩序的动态方面也不可或缺，因为评价一个社会的伦理秩序和道德风尚，不仅要看社会是否存在不道德的行为，也要看社会上是否存在高尚的道德行为。因此，构建良性伦理秩序，形成高尚的道德风尚，不仅要使人们不做不道德的行为，更要激励人们做出高尚的道德行为。

（三）规范秩序与德性秩序

从伦理秩序发挥社会功能的方式看，伦理秩序包括规范秩序与德性秩序两个方面，或者说伦理秩序既是一种规范秩序，又是一种德性秩序。所谓规范秩序，就是伦理秩序作为一个整体，广泛渗透在经济、政治、法律等社会秩序中，也是对人们提出的"应该怎样"的一种具有普遍性的规范和要求。需要注意的是，这里讲的规范，并不是一般的道德规范，而是伦理秩序作为一个有机整体所具有的规范性特点和功能。所谓德性秩序，则是主体在认识和自觉服膺伦理秩序的规范和要求的过程中所体现出来的"我应怎样"与"我要怎样"的伦理精神、价值观念和道德追求。德性秩序关注的是主体的道德情感、道德意志和内心体验，它的建立是一种主体的认同、信奉和自觉遵守和维护伦理秩序的过程。

规范秩序与德性秩序存在很大的不同：规范秩序作为伦理秩序对人们提出的"应该怎样"的一种具有普遍性的规范和要求。"一旦伦理关系、伦理秩序被人们自觉意识，并通过恰当的方式将其中的一部分固定为社会的制度性安排时，伦理秩序事实上已经成为某种特殊的被设计的秩序"①，这种被设计的秩序，是一种具有普遍性的规范要求。这种规范要求对于主体来说，显然是客观、外在、不依人的意志为转移的。从这个意义上说，规范秩序主要是一种客观性、外在性、他律性秩序。而德性秩序作为主体关于"我应怎样"与"我要怎样"的内在秩序，表达的是主体的伦理精神、价值观念和道德追求，因

---

① 宋希仁：《论伦理秩序》，《伦理学研究》2007 年第 5 期。

而主要是一种主观性、内在性、自律性秩序。

　　规范秩序作为一种客观性、外在性、他律性秩序，是指伦理秩序作为一个整体，是人们在认识和处理伦理关系的道德行为和活动中必然要形成的一种秩序，因而是客观的、不依人的意志为转移的。同时，伦理秩序作为一个整体，本身具有很强的规范性，它的要求对于行为主体而言，多是一种带有普遍性的规定：对所有的行为主体一视同仁，不依个人意志为转移。这就是说，规范秩序对于主体来说也是一种外在的行为根据，人们对伦理关系的认识、处理以及道德行为的实施，要受外在规范秩序的支配和节制。从实质上看，规范秩序的他律性就是伦理秩序作为一个整体对主体的一种基本节制。这种节制对于主体来说，是一种具有约束力的东西。

　　德性秩序作为一种主观性、内在性、自律性秩序，是伦理秩序在主体自身的内在表现。一方面，从伦理秩序社会功能的实际发挥来看，停留在他律阶段的外在规范秩序要真正发挥作用，最终要转化为主体的意志自律、道德良心和道德愿望，把原来的外在节制和约束转化为主体的内在要求和内在约束，在主体自身内在的道德认识、道德情感、道德意志及道德信念的指导下才能得以实现。另一方面，从德性本身的概念来看，它本身就是人的一种内在品质。亚里士多德曾说，那些"被称赞的品质或可贵品质就是德性"①。作为人的一种内在品质，德性内在地要求做出或不做出某种行为。也就是说，有德性的行为，是出于自觉、自愿的自我约束行为，即自律行为，这种行为即使在没有外在规范、制度约束的情况下，基本的德性也可以保证人自主地寻求和实现应有的道德价值。

　　一般地说，任何伦理秩序都包括规范秩序与德性秩序两个方面，不过在不同性质、不同类型的伦理秩序中，规范秩序与德性秩序各有侧重。从二者的关系来看，规范秩序与德性秩序是统一的，这种统一是由伦理秩序的客观性与主观性统一的特点决定的。伦理秩序是主客观因素有机结合的外在表现形式。伦理秩序客观性的一个重要表现，就是伦理秩序的规范性，伦理秩序主观性的一个重要表现就是伦理秩序中的主体德性。一般地说，德性是在规范、制度的基础上形成的，而规范和制度有了德性才能得到自觉遵守。换言之，规范伦理与德性伦理统一的基础在于人的德性。正如麦金太尔所说的，"在美德与法则之间还有另一种关键的联系，因为只有对于拥有正义美德的人来说，才可能了解

---

　　①　亚里士多德著，苗力田译：《尼各马可伦理学》，中国人民大学出版社 2003 年版，第 24 页。

如何去运用法则。"① 这是因为道德是人的道德，构建伦理秩序的最终目的是促进人的全面发展。

需要说明的是，我们对伦理秩序的结构作行为秩序与关系秩序、动态秩序与静态秩序以及规范秩序与德性秩序的划分，并不意味着它们分别是存在明确界限的两种秩序。相反，这种划分仅仅是从研究伦理秩序结构的需要出发，在抽象思维中进行的分析。事实上，行为秩序与关系秩序、动态秩序与静态秩序以及规范秩序与德性秩序之间并不存在明确的界限，而是不可分割的，共同构成社会伦理秩序的有机整体。

二、伦理秩序的功能

伦理秩序的功能是由伦理秩序的结构决定的，它既表现着伦理秩序的结构，又根源于伦理秩序的结构。具体地说，伦理秩序具有认识、评价、规范、协调、教育以及完善等多方面的社会功能。其中，最基本的主要是反映功能、规范功能和完善功能三个方面，伦理秩序的其他功能都或者是从这三个基本功能中派生出来的，或者可以归结到这三个基本功能之中。

（一）反映功能

任何一种社会秩序都是对一定社会经济、政治、文化关系的反映和表现，因而都具有一定的反映功能。伦理秩序也不例外。作为社会秩序的一个重要方面，伦理秩序以自己特有的内容和形式，体现着人类社会的发展水平和文明程度，在一定意义上可以说是衡量社会文明程度的一个重要标志。因此，所谓伦理秩序的反映功能，就是指伦理秩序反映社会现实生活，对社会经济、政治、法律等其他社会关系和社会秩序的认识和评价功能。

从这一概念可以看到，伦理秩序的反映功能包括认识功能和评价功能两个方面。从认识功能看，伦理秩序作为人与人之间伦理关系和人们道德行为的一种特定状态，它主要从人与人之间伦理关系状态和道德行为水准的角度，提供社会道德生活状况的信息，揭示现实伦理关系和人们的道德行为水准与现实社会的适应程度，预测社会道德发展的前景。这就是说，伦理秩序也是人们认识社会的一个重要手段，人们通过现实社会伦理秩序的状态，可以从一个侧面了解现实社会的发展状态和文明程度。

从评价功能看，伦理秩序作为一个有机的整体，在一定意义上也可以被视

---

① 麦金太尔著，万俊人译：《谁之正义？何种合理性》，当代中国出版社 1996 年版，第 9 页。

为一种行为准则。作为一种行为准则，伦理秩序也是一种进行道德评价的标准或尺度，人们也可以据此来评价人们的道德行为和道德活动。我们知道，对人们的道德行为和道德活动的评价，往往是通过善与恶、正当与不正当、正义与非正义等互相对立的范畴来进行的。伦理秩序的评价功能，体现为以伦理秩序为标准或尺度来衡量人们的行为和活动，凡是符合现有伦理秩序的行为和活动就是善的、正当的或正义的；凡是不符合现有伦理秩序要求的行为和活动就是恶的、不正当的或非正义的。

当然，同一种道德行为根据不同的伦理秩序标准进行评价可能得出完全相反的结论。比如，一种行为在中国古代纲常伦理秩序下是一种善行，但如果把它放到今天，它却可能是一种恶行。究其原因，以伦理秩序为标准来评价人们的道德行为和道德活动，还存在一个伦理秩序本身的合理性问题。假如用以进行道德评价的伦理秩序本身是合理的，据以进行的道德评价可能会得出正确的结论；而如果用以进行道德评价的伦理秩序本身不具有合理性，据以进行的道德评价定会得出错误的结论。因为从根本上说，伦理秩序作为一种行为准则只是一种道德规范标准或善恶标准，它本身的善恶性质和合理性还必须以社会生产力的发展这一最终标准来检验，只有那些经过最终标准的检验、具有适时性的伦理秩序才能成为评价人们道德行为和道德活动的正确标准。

（二）规范功能

我们知道，规范功能是道德的基本功能之一。通过规范人的行为来调节社会关系是道德最重要的社会功能。杜尔凯姆认为道德的社会功能是实现社会的整合与稳定，其中一个重要方面就是道德的规范性。他说："道德以具有在同样环境中能维持同样行为的某种能力为前提，因而，它包含某种逐步形成习惯的能力及某种合规则性的需要。"[①] 所谓规范功能，是指一定的准则或尺度对人的行为以及人与人之间关系的制约作用。伦理秩序虽然并非直接的道德规范，但作为一个整体，伦理秩序也可以被视为一种行为准则，它的"客观关系结构及其主观规则表达，对于社会成员均是一种拘束"[②]，因而也是具有规范性和规范功能的：伦理秩序一旦形成，必然会对人们的行为和关系发挥作用。可见，伦理秩序的规范功能指的是伦理秩序作为一个整体对人们的规范和约束作用。

---

① 转引自崔建明：《杜尔凯姆的道德社会整合论》，《学术月刊》1996 年第 5 期。
② 高兆明、李萍等著：《现代化进程中的伦理秩序研究》，人民出版社 2007 年版，第 33 页。

与道德规范一样，伦理秩序的规范功能也包括约束功能和导向功能两个方面。所谓伦理秩序的约束功能就是由于作为一个整体的伦理秩序的规范性，对人们行为和关系的约束和控制作用。所谓导向功能则是伦理秩序对人们的道德行为和道德活动的引导作用。因为作为一种行为准则，伦理秩序在约束人们行为和活动的同时也会引导人们的行为和活动。或者说，伦理秩序作为一种行为准则，和一般道德规范一样，既是对人们所能做的和不能做的行为的一种规定，也是对人们应当做什么和应当怎么做的一种行为导向。

伦理秩序的规范功能在现实社会生活中有着丰富的表现。其中，最重要的是它可以使人们的行为具有预见性，从而对自己的行为作出理性化的选择和控制。我们知道，道德行为都是人们自觉选择的行为。而人们对行为的选择，不仅受到自身主体条件的限制，也会受到外部环境的影响。其中，一个重要因素就是现有的伦理秩序状态。伦理秩序的规范性，也是人们在进行道德选择时的一个基本依据。因为在一定伦理秩序条件下，由于伦理关系的有序化、人的道德行为的规则化，因而在同样的条件下，人们的行为具有一致性和重复性，从而人们在很大程度上可以据此预见这些行为在什么情况下会发生，发生之后对自己、对他人和社会将产生什么影响。这种预见是在伦理秩序状态下每个人设定自己的行为目的和方式的重要前提。

人的道德行为是一个十分复杂的过程，包含动机与效果、目的与手段、理智与情欲、选择与责任等一系列相互联系的环节。就动机的选择而言，一般地说，人们道德行为的动机往往不止一个，行为者究竟选择何种动机，这不仅取决于主体条件，包括现有伦理秩序在内的外部环境对它也有十分重要的影响。因为主体在选择动机的时候总会自觉不自觉地根据现有伦理秩序的规范标准进行权衡，据此考虑这种选择的结果。

就目的和手段的选择而言，也既离不开主体条件的限制，也离不开包括伦理秩序在内的客观条件的制约。正是伦理秩序的规范性，使主体在进行目的和手段选择的时候必须考虑：自己所选择的目的和手段与现有伦理秩序是否一致。如果一致，就是一种正当的道德选择；如果相违背，就是一种不正当的道德选择。比如，在目的设定阶段，伦理秩序中的某些行为规则就可以使人们在这一阶段就控制了自己对某些目标的追求。比如，一个父亲想要遗弃自己残疾的幼儿，或者一位儿子想不赡养自己年迈的父母时，既有的伦理秩序要求会让这位父亲或儿子作出权衡：一旦那样做了，就会付出相应的代价，至少会受到"不慈"或"不孝"的谴责，从而可能放弃那种行为。这就是伦理秩序的规范性对人们行为的控制作用。

就理智和情欲的把握而言，既然道德行为是人们自觉选择的行为，那么这种自觉选择就是在理智指导下的选择。而理智的指导，需要一定的道德知识和经验，能够正确判断是非善恶。而道德知识和经验，显然包括对既有伦理秩序的认识。这就是说，既有的伦理秩序让人们在进行行为选择的时候，必须考虑自己的行为选择与现有伦理秩序是否一致，从而据此判断自己的行为选择是否可行、有无价值。

（三）完善功能

伦理秩序最重要的功能是完善功能，即完善社会道德和完善个体道德的功能。伦理秩序认识与评价、约束与导向功能的发挥，最终目的也是要完善社会道德、完善个体道德。

社会道德的完善主要包括社会道德的结构优化、功能完善、关系和谐以及社会道德风尚的进步等方面的内容。就伦理秩序而言，它主要是从功能、关系以及道德风尚等三个方面，即促进社会道德反映功能和调节功能的最优化、社会伦理关系的协调和谐以及社会道德风尚的健康淳正，来促进社会道德的完善的。如上所述，伦理秩序作为伦理关系和道德行为的有序化与规则化状态，本身具有反映功能和规范功能，它不仅以自身特有的方式和角度反映着社会道德的发展状态和水平，规范着人们的道德行为，调节着人与人之间的关系，而且通过自己的标准或尺度作用，对人的道德行为和社会道德风尚进行评价，谴责恶行，鼓励善行。这在实际上起到了社会道德教育的意义和作用，在很大程度上可以强化人们的道德荣耻观念，有助于在全社会形成良好的舆论氛围和道德风尚。

所谓个体道德的完善，"就是道德充备于心灵、品德行为均达到理想要求的一种道德境界和人们不断向上追求、以求自身完善的活动。"① 可见，个体道德完善的基本内容主要是人的道德品质和道德境界两个方面。其中，道德品质"是一个人在一系列道德行为中表现出来的比较稳定的特征和倾向"，道德境界则是指"人们通过接受道德教育和进行道德修养，所达到的道德觉悟程度以及所形成的道德品质状况和精神情操水平。"② 就伦理秩序而言，它是通过规范人的道德行为来提升人的道德品质和道德境界的。

---

① 姚新中：《道德活动论》，中国人民大学出版社1990年版，第244页。
② 罗国杰：《伦理学》，人民出版社1989年版，第394、465页。

伦理秩序规范功能发挥的直接结果，就是使人们按照伦理秩序的要求来进行道德选择，使自己的道德行为与社会伦理秩序模式相一致。这就是说，伦理秩序可能使人做出正确的道德选择和道德行为。而道德行为是形成道德品质、提升道德境界的基础和前提。可以说，没有一定的道德行为积累，就不可能形成道德品质。而从道德品质和道德境界的关系来看，道德品质又是道德境界的重要内容，所谓个体的道德境界，无非就是一个人的道德品质或道德素质与社会道德要求的适应程度。从性质看，它总体上包括善的、可容的以及恶的道德境界三大类。显然，道德境界的性质结构与个体的道德行为和道德品质是密不可分的。这就是说，伦理秩序可以通过规范人们的道德行为，形成相应的道德品质，提升自己的道德境界。

三、伦理秩序功能发挥的制约因素

伦理秩序具有反映功能、规范功能以及完善功能，这是就一般的意义上而言的。在现实社会生活中，任何一种伦理秩序都存在为社会所接受或拒绝两种可能性，它反映了伦理秩序社会运行的总体效应。就伦理秩序功能发挥的制约因素而言，伦理秩序的结构是最根本的因素，可以说，伦理秩序功能的发挥及其为社会所接受的程度，首先取决于伦理秩序本身的合理性。其次是主体因素，特别是主体需要、主体意识等因素的影响。其三是社会因素。关于伦理秩序本身的合理性我们将在下一节予以讨论，而主体需要和主体意识在第一章已经作了论述。这里我们仅分析影响伦理秩序社会接受的社会层面的因素：伦理秩序功能的发挥要受到经济、政治、文化等各方面的影响和制约。

（一）经济因素

影响伦理秩序功能发挥的经济方面的因素主要表现为生产关系特别是经济基础对伦理秩序的性质和发展变化的决定作用。不言而喻，伦理秩序作为伦理关系的有序化状态和道德行为的规则化状态，主体是人，是人与人之间的伦理关系和道德行为。马克思主义坚持从物质资料的生产方式和经济基础出发来理解人，认为人是处在社会关系之中的现实的人。而在社会关系中，最能体现人的本质的是生产关系，生产关系"决定其它一切关系的地位和影响"[1]。伦理秩序也不例外。生产关系总是通过经济基础对伦理关系与伦理秩序起决定作用。人与人之间的伦理关系，作为社会关系的一个重要方面，显然是由生产关

---

① 《马克思恩格斯全集》第 46 卷第 1 分册，第 44 页。

系所决定的；在一定社会条件下人们的道德认识、道德行为和道德习惯以及在此基础上的伦理秩序，也都是由当时社会的经济基础所决定的。

进一步说，经济基础对伦理秩序的决定作用，是通过在经济基础中所体现出来的利益来实现的。恩格斯说："每一个社会的经济关系首先是作为利益表现出来的。"① 正是由于社会不同的经济基础上形成的不同的利益追求，决定了人们的基本生活需要。人们总是从一定的需要和利益出发来认识和处理与他人、集体、社会之间的关系，并在此基础上形成一定的道德认识、道德情感和道德意志，实施一定的道德行为，形成相应的道德习惯和道德品质，最终影响着人们认识和处理伦理关系的方式和伦理秩序的形成。

（二）政治因素

政治是"在一定经济基础上，人们围绕着特定利益，借助于社会公共权力来规定和实现特定权利的一种社会关系"②。与经济基础相比较而言，政治对伦理秩序的影响更为直接，它主要表现为政治制度和政治思想两个方面。在社会政治生活中，政治制度往往表现为规范。政治规范也是一种制度化的规范，具有国家强制性和普遍约束力。它实际上也是一种行为准则，对人们可以做什么、不可做什么进行明确规定，要求社会成员共同遵守。在这个意义上，政治制度对伦理秩序的作用也是决定性的，它往往以政治规范的方式、以国家政权的力量或直接培植一定的伦理秩序，或者在颠覆一定伦理秩序的基础上重建新的伦理秩序。

政治思想是"社会成员在政治思考中所形成的观点、想法和见解的总称"③。政治思想对伦理秩序的影响也是十分深刻的。比如，在中国古代社会，政治思想以研究君主的治国之道为核心，以认识和处理君臣、君民关系为内容，形成了十分完备的理论体系。这种政治思想对社会伦理秩序的影响是不言而喻的。从一定程度上可以说，伦理秩序就是政治秩序，体现在政治秩序之中。事实上，掌握政权的阶级总会根据自己的需要，通过政权的力量把一定的意识形态确立为社会占统治地位的意识形态，以此对社会成员进行教育和灌输，要求人们在现实生活中践履。

---

① 《马克思恩格斯选集》第 2 卷，第 537 页。
② 王浦劬：《政治学基础》，北京大学出版社 1997 年版，第 8 页。
③ 王浦劬：《政治学基础》，北京大学出版社 1997 年版，第 333 页。

（三）文化因素

文化是一个十分复杂的现象，包含十分丰富的内容。正是由于文化的多义性，迄今为止，国内外学界都未形成统一的定义。我国学者对文化的界定最常见的有两种情况：一种情况是对文化作广义和狭义的区分。广义的文化包括人类社会的一切活动和现象，它"总括人类物质生产和精神生产的能力、物质和精神的全部产品。"狭义的文化则把文化限定在精神生活领域，"指精神生产能力和精神产品，包括一切意识形式，有时又专指教育、科学、文化、艺术、卫生、体育等方面的知识和设施，以及世界观、政治思想、道德与意识形态相区别的。"① 另一种情况是介于广义与狭义之间，把文化视为与经济、政治相并列的人类创造的一切精神成果及其在社会生活中的体现。本书对影响伦理秩序文化因素的讨论就是在这个意义上而言的。

文化之所以会成为影响伦理秩序的一个重要因素，是因为一定社会的伦理秩序总是在一定的文化背景下或者在一定的文化环境中形成的。影响伦理秩序的文化背景或文化环境主要包括道德教育、风俗习惯、宗教信仰和民族心理等方面。其中，道德教育作为调节人们的道德行为和关系，形成道德品质和理想人格，造就良好社会舆论和社会风尚的重要手段，对伦理秩序的影响，既表现为道德教育本身对相应伦理关系及伦理秩序的直接作用，也表现在家庭、学校、单位以及社会等各领域的道德教育通过对所属成员道德素质的影响，间接对社会伦理关系和伦理秩序发挥作用。伦理秩序发挥社会功能，一个基本的表现就是社会成员自觉遵守伦理秩序的规范要求。而社会成员是否能够真正做到这一点，与道德教育实施的状况和水平密切相关。一种伦理秩序最终能否为社会所接受，关键固然在于它本身的合理性以及与社会发展是否相适应，但这种伦理秩序到底能够在何种程度上为人们所接受，伦理秩序的功能能够在多大程度上发挥出来，则是取决于道德教育实施的状况和水平。

风俗习惯作为社会文化的重要组成部分，是一股强大的社会势力，对人们的思维方式和行为习惯都有十分重要的影响。可以说，包括吃穿住行在内的人类社会生活的各个方面都会不同程度地体现出风俗习惯的作用。伦理秩序也不例外。由于每个人从出生之日起，就一直处在一定社会的风俗习惯之中，其思维方式和行为习惯总会自觉不自觉地受到风俗习惯的影响。风俗习惯凭借其根深蒂固的社会基础和力量，成为一种心理定势，深刻影响着人们的道德认识、

① 《中国大百科全书》哲学卷Ⅱ，中国大百科全书出版社 1987 年版，第 924 页。

道德情感、道德意志与道德行为习惯，进而深刻影响着人与人之间的伦理关系和伦理秩序。

此外，民族心理和宗教信仰对伦理秩序功能的发挥也有重要影响。一般地说，每个人总会属于一定的民族。由于每个民族在传统、习惯、生活方式等方面都有不同特点，这些民族特点在长期的社会发展中就会以民族文化的形式反映在民族成员的心理中，形成不同的民族心理，并潜移默化地成为个体心理的重要因素。民族心理正是通过作用于个人的心理和行为来影响人们认识和处理伦理关系的方式，进而对伦理秩序发生作用的。同时，许多宗教戒律本身直接就是道德规范，不同的宗教信仰有不同的行为准则，使信仰不同宗教的人具有不同的道德认识、行为模式和道德习惯。因此，宗教信仰作为社会文化的重要方面，对伦理秩序的影响也是不言而喻的。

第三节　良性伦理秩序的构建

伦理秩序是道德调整的最终目的和结果，而伦理秩序本身有良性、中性与恶性之分。因此，确切地说，作为道德调整方向和目标的伦理秩序是良性伦理秩序。我们考察伦理关系的调整与伦理秩序，最终目的是就要使人们在正确认识和处理伦理关系的基础上构建良性伦理秩序。

一、伦理秩序的评价原则

评价伦理秩序的合理性，必须对伦理秩序内外相关因素进行综合考察：既要对伦理秩序本身进行全面考察，又要对伦理秩序在整个社会大系统中的运行作整体性评价；既要考察伦理秩序的结构、功能及相互联系，又要考察其形成过程、现实状态以及发展趋势；既要评价伦理秩序及其变革与社会发展的适应情况，又要考察伦理秩序满足人的需要、促进人的发展的程度。归纳起来，评价伦理秩序的合理性主要有以下三个原则：

一是协调原则。协调原则是评价伦理秩序合理性的首要原则，它主要考察伦理秩序本身内部各子系统和各要素之间及其与社会环境之间的协调程度。用协调原则来考察伦理秩序的合理性主要包括两个方面：一方面，要考察伦理秩序本身内部各子系统和各要素之间的协调程度。对此，我们又可以从结构和功能两个方面来进行。其中，结构协调主要是分析伦理秩序各子系统和各要素之间的联系是否规则有序，关系秩序与行为秩序、动态秩序与静态秩序、规范秩序与德性秩序之间是否协调和平衡。如果构成伦理秩序的各子系统和各要素之间、关系秩序与行为秩序、动态秩序与静态秩序、规范秩序与德性秩序之间相互适应、相互协调，那么伦理秩序就是具有协调性的。功能协调则主要是分析伦理秩序各子系统和各要素的活动和作用之间是相互促进还是相互抵消或内耗。协调的伦理秩序各子系统和各要素的活动和作用之间是相互配合、相互促进的，这就是功能协调；不协调的伦理秩序各子系统和各要素的活动和作用之间则会发生矛盾、冲突，或者相互抵消、相互内耗，这就是功能失调。

另一方面，要考察伦理秩序与整个社会环境之间的协调程度。考察伦理秩序与整个社会环境之间的协调程度，主要是分析伦理秩序与社会其他要素之间是否能相互适应和相互促进。协调的伦理秩序与经济、政治、法律等其他社会结构之间应该是相互适应、相互促进的关系，不协调的伦理秩序与其他社会要素之间则是不相适应、相互发生负面影响。比如，就伦理秩序与经济发展的关系而言，伦理秩序是建立在经济基础之上，随经济的发展而发生变化，并对经济发展起能动的反作用。协调的伦理秩序与自己的经济基础是相适应的，对经济发展能够起到应有的推动作用，不协调的伦理秩序对经济发展则会起阻碍作用。因此，合理的伦理秩序必须与社会经济等其他要素的发展相适应。

二是发展原则。如前所述，人类伦理关系有一个从产生到发展的历史过程，作为伦理关系特定表现形态的伦理秩序也会随着经济、政治、文化等其他社会要素的发展而不断发生变革。这是人类伦理秩序发展变革的一般趋势。

在这个总趋势下，在特定的历史阶段或局部范围内，伦理秩序与社会经济等其他要素的发展也可能存在不相适应的情况。这是因为建立在经济基础之上的伦理秩序的变革与社会经济、政治等其他要素的发展变化并不一定完全同步。在一定的历史阶段，随着社会的发展变化，伦理秩序与经济、政治等其他要素可能从原来相适应、相协调的状态变为不相适应、不相协调的状态。在这种情况下，伦理秩序能否及时作出自我调整，尽快与社会发展相适应，也是衡量伦理秩序合理性的重要方面。这就要求伦理秩序不仅应该是适时的，而且应该具有一定的可预见性。只有具有适时性，伦理秩序才能与社会发展相协调；只有具有可预见性，才能把握社会发展变化的趋势，从而在社会经济、政治发展变化的条件下，迅速作出自我调整，始终与社会发展相协调。

因此，我们在对伦理秩序进行评价的时候，不仅要看在特定时期内伦理秩序与社会环境之间的协调程度，而且要看伦理秩序变革与社会发展之间的适应程度，即在发展的趋势上伦理秩序是否能与社会发展保持一致或者说在多大程度上保持一致。这就是说，评价伦理秩序的合理性，在坚持协调原则的基础上，还必须坚持发展原则，既要分析伦理秩序的现时状态，又要考察其发展趋势，只有从伦理秩序的现实状态和未来前景的综合考察中，才能对一定社会的伦理秩序作出更加科学的评价。

三是满足需要原则。人类社会发展进步的一个直接标志就是人的需要的满足程度。合理的伦理秩序之所以历来是人类追求的重要目标之一，一个重要原因就是因为它能够满足人的需要。因此，满足需要原则也是衡量伦理秩序合理性的重要原则，它考察的就是伦理秩序能否满足人的道德需要以及它在何种程度上满足人的这种需要。

从总体上看，一般而言，具有协调性、与社会发展相适应的伦理秩序总是能够满足人的需要的；不具有协调性、与社会发展不相适应的伦理秩序，虽然在一定的时期和一定的范围内也可能满足一些人的需要，但这种需要只可能是少数人的不正当需要，它不可能满足绝大多数人的正当需要。因而在总体说，不具有协调性、与社会发展不相适应的伦理秩序是不符合满足需要的原则的。

根据伦理秩序的评价原则，从伦理秩序本身的状态及其与所处的社会环境之间的关系出发，我们可以把伦理秩序分为良性的、中性的以及恶性的三种。其中，良性伦理秩序是指社会伦理关系与道德生活的各个层次与各个方面、各领域、各要素之间相互协调、相互促进的状态；同时，伦理秩序与其他社会环境之间也相互协调、相互促进。恶性伦理秩序正好相反，是社会伦理关系与道德生活的各个层次与各领域、各要素之间不协调的状态，同时，伦理秩序与社会发展不相适应，甚至出现完全脱节、失控的局面。这种恶性伦理秩序可能有两种情形：它既可能是一种无序状态，即没有形成社会发展所需要的伦理秩序，也可能是伦理秩序完全过时，根本不适应现实社会发展的需要。中性伦理秩序则是介于良性与恶性之间的一种秩序：伦理秩序的各领域、各要素之间既存在相互协调、相互促进的有利因素，也存在不相适应、不相协调的不利因素；伦理秩序与社会环境之间既存在相互适应、相互促进的方面，也存在不相适应甚至相互具有负面影响的情况。这种伦理秩序既可能向良性伦理秩序转化，也可能向恶性伦理秩序转化。

二、良性伦理秩序的基本特征

良性伦理秩序是人类社会所追求的目标秩序。在良性伦理秩序下，伦理关系的各个层面良性运行，道德机制与其他社会机制之间相互协调、相互促进，伦理秩序与社会环境之间相互适应，人的道德需要得到满足，理想目标和现实目标之间的差距日益缩小，现实目标向理想目标的转化趋势日益明显，有序与无序的在对立中实现统一，成为新的良性秩序产生的动力。具体地说，良性伦理秩序具有以下几个基本特征：

（一）规范性与协调性

如前所述，伦理秩序具有规范性和规范功能：伦理秩序作为一个整体，也是对人们提出的"应该怎样"的一种具有普遍性的规范和要求。正是通过这种具有普遍性的规范和要求来规范、引导社会伦理生活和人们的道德行为，从而对人们有着不同程度的制约作用。可见，一般地说，一切伦理秩序都具有规范性的特点。良性伦理秩序也不例外。良性伦理秩序在具有规范性的同时还具有协调性，良性伦理秩序的规范性与规范功能是与协调性紧密联系在一起的。良性伦理秩序的协调性包括伦理秩序本身内部结构和功能的协调及其与所处的社会环境之间关系的协调两个方面。

就伦理秩序本身而言，良性伦理秩序的结构和功能都是协调的。其中，结构协调是指构成伦理秩序的各子系统和各要素之间、关系秩序与行为秩序之间、动态秩序与静态秩序、规范秩序与德性秩序之间相互适应、相互协调；功能协调是指伦理秩序各个子系统和各要素的活动和作用之间是相互配合、相互促进的。从伦理秩序与社会环境之间的关系来看，良性伦理秩序与经济、政治、法律等其他社会结构之间应该是相互适应、相互促进的关系。比如，就良性伦理秩序与经济发展的关系而言，良性伦理秩序不仅能鲜明地体现伦理秩序与经济发展之间应有的关系状况，与经济发展的要求相适应，而且对经济发展能够起到能动的促进作用。

（二）模式性与自觉性

模式性既是一般伦理秩序的基本特征之一，也是良性伦理秩序的基本特征之一。就伦理秩序的状态和功能而言，伦理秩序总能为人们认识和处理各种伦理关系和道德行为提供一种范式和方向指导。伦理秩序的模式性是指道德规范在不同时空的有效调整会形成大致相同的秩序，即伦理秩序具有时间上的连续性和空间上的广延性。伦理秩序的模式性是由它的一致性和稳定性决定的。在前述道德调整的机制中，道德规范的适用在整个社会中是统一的，作为一种标准和尺度，它不仅适用于一定的具体情况，而且适用于某一社会阶段或时期的所有同类情况，对所有主体都是一视同仁的。这就是良性伦理秩序的一致性。伦理秩序的一致性规定着道德调整的空间，它使伦理秩序在道德调整的空间范围内形成大体相同的模式；伦理秩序的相对稳定性则规定着道德调整的时间，它使伦理秩序在道德规范的时间范围内也形成大体相同的模式。

良性伦理秩序的模式性主要不是靠强制性的外力，而是靠人们对伦理秩序发自内心的认同和服膺，也就是人们的主动性和自觉性。由于良性伦理秩序的规范性和规范功能能够反映当时社会发展和人们的实际需要，因而能够在更大程度上为人们所自觉服膺，从而内化为自己的内在心灵秩序。这就是说，良性伦理秩序的规范性和规范功能不仅能为人们的行为和活动提供一种外在的客观模式，而且能在很大程度上把这种外在模式的约束力量转化为自身内在的意志和规律，即人们既认识了伦理秩序模式的约束作用，又出于内心对伦理秩序模式合理性的认同而自觉服膺这种模式的约束。在这个意义上，良性伦理秩序也就是康德所赞叹和敬畏的"内心的道德法则"。他说："有两种东西，我们愈时常、愈反复加以思维，它们就给人心灌注了时时在翻新、有加无已的赞叹和敬畏：头上的星空和内心的道德法则。"① 显然，"内心的道德法则"就是从他律向自律转化的道德规范。良性伦理秩序的规范性和模式性被转化为主体自身内在的意志和规律，也是主体的一种"内心的道德法则"。

（三）稳定性与开放性

从一定意义上可以说，秩序本身就意味着一种稳定的状态，因而稳定性也是伦理秩序的固有特征之一。当然，这种稳定是相对的稳定，而不是绝对的稳定。伦理秩序之所以具有反映、规范以及完善等社会功能，重要原因之一就在于它具有相对稳定性。否则，伦理秩序是不可能发挥社会功能的。良性伦理秩序也不例外。正是这种相对稳定性，使良性伦理秩序能够给人们一种现实的安全感，并能使人们在一定程度上预见自己行为的后果：人们在实施某种道德行为之前，就应该能够预见到这种行为的后果——对自己、对他人、对社会有利还是有害，自己的这种行为该受惩罚还是奖励，而且在实施这种道德行为之后，这种预见的后果就会出现。反过来，如果人们不能从伦理秩序中得到这种预见，或者这种预见不能实现，说明这种伦理秩序要么不具有稳定性，要么是一种"绝对的稳定性"。这种"绝对的稳定性"实质上是一种靠强力手段维持的僵化状态，这已经不再是良性伦理秩序了。

良性伦理秩序之所以是良性的，不仅是因为它具有相对稳定性，更重要的方面在于它具有开放性，即具有与不同文化类型的相洽性，既能正确反映自己所处文化类型的内在特质，又能批判地吸收和借鉴他种文化类型的优点和长处。这是使伦理秩序能够永葆适时性和正当性的重要原因之一。当然，文化类

---

① 康德：《实践理性批判》，商务印书馆1960年版，第164页。

型一般包括历时和共时两个视角，历时性的文化类型即我们通常所说的封建主义文化、资本主义文化、社会主义文化等，我们说伦理秩序与这一视角文化类型的相洽性，实质上就是伦理秩序的适时性。因此，这里我们讲的伦理秩序与不同文化类型的相洽性，主要指地域上的文化类型，如西方文化与东方文化、中国文化与英美文化、儒家文化与基督教文化等等。显然，文化类型的这一视角是以共时性为视角的，即在同一时代文化类型的差异性。从共时性视角看，良性伦理秩序与文化类型的相洽性，是指它不仅能与自己所处的文化类型相一致，而且能反映不同文化类型中人们的一般伦理要求和主张，特别是能吸收和借鉴他种文化类型的优秀的东西，能不断从外部环境获得新的资源和信息，从而保持自身的稳定性和开放性。

（四）适时性与可预见性

道德不仅是社会关系的调整器，同时也是社会关系的产物。这就是说，道德应该能够适应时代发展的要求。作为道德调整目的和结果的伦理秩序也是这样，必须适应时代发展的要求。因此，适时性是伦理秩序的基本特征。如果伦理秩序不能适应相应时代社会发展的需要，滞后于一定时代社会发展的要求，甚至出现完全背离的情况，虽然也可能在局部产生某种实际的作用，但从整体上看，必然发生变革，最终只能被新的伦理秩序所取代。比如我国封建社会的伦理秩序到了封建社会末期已经滞后于社会发展的要求，但对于统治阶级来说，在客观上它起到了维护和巩固统治的作用，但由于它毕竟已经过时，必然为新的伦理秩序所取代。良性伦理秩序的适时性具有更高的要求：它应该既能反映社会发展的整体需要，又能反映社会成员的个体需要。因为在现代意义上，社会整体利益的维护与个体权利的保障应该是一致的。

良性伦理秩序不仅应该具有适时性，而且应该具有可预见性。适时性是良性伦理秩序的基本要求，也是一般伦理秩序的基本要求；可预见性则是良性伦理秩序的高层次要求。良性伦理秩序的可预见性包括两方面的含义。一方面，是指良性伦理秩序能够正确预见未来一定时期社会发展的需要，或者说，人们透过伦理秩序的状况，在一定程度上预见社会发展的未来状态和趋势。另一方面，主体对彼此之间的关系和行为能够作出必要的正确预见。正是在这个意义上，哈耶克说：秩序从本质上说"意味着个人的行动是由成功的预见所指导的，这亦即是说人们不仅可以有效地使用他们的知识，而且还能够极有信心地预见到他们能从其他人那里所获得的合作。"① 这就是说，人们根据一定的伦理秩序不仅可以预见他人的行为进而实施自己的行为，并能预见自己行为的后果，进而或继续或改变自己的行为。

三、构建良性伦理秩序的途径

构建良性伦理秩序，必须在坚持伦理正义这一理念的基础上，从规范、主体以及社会等三个层面入手，既加强制度伦理建设，为良性伦理秩序的构建提供必要的制度保障；又加强德性伦理的培育，为良性伦理秩序的构建提供坚实的德性基础；还要加强道德整合，以保证伦理秩序的协调性、自觉性、开放性和可预见性，从而促进良性伦理秩序的整体实现。

（一）坚持伦理正义：良性伦理秩序的基础

构建良性伦理秩序，首先必须确定一个人们能够普遍认同和接受的社会伦理生活的基础理念或原则。这一基础理念就是伦理正义，这是构建良性伦理秩序的基础。

社会伦理正义是古往今来人类始终探寻的一种普遍伦理原则的基本出发点之一。但在不同的时代和不同的国家对伦理正义有不同的解释。如在中国以儒家思想为主流的传统社会中，正义首先是指个人的一种美德。如孟子所说的"君义，莫不义；君正，莫不正"②，就是把正义作为个人的一种品质而言的。而在古希腊，正义作为一个伦理学范畴包含个人与社会两个方面。如柏拉图认为，正义不仅指国家各等级之间关系的和谐，即社会上每一个个人都能认识到自己的职责，并且按照善的要求来履行自己的职责，才能形成国家的正义；正义也是个人内在的一种精神状态和品质，是个人应该具有的美德。而在现代社会，不管是西方还是中国，正义、公平、公正日益成为社会伦理的一个基础理念，被广泛地运用于社会关系、社会制度的道德合理性。"它集中反映着社会对人们道德权利与道德义务的公平分配和正当要求，反映着人际关系中相互平等对待的方式和态度，反映着个人所特有的正直公平的品质。"③ 可见，伦理正义既是现代社会个人所具有的一种品质，也是人们认识和处理伦理关系的重要依据和基本准则，也是一个社会凝聚力的重要源泉。

就伦理秩序而言，之所以说伦理正义是良性伦理秩序建构的基础，是因

---

① 哈耶克：《自由秩序原理》上卷，三联书店1997年版，第21页。

② 《孟子·离娄上》。

③ 万俊人：《现代性的伦理话语》，黑龙江人民出版社2002年版，第97页。

为：其一，从结构上看，由于伦理关系是伦理秩序的组织细胞，伦理秩序是伦理关系的有序化的表现形态，因而构建良性伦理秩序，关键是要形成和谐有序的伦理关系。而要实现伦理关系的有序与和谐，关键是要保证主体职责与义务的履行。而伦理正义的根本要义正好在于确保每一主体都履行好自己的职责与义务，从而使所有社会成员的权利与义务得到合理分配。这是因为，从一定程度上说，正义是现代社会结构和制度安排的首要规定，正如罗尔斯的所说的，"正义是社会各种制度的首要美德，如同真理是思想体系中的首要美德一样。"① "作为公平的正义可以说是不受现存的需要和利益的支配。它为对社会制度的评判建立了一个阿基米德支点。"② 而制度安排的一个重要内容就是对社会成员权利与义务的分配。只有依据正义原则来进行制度安排，对社会成员权利与义务的分配才可能是公平、合理的分配。伦理正义就是通过促进伦理权利与义务的合理分配与实现，来促进伦理关系的有序与和谐，进而促进良性伦理秩序的形成。正是在这个意义上，伦理正义不仅是伦理秩序本身的内在要求，也是构建良性伦理秩序的重要基础。

其二，良性伦理秩序的重要特征之一就是是否具有可接受性，即人们是否能从内心认同和自觉接受这种伦理秩序。而伦理秩序是否能为社会所认同和接受，有两个方面的要求。一方面，要看人们有无接受伦理秩序的必要性，即这种伦理秩序是否能满足人们的现实需要；另一方面，要看人们有无接受伦理秩序的可能性，即伦理秩序作为一种规范或要求，与人们的认识水平是否一致或基本一致。从必要性看，伦理正义以社会成员权利与义务的合理分配为核心内容，显然是社会绝大多数成员所需要的。正是由于伦理正义对于人们权利与义务实现的重要意义，在社会发展中受到普遍的关注，被认为是社会发展应有的必要的伦理关怀。也就是说，社会大多数成员有认同和接受伦理秩序的需要甚至渴求。从可能性看，对个体而言，伦理正义的要求并不是高层次的要求，它不要求社会成员作自我牺牲，而仅仅是一种建立在公平、正直的最基本、最起码的要求。作为一种最基本、最起码的要求，社会多数成员都不难接受、遵守和履行，因而具有可普遍化性。这就是说，无论是从必要性还是从可能性方面看，只有符合伦理正义的伦理秩序才是具有可接受性的伦理秩序。在这个意义上说，伦理正义也是构建良性伦理秩序必须坚持的重要基础。

① 罗尔斯：《正义论》，中国社会科学出版社 1988 年版，第 1 页。
② 同上，第 252 页。

其三，从社会伦理生活的实际来看，人与人之间的伦理关系、社会伦理秩序的紊乱以及各种现实道德问题的存在，一个重要的原因就是人们的正义品德和社会伦理正义精神的缺失。因此，解决现实道德问题，实现人与人之间伦理关系的和谐，构建良性伦理秩序，都必须以伦理正义作为基本的精神指导，大力弘扬社会伦理正义。

（二）制度伦理建设：良性伦理秩序的保障

如前所述，道德规范也是伦理秩序的基本要素之一。道德规范作为伦理秩序的设计图式，可以使人们在认识和处理人与人之间的伦理关系、实施道德行为时都有章可循。而道德规范本身的合理性在很大程度上决定了伦理秩序的合理性及其程度。因此，构建良性伦理秩序的关键一步，就是要为伦理秩序设计一幅好的图式，即在坚持伦理正义理念的基础上，加强道德规范体系建设，建立符合伦理正义的道德规范体系，从而把人与人之间的伦理关系和人们的道德行为都置于道德规范的规导之下。

目前，加强道德规范体系建设，一个重要思路就是加强制度伦理的研究和建设。关于制度伦理，学界尚未形成统一的定义。归纳起来，主要有以下三层含义：一是指制度据以产生的伦理，即制度的伦理基础、伦理根源或伦理底蕴；二是指制度中的伦理，包括制度中所蕴涵的道德价值和伦理精神以及对制度的道德评价；三是指制度化的伦理即伦理制度，它是把社会的道德规范、准则、要求和价值目标予以制度化，使之上升为一种与经济、政治、法律制度相并列的制度体系。[①]

制度伦理可以而且应该与伦理秩序的构建相结合，制度伦理应该成为良性伦理秩序构建的基本途径之一。这是因为，制度伦理的目的在于将一定的道德规范、准则和要求与各种社会制度相结合，使之成为具有强制性的制度化的规范力量，以此来约束人们的行为。具体地说，构建良性伦理秩序中的制度伦理建设，主要包括两个方面。一方面，构建良性伦理秩序必须审视现有各种制度的伦理基础。伦理秩序本来就是渗透在经济、政治、法律等其他社会秩序之中的。制度的道德合理性对个体道德和社会道德的发展都有十分重要的影响。邓小平同志说："制度好可以使坏人无法任意横行，制度不好可以使好人无法充分做好事，甚至会走向反面。"[②] 显然，邓小平同志所说的制度好与不好，是

---

① 参见杨清荣：《略论制度伦理与德性伦理的关系》，《道德与文明》2001 年第 6 期。
② 《邓小平文选》第 2 卷，第 333 页。

包含了制度的道德性的。罗尔斯也认为制度的道德评价和选择应该优先于对个人的道德评价和选择。因此，构建良性伦理秩序必须重视经济、政治、法律等各种制度的伦理基础，对它们进行道德评价，考察它们是否符合相应的道德原则与规范。

另一方面，构建良性伦理秩序可以将一定的道德规范、准则和要求加以制度化，从而以制度化的力量即伦理制度来约束人们的行为，使人们的行为符合相应的道德原则与规范。过去，我们把着眼点主要放在道德教育上，这当然是对的，也是非常必要的。但是，由于道德教育的作用最终是建立在个人内心自觉的基础之上的，而在现有的社会经济、政治、文化条件下，人们的道德水平还尚未达到应有的程度，光靠人们的自觉还不一定能完全遵守。因为在市场经济条件下，决定一个人的行为选择最重要的因素之一是经济利益，单靠道德教育是不足以使人们都作出具有道德合理性的行为选择的。应该说，当前伦理秩序建构中存在的重要问题之一，就是传统伦理秩序构建中的制度性匮乏：重教育轻管理，未能把制度伦理的建设摆在应有的位置。

在这方面，西方发达国家的一个通行的做法就是进行道德立法，或者建立专门制度来促进道德的实施。比如，美国的《公务道德法》、《公务员道德法》对公务员及其公务行为在道德上都作了详细规定。我国《公民道德建设实施纲要》指出：要"建立健全有关法律、法规和制度，把公民道德建设融于科学有效的社会管理之中。"[①] 这就是说，我们在建立具体制度的时候，要将制度的经济、社会目标与其道德性相结合，并使之成为制度化的约束力量来促使人们遵守。

需要注意的是，并非所有的道德都可以制度化。一般地说，只有那些最基本、最普遍的道德规范、准则和要求才可以制度化。同时，由于制度本身也是既有优势也有不足的，其优势在于它能给人们的行为予以有效的约束和导向，不足在于它不能改变人们行为动机中可能存在的不道德因素。因此，我们必须辩证地看待伦理制度在构建良性伦理秩序中的作用：构建良性伦理秩序既需要伦理制度的保障，也离不开主体的道德自律；在强调制度伦理建设的同时，不能忽视主体德性伦理的培育。

（三）德性伦理培育：良性伦理秩序的德性基础

构建良性伦理秩序，在加强道德规范体系建设，建立符合伦理正义的道德

① 转引自《＜公民道德建设实施纲要＞学习读本》，人民出版社2001年版，第4页。

规范体系的同时，还必须加强德性伦理培育。这是因为制度伦理对人与人之间的伦理关系和人们的道德行为的规导毕竟是外在的，要使人们真正自觉服膺道德规范，必须把这种外在的制度化约束转化为主体内在的意志约束。这就是说，制度伦理毕竟是外在的，只要主要还没有形成相应的德性，外在规范和制度的道德意义就是有限的。在现实生活中，明知故犯、知法犯法现象的存在，虽然可能有或主观、或客观的各种原因，但其中一个重要方面就是单凭规范、制度甚至法律，都不能从根本上实现良性伦理秩序，因为在规范、制度的规导下，既可能产生道德的行为也可能产生不道德的行为。可见，只有使人们对制度伦理的要求产生价值认同，形成与之相适应的德性水平，制度伦理才能真正有效发挥作用。因此，在加强制度伦理建设的同时，必须从主体层面来加强德性伦理的培育。

与制度伦理相比较，德性伦理具有内在性、自律性以及超越性等特点。所谓德性的内在性，是指德性是一个人的内在品质。正如亚里士多德所说的："那些被称赞的品质或可贵品质就是德性。"① 品质不同于规范、制度的一个重要特点就是它具有内在性："德性由于我们自己，出于我们的自愿"②，"所谓自愿，就是一个人知道自己所做的事情，他的行为不是无知的，不是既不知道对象是什么，也不知所用的是什么，所为的是什么。"③ 因此，作为人的一种内在品质，德性内在地要求人们做或者不做某种行为。所谓德性的自律性，是指德性作为人的一种内在品质，也是人们的行动指南，一个人具有何种德性，就会表现出何种行为，因而有德性的行为，是出自个体自觉、自愿和自我约束的行为，即自律行为。"不自愿行为是不知道，或者虽然并不是不知道，但是身不由己，受到强制。"④ 所谓德性的超越性，则是指德性在一定程度上可以超越外在规范和制度的局限性，在外在规范和制度缺乏或不相适应的情况下发挥特殊作用。这是因为，德性作为人的一种内在品质，即使在没有外在的规范、制度的约束下，德性仍然是人们的行动指南，可以在一定程度上保证人们按照德性的要求行事，追求相应的道德价值。

正因为这样，加强主体层面德性伦理的培育也是构建良性伦理秩序不可或缺的重要一环。从德性伦理与制度伦理关系看，它们是相互作用并相互转化

---

① 亚里士多德著，苗力田译：《尼各马可伦理学》，中国人民大学出版社 2003 年版，第 24 页。
② 周辅成：《西方伦理学名著选辑》上卷，商务印书馆 1964 年版，第 310 页。
③ 亚里士多德著，苗力田译：《尼各马可伦理学》，中国人民大学出版社 2003 年版，第 108 页。
④ 同上。

的，可以实现统一。制度伦理的外在约束不可或缺，但还只是低层次的任务；德性伦理作为主体自身的内在约束，是构建良性伦理秩序中高层次的任务。人有了一定的德性，一般就会自觉遵守相应的规范、制度；但德性又总是在规范、制度的基础上形成的，德性据以形成的规范、制度本身必须具有道德合理性。

（四）加强道德整合：良性伦理秩序的整体实现

构建良性伦理秩序，在制度伦理、德性伦理的基础上，还必须加强道德整合。因为有了符合伦理正义的规范、制度以及主体内在的德性品质，基本可以保证人们在认识和处理伦理关系、实施道德行为的时候遵守基本的道德原则和规范，寻求和实现基本的道德价值。但是，由于伦理秩序本身是一个整体性很强的概念，良性伦理秩序的协调性、自觉性、开放性以及可预见性，也必须经过道德整合才能实现。因为在制度、德性基础上虽然可以保证具体伦理关系的和谐，但就全社会的伦理关系总体而言，它并不意味着社会伦理关系的整体协调，或者说并不意味着良性伦理秩序的整体实现。为此，必须在加强制度伦理和德性伦理建设的基础上，对道德系统的各个部分或各个要素及其功能进行协调和控制，使之成为一个有机的整体。

具体地说，通过道德整合来构建良性伦理秩序主要包括三个方面的内容：一是要加强伦理秩序的内部整合，即把形成良性伦理秩序所必需的各种构成要素及其相互关系结合成一个有机的整体，实现伦理秩序各内构要素及其相互关系的统一与协调；二是要加强伦理秩序与外部环境之间的整合，包括伦理秩序与经济、政治、法律等其他社会秩序的统一与协调，为良性伦理秩序的构建提供必需的经济、政治、文化基础和社会环境等等；三是要抑制失序现象，即以适时道德规范所设计的良性伦理秩序图式为标准，对现实的伦理秩序进行检验，找出现实的伦理秩序与良性伦理秩序设计图式之间的差距，并采取切实有效措施缩小甚至消除这些差距和各种失范现象，促进良性伦理秩序的形成。

此外，还必须在全社会形成对社会所需要的良性伦理秩序的普遍共识，对社会道德的结构进行合理调整，如对过时道德的摒弃，对适时道德的强化，对应世道德的倡导等等，从而在全社会形成以适时道德为主体、以应世道德为发展方向的社会道德的结构态势，从而促进伦理秩序功能的整体发挥，保证伦理秩序的协调性、开放性和可预见性。这是因为，人们的道德行为总是在一定的思想观念、价值意识的指导下展开的，总要受到社会道德价值体系的影响。因而必须在全社会倡导一种具有伦理性的社会舆论和风俗习惯，形成社会应有的核心价值体系，培养人们应有的价值观念和道德信念，以此来指导人们的道德生活和道德实践，促进良性伦理秩序的形成。

余　论

伦理关系与社会和谐

　　到这里为止，本书已经对伦理关系的一般理论和实践问题作了一个较为完整的论述。但从理论上说，我们研究伦理关系及其调整问题，不能仅停留在一般性的理论和实践层面，而应该落实到我国现实的社会伦理关系及其调整上。这是因为，伦理学研究道德、道德现象与伦理关系及其调整问题，最终目的是要完善自身、完善他人和完善社会，协调个人与他人、集体及社会之间的关系。因此，当前我国社会伦理关系及其调整问题就成为一个非常值得研究的重大现实问题。① 事实上，实现伦理关系的和谐不仅是社会和谐的题中之义，更是社会和谐的伦理基础。可以说，能否对伦理关系进行有效调整、实现伦理关系的和谐，在很大程度上直接关系到我国和谐社会建设能否顺利进行。

　　因此，在余论部分，我们拟在分析伦理关系与社会和谐之间关系的基础上，结合当前我国社会伦理关系的实际，分析当前我国社会伦理关系的新变化，揭示其发展中存在的问题，并提出解决问题的方案，以期为人们认识和处理现实伦理关系提供有益的指导，为当前我国的公民道德建设与和谐社会建设提供有益的思路。

一、伦理关系和谐：社会和谐的伦理基础

　　党的十六届四中全会明确提出把"构建社会主义和谐社会"作为党执政的重要目标，十七大报告又进一步强调要以科学发展观为指导，积极构建社会主义和谐社会。和谐社会的构建是一项复杂的系统工程，需要方方面面的共同努力。其中，伦理关系作为一种特殊的社会关系，也是实现社会和谐不可忽视

---

　　① 但是，由于这是一个非常大的问题，如果对其进行充分展开丝毫不会亚于全书的容量。显然，这是本书所无法完成的工作。同时，也由于本选题研究的基本定位是关于伦理学的基础理论研究，因此，对当前我国现实的社会伦理关系及其调整问题我们仅仅是把它作为问题提出来，以为"余论"，更多的问题都有待我们以后作进一步深入研究。

的一个重要方面：伦理关系的和谐，不仅是社会和谐的题中应有之义，而且是实现社会和谐的伦理基础；道德调整作为伦理关系调整的基本手段，在构建和谐社会的进程中可以而且应该发挥重要作用。

（一）社会和谐也是一种伦理要求

和谐是一种世界观或宇宙图景。平等、互助、协调的和谐社会一直是人类的美好追求，也是中华民族始终追寻的社会理想目标。今天，中国共产党更是把构建社会主义和谐社会作为了自己的执政目标和执政伦理的重要价值取向。从伦理学的角度看，和谐也是一种"善"，是属于"应然"的基本价值判断。因此，它也是一种伦理要求：它要求我们在观察和处理人与人、人与社会、人与自然的关系问题上，坚持以人为本、公平正义、诚信友爱、人与自然和谐相处。

第一，和谐社会应该是一个以人为本的社会。以人为本，既是一种价值取向和思维方式，也是一种伦理要求。作为一种价值取向和思维方式，在构建和谐社会的进程中坚持以人为本，就现实而言，"就是要在经济发展的基础上，不断提高人民群众的物质文化生活水平和健康水平；就是要尊重和保障人权，包括公民的政治、经济和文化权利；就是要不断提高人们的思想道德素质、科学文化素质和健康素质；就是要创造人们的平等发展、充分发挥聪明才智的社会环境。"① 作为一种伦理要求，坚持以人为本，要求对人在社会历史发展中的主体作用与目的地位予以充分肯定。它以促进人全面发展为价值取向，尊重和关怀人性发展的要求，使发展成果惠及全体人民；它要求尊重人的合法权利、尊重人的能力差异、尊重人的个性、尊重人的独立价值，不断满足人的基本需求、不断提高人的生活质量；要求人们在分析、解决问题时确立起人的尺度，把对人的主体作用和目的地位的肯定和人本价值取向落实到构建和谐社会的实践中。

第二，和谐社会应该是一个公平正义的社会。公平正义是现代社会进行制度安排和制度创新的重要依据，是协调社会各阶层关系的基本准则，也是社会凝聚力的重要源泉。正如罗尔斯所说的，"公平、正义不仅是一种伦理价值，也是法律、社会制度和社会结构体系。"② 构建社会主义和谐社会，必须坚持

---

① 温家宝：《提高认识统一思想牢固树立和认真落实科学发展观》，《光明日报》2004 年 2 月 22 日。

② 罗尔斯：《正义论》，中国社会科学出版社 1988 年版，第 3～7 页。

以满足社会成员基本的社会公正要求为基本价值取向，通过一系列制度安排凸显公平正义的伦理精神：经济社会发展应该能够真正提高人们的经济、政治和社会地位，解决公平待遇问题，提高人们的生活质量；应该为人们提供更多的自由和机会，激励人的活力，推动社会发展；应该努力通过各种形式的再分配缩小"富人"和"穷人"之间的差距，使社会更具凝聚力。

第三，和谐社会应该是一个诚信友爱的社会。一个社会是否和谐，很大程度上取决于社会成员的思想道德素质。构建社会主义和谐社会对社会成员的素质以及人与人之间关系提出了很高的要求，它要求人与人之间以诚相待、和睦共处，要求社会成员相互竞争、尊重个性。也就是说，社会主义和谐社会应该是一个诚信友爱的社会。诚信友爱作为一个重要的社会基本道德规范和理想社会目标，其践履和实现不仅可以给社会带来功利化的物质成果，最大限度减少社会生活中的各种内耗和磨擦，减少和降低社会运行成本和风险，而且也具有极高的精神价值，有利于增加社会的价值认同和凝聚力，进而激发社会的活力，使人们在彼此信任和相互关爱中，感受做人的价值和尊严，体验生活的美好和人生的幸福。人们只有彼此信任、相互帮助，才能平等相处、合作共事，从而构筑良好的人际环境，使社会整体利益最大限度地实现。

第四，和谐社会还应该是一个人与自然和谐相处的社会。众所周知，经济社会的发展，需要以自然资源环境作为其绝对永恒的基础。马克思说："人直接地是自然存在物。"① 可见，坚持人和自然的统一性，是马克思主义自然观的基本观点。促进人与自然的和谐相处，也是构建社会主义和谐社会的重要目标之一。人与自然和谐相处，作为一种伦理要求，它所蕴含的伦理精神在于，在经济社会发展进程中我们应该以人类所特有的道德自觉态度协调人与自然的关系，重视自然界的权利和内在价值，有效保护自然环境，合理利用自然资源。同时，要正确处理好当前与未来、当代人与后代人的利益关系，当代的发展不能对后代的生存与发展构成威胁。

（二）伦理关系和谐：社会和谐的题中之义

如上所述，和谐作为一个伦理概念，代表了人与人、人与社会、人与自然之间公正有序、协调完善的关系和秩序状态。从这个意义上可以说，和谐社会的主要条件之一就是各种社会关系的协调与和谐。而伦理关系是一种特殊的社会关系，作为社会关系的一个重要方面，伦理关系和谐与否是社会关系是否和

---

① 《马克思恩格斯全集》第 42 卷，人民出版社 1979 年版，第 167 页。

谐的一个基本条件。正是在这个意义上我们说，伦理关系的和谐是社会和谐的题中之义。

具体地说，从构成社会关系的主客体因素看，社会关系一般包括人与人、人与社会以及人与自然之间的关系三个方面。对人与人、人与社会以及人与自然之间的关系，我们都可以从多个角度进行考察。从伦理学的角度看，它们都是伦理关系。因此，作为伦理关系的人与人、人与社会以及人与自然之间关系的和谐是实现社会和谐不可或缺的重要条件。其中，人与人之间关系的和谐是社会和谐的基本前提。这是因为，人与人之间的关系是社会的基本要素，它贯穿于人类社会发展的各个阶段，体现在社会生活的各个领域。所谓人与人之间关系的和谐，"就是人与人在社会交往过程中，基本利益一致，双方心理距离接近，心理相容性强，彼此感情认同。"① 促进人与人之间关系的和谐，除了要在经济发展、社会进步的基础上不断缩小人与人之间的各种差别，还要运用道德的力量，通过道德调节等方式，提倡平等互助、诚实守信、竞争友爱和文明礼貌的新型人际关系。

人与社会之间关系的和谐也是社会和谐的重要基础。从伦理学的角度看，人与社会之间的关系问题是社会发展进程中最基本的伦理问题之一。在西方，由于自由主义的传统，个人权利是伦理的基本立足点。而在我国，对整体利益的强调则成为传统伦理的基本要求。无论是以个人权利为立足点，还是以整体利益为立足点，过分强调一方面而忽视另一方面都是不妥当的。实现人与社会之间关系的和谐，就是要在促进社会全面发展与人的全面发展的基础上，坚持尊重个人合法权益与承担社会责任的统一，既把社会主体价值放在首位，又充分尊重个体主体价值，努力找到个人利益与社会集体利益的最佳结合点，从而促进个人利益与社会集体利益的和谐共生、同步实现。

如绪论中所述，人与自然之间的关系作为一种从人与人之间关系中派生出来的社会关系，在一定的意义上也可以说是一种伦理关系。促进人与自然之间关系的和谐，就是要通过倡导一种可持续发展伦理作为协调人与自然关系的行为准则，通过对环境、资源价值的确认，重新规范人与自然环境之间的关系。把人与自然环境视为同一个发展系统，既重视人的生存和发展，也重视生态环境对人类的支撑和服务价值，维护地球生态系统的平衡；在生产过程中，既满足人类日益增长的物质和文化需要，又保证环境、资源基础获得相应发展，在

---

① 王伦光：《价值追求与和谐社会构建》，浙江大学出版社 2006 年版，第 166 页。

消耗环境、资源的同时，兼顾对环境、资源的补偿和投入。

（三）道德调整：和谐社会的伦理支撑

伦理关系和谐是社会和谐的题中之义和伦理基础表明，实现伦理关系的和谐不仅是社会和谐的一个重要方面，而且是实现社会整体和谐不可或缺的重要条件：它从伦理的角度为社会的整体和谐提供伦理支撑。

和谐社会作为党执政伦理的重要价值取向，属于"应然"的基本价值判断，本身是一种伦理要求；而道德调整是以推动人们的行为和关系从"现有"到"应有"的转化为目标的，本身也是一种价值导向。因此，在构建和谐社会的进程中道德调整可以而且应该发挥重要作用：通过社会道德赏罚、评价、教育等方式，传递善恶价值信息和褒贬态度，启迪人们的道德觉悟，广泛调节人们的行为和关系，从而为实现社会关系、社会结构以及社会制度从"现有"到"应有"的转化，进而为实现整个社会的和谐提供伦理支撑。

第一，道德调整是促进社会关系和谐的重要手段。如上所述，社会关系的和谐是社会和谐最基本、最重要的条件之一，构建社会主义和谐社会，首先就是要实现社会关系的和谐。为此，既要运用经济、法律等手段来调节各种利益关系，也要运用道德调节，提倡平等互助、诚实守信、竞争友爱和文明礼貌的新型社会关系，以弥补法律等其他调节方式的不足。因为社会关系的许多方面，法律等调节方式是调节不到的。而道德力量对社会关系的调节，是以说服力和劝导力提高社会成员的道德觉悟、激发人的奉献精神体现出来的，具有法律等其他调节方式所不具有的优势。正是这些优势，决定了道德调整对人们的社会活动和利益关系有着巨大的调节作用：作为一种价值导向，它立足于人们社会生活的精神根基，渗透到社会关系中法律所无法涉及的诸多领域，广泛调节人与人、人与社会、人与自然之间的关系，克服人与人、人与社会之间的矛盾和冲突，限制乃至消除不符合社会道德价值目标、不利于社会和谐发展的因素，不断解决"现有"和"应有"的矛盾，实现人与社会的良性互动，促进社会的有序结合、和谐发展。

第二，道德调整是促进社会结构和谐的道德保障。和谐社会是对整个社会系统即社会结构总体而言的。社会结构作为社会的基本框架，包括阶层结构、城乡结构、民族结构、人口结构、就业结构等内容，其中最重要的核心结构是社会阶层结构。社会结构尤其是社会阶层结构合理既是社会和谐基本内容，也是社会和谐的重要前提。一般地说，合理的社会阶层结构主要包括三个方面的内容：社会各阶层之间的相互开放和平等进入、社会各阶层得到有所差别的并且是恰如其分的回报、社会各阶层之间保持互惠互利的关系。要实现阶层结构的合理化，必须在运用经济、政治、法律等手段调节的同时，加强道德调节，为促进社会结构尤其是阶层结构的和谐提供道德保障。因为道德调节的一个重要任务，就是要保障社会中作为公民的每一个社会成员平等的基本权利。在构建和谐社会的进程中，加强道德调整，通过社会赏罚、道德评价、道德教育等方式，以说服力、劝导力提高人们的道德觉悟，可以从道德的角度促使具有较高社会位置的阶层不为了维护本阶层的利益，人为地设置障碍来排斥其他阶层成员的进入；促进社会分配的公平公正，促进社会各阶层得到有所差别但又恰如其分的回报；促进社会各阶层特别是位置较低阶层和群体利益的增进，从而充分调动社会各阶层人民的积极性、创造性，充分挖掘社会各阶层人民的潜能，进而在社会各阶层之间形成一种良性互动、竞争、进取的状态。

第三，道德调整是促进社会制度和谐的伦理基础。社会和谐的第三个基本内容就是社会制度的公正与和谐。实现社会制度的公正与和谐，一方面需要我们深化改革，强化制度、法律等约束，进行制度创新，使制度设计真正体现公平、正义的原则；另一方面，必须加强道德调节。因为制度的主要功能就是给社会的各个主体提供追求自身利益最大化的激励机制和约束机制。社会制度作为现实生活中相对稳定的制度框架，必然存在着道德评价与道德选择的内涵和意义。制度的选择行为本身就是一种利益关系行为，因而也是一种道德行为，必须有正确的伦理理念和道德原则的指导。因此，只有加强道德调节，运用道德的内在约束，提高制度设计者的道德觉悟，培育和增强他们的自律意识，同时，确立制度设计的正确价值取向，把他们置于善恶分明的制度设计环境之中，激发他们的荣辱、羞恶之心，为自己正确的、合道德的制度设计充满信心和力量，为自己不道德甚至不合法的制度设计感到巨大的精神压力，从而自觉坚持正确的合道德的制度设计行为，改变那些不道德的、甚至不合法的制度设计行为，进而促进社会制度的公正与和谐。

二、当前我国伦理关系的新变化

随着社会主义基本经济、政治、文化制度的建立，特别是社会主义市场经济的发展，人们的经济与社会生活都发生了巨大变化。建立在社会主义经济关系、政治关系基础之上，同时蕴涵在社会主义经济、政治等其他社会关系之中的伦理关系也随之发生了深刻而积极的变化。归纳起来，当前我国社会主义伦理关系的新变化主要表现在以下四个方面：

（一）从封闭走向开放

在中国传统社会自然经济条件下，社会生产主要是以家庭为单位、以血缘关系为纽带，人们自给自足地进行生产和消费。这种小农经济从根本上限制了人与人之间伦理关系产生和存在的范围。正是由于小农经济条件下生产关系、经济关系的封闭性，决定了中国传统社会建立在血缘宗法关系基础之上的伦理关系的封闭性。伦理关系的封闭性特征，在我国实行改革开放以前一直没有得到根本改变。由于传统力量的影响和计划经济所要求的集中统一生产、生活，伦理关系的封闭性特征依然十分明显。实行改革开放，特别是建立和发展社会主义市场经济以来，伦理关系的封闭性特征从根本上被打破了，人与人之间的伦理关系日益呈现出开放性特征。这主要表现在：

一是从熟人关系向生人关系拓展。在中国传统社会，人与人之间的社会交往往往局限于建立在血缘、姻亲以及地缘关系基础之上的亲人、家人和邻里之间。这就决定了中国传统社会的伦理关系主要是熟人之间的关系，用以调节人与人之间关系的道德规范和道德要求也侧重于熟人方面，少有关于生人之间伦理关系的道德规范和道德观念。如君臣、父子、夫妇、兄弟、朋友"五伦"都是典型的熟人关系。在改革开放以前，我国伦理关系主要存在于熟人之间的状态一直没有得到根本改变，只不过这时的"熟人"范围在传统社会的基础上有所扩大。在市场经济条件下，人们的活动范围空前扩大，人与人之间的交往空前增多。人与人之间的交往除了血缘、姻亲、地缘关系之外，大量的是业缘、趣缘以及信息关系、虚拟关系。发生这些关系的主体与主体之间都是生人。人们求学、工作、经商、办事以及日常生活的方方面面都要面对更多的生人，从而使得生人之间的伦理关系的比重日益增大。

二是从直接关系向间接关系拓展。在传统社会以熟人为主的伦理关系中，伦理关系更多是一种人与人之间直接发生的关系。随着现代社会伦理关系从熟人关系向生人关系拓展，间接发生的伦理关系日益增多并显得日益重要。也就是说，在现代社会，伦理关系除了人与人之间直接发生的关系之外，也突出地表现为人与物质、人与制度、人与信息等各种关系。从根本上说，这些关系反映的仍然是人与人之间的关系，只不过是一种间接关系。以人与制度的关系为例，在传统社会，虽然也不同程度地存在各种制度，但由于制度不健全，缺乏严格的规范和程序，办事因人而异。在现代法治社会，社会生活各个方面的法律和制度都不断完善，初步形成了有法可依的局面，这在很大程度上把传统社会人与人之间的直接伦理关系转化成了人与人之间以制度为中介的间接伦理关系。

三是从相对固定型关系向不固定型关系拓展。正是由于伦理关系从熟人关系向生人关系、从直接关系向间接关系的拓展，导致现代社会的伦理关系从相对固定型关系向不固定型关系发展。在传统社会，由于家庭是基本的生产和生活单位，血缘、姻亲、地缘关系是人们社会关系的主要纽带，人与人之间的伦理关系主要直接发生在熟人之间，这种直接发生在熟人之间的伦理关系显然是相对固定的。而在计划经济时代，除了先赋型的伦理关系之外，人们工作、生活的场所基本也是固定的，在城镇，人们从上学、到工作、再到退休直到去世都由单位负责；而在农村，人们的一生一般也是固定在一个相对固定的范围，很少发生流动。实行改革开放特别是发展社会主义市场经济以来，社会生产、生活的多样性和经济关系、社会关系的复杂性，不同单位和行业，不同地域甚至不同国家之间的流动日益频繁，使得个人的社会地位、角色和身份日益多重化，从而使得人与人之间的伦理关系也从相对固定走向多样变动。

四是现代虚拟伦理关系的发展，把人与人之间的关系引入虚拟性、全球性的信息关系层面。这种以虚拟性和开放性为特征的新的伦理关系的发展，也是现代社会伦理关系从封闭型向开放型转变的一个重要表现。

（二）从义务本位走向权利与义务的统一

中国传统社会的君主专制和宗法等级制度，是以家庭本位或整体本位为特征的，它强调依附服从，否定个人权利。因此，人与人之间的伦理关系在很大程度上是一种单向的权利关系和单向的义务关系：权利由贵、尊、上、长、男者享有，很少履行义务；义务为贱、卑、下、幼、女者履行，极少享有权利。从根本上说，中国传统伦理关系的这种单向的权利和义务关系，是以义务为本位的。可以说，中国传统社会的人本质上都是单向的"义务人"。甚至在计划经济时代，由于种种原因，伦理关系中的义务本位依然存在：人们的权利观念十分淡薄，强调的都是责任和义务，强调集体和社会利益，忽视甚至否定个人权利。

社会主义市场经济的发展和民主政治的进步，从根本上改变了这种义务本位的单向型伦理关系的局面。市场经济本身就肯定个人权利、鼓励个性全面发展、提倡平等竞争，而民主政治的一个重要前提就是公民的权利与义务的统一。因此，人们无论是作为市场主体还是国家公民，都既要履行一定的义务，又可以享有一定的权利。这反映到伦理关系上，一种新型的双向型的伦理关系开始兴起：主体双方都享有一定的权利，双方都要履行一定的义务，即使在尊卑、上下、长幼之间，也不再是单方面享有权利或单方面履行义务，而是互相享有权利、互相履行义务的双向型关系。这种权利与义务统一的双向型关系，不仅体现在个人与个人的关系层面，也体现在个体与集体、个人与社会的关系层面：传统社会权利与义务的不对等性，即个人是实现集体和社会整体价值的手段，集体和社会整体则是个人的目的的归宿的局面被打破了，在现代社会，个人对集体和社会也不仅有义务要求，而且也有权利的要求。

（三）从整体本位走向集体与个人的统一、既重集体也尊重个人的集体主义

在中国传统伦理关系中，个人与集体、个人与社会之间关系的基本取向是重群体和社会整体而轻个体的整体本位取向：个人对集体、社会有着极强的依附性。每个人都是由经济关系、政治关系、伦理关系交织而成的复杂关系网上的一个结；每个人都必须根据自己的等级身份或名分，严格按照三纲五常的原则和规范来活动。比如，儒家的群己观念，"就己对群的关系而言，即个人对社会的关系而言，强调'尽其在我'的人伦观。所谓'尽其在我'，是指在人伦关系中只要求己应对群尽义务履责任，用孔子的话来说就是'躬自厚而薄责于人'。"① 可见，中国传统社会伦理关系在个体与群体层面上，是绝对的整体至上和个体价值的忽视。个体必须依附于整体，丝毫不存在独立的人格和地位。在社会主义制度建立以后的计划经济时代，在个人与集体、个人与社会的关系上，社会秉持的仍然是重集体和社会整体而轻个人，个人服从集体的基本取向，带来的是个人正当权利的忽视和个人价值的湮没。

社会主义市场经济的发展，使忽视个人利益和个人价值的传统逐步得到纠正。在个人与集体、个人与社会层面，伦理关系是以个体与集体、社会的双向互动为基础的。我们坚持的社会主义集体主义，就是既坚持集体和社会利益的至上性，也肯定个人利益的正当性和合理性，最终目的是要促进集体利益与个人利益的和谐共生和同步实现。

一方面，我们坚持集体利益与个人利益的统一：集体利益对于个人利益来说，是个人的集体利益；个人利益对于集体利益来说，是集体的个人利益。集体利益是个人的集体利益说明了个人利益对于集体利益来说是至关重要的：从集体利益的构成上看，它是由该集体所属成员利益构成的有机整体；从性质上看，集体利益既统辖着个人利益，又必须尽可能体现最大多数成员的利益。个

---

① 蒋庆著：《政治儒学——当代儒学的转向、特质与发展》，三联书店 2003 年版，第 229 页。

人利益是集体的个人利益则说明了集体利益对个人利益来说也是至关重要的，因此，集体主义强调个人利益的集体性，反对个人主义。另一方面，集体利益与个人利益辩证统一的基础是集体利益。这就是说，集体利益与个人利益虽然都十分重要，但相比较而言，集体利益是出发点，对人的行为进行道德评价的标准是集体利益。

（四）从不平等走向平等

在个人与个人的关系层面，中国传统社会的伦理关系是一种典型的上下等级和主从依附关系。在这种关系中，人们相互依赖、上下等级依附，个人没有自由：在全国范围内，每个人都不仅要绝对服从君主的统治，而且要服从自己的顶头主人，自己是主人的奴仆；在行政区划内，老百姓必须绝对服从"父母官"；在家庭里，子要孝父、弟要尊兄、妻要从夫。如要求妇女"未嫁从父，既嫁从夫，夫死从子"，实质就是要求妇女从一而终，终生做男人的奴仆。这是一种在男女伦理关系上极端不平等的典型表现。

新中国成立以后，社会主义的经济制度、政治制度的建立，为实现人与人之间伦理关系的平等奠定了根本的基础。特别是随着社会主义市场经济的发展，平等观念日渐深入人心，我国伦理关系逐渐从不平等向平等的方向发展。这是因为，市场经济的基本规律即价值规律本身要求平等竞争、等价交换，在市场和商品面前，每个人都是以平等的身份出现的，而社会主义民主政治的发展，也是以全体公民在法律面前人人平等为前提的。人与人之间在经济上、政治上、法律上的平等，决定了在伦理关系上的平等。虽然，目前我国公民社会发育还不很成熟，公民意识有待进一步增强，但公民已经是社会最基本的行为主体，公民与单位、组织之间的关系不再是依附性的，公民独立自主的人格、平等与正当权利的观念都已经基本形成。

当然，我国社会伦理关系在发生了一系列积极变化的同时，也还存在一些消极现象。这些消极现象突出表现在以下几个方面：

其一，在权利与义务的关系上，总体上纠正了传统社会及计划经济时代的片面强调人的义务、忽视个人正当权利的义务本位，在一定程度上实现了权利与义务的对等。但是同时，在一部分人那里，市场经济的等价交换原则受到曲解，在权利与义务的关系上走向了另一个极端——只讲权利，不讲义务，从而造成了权利与义务关系的另一种对立。

其二，集体主义占据主导地位的同时，个人主义、享乐主义、拜金主义在一定范围内滋长蔓延。在传统社会以及计划经济时期倡导先人后己、舍己为人，轻视个人正当权利。随着社会主义市场经济的发展，个人的正当利益得到肯定，但是同时，在一部分人那里，走向了极端。一些人为了私利，不择手段，甚至无视党纪国法，损害他人、集体和国家利益，不顾职业道德和社会公德，搞不正当竞争。

其三，伦理关系中事实上的不平等现象。总体上看，社会主义经济、政治、法律制度的建立，为人与人之间伦理关系的平等奠定了根本基础，因而在总体上我国人与人之间的伦理关系已经实现了平等发展。但是，当前我国伦理关系中的不平等现象依然存在，它主要有两种情况：一种情况是传统社会和计划经济时代伦理关系不平等现象中未彻底解决的问题，如家庭内部成员如夫妻之间事实上的男尊女卑、干部特权、上下级之间的不对等现象等等。另一种情况则是随着我国经济和社会的发展而产生的新的不平等现象，比如社会上出现的分配不公、贫富差距问题，人们受教育的机会和条件事实上的不公平现象，在一些家庭内部存在的女尊男卑现象，等等。

其四，社会伦理关系的各个领域都不同程度地存在由于诚信缺失而导致的不和谐因素，比如，经济领域中的违约、欺诈、赖账赖债、假冒伪劣等诚信缺失现象；政治领域中的诚信缺失，主要表现为由于干部失信而导致的腐败现象，如贪污受贿、挥霍公款、任人唯亲甚至买官卖官等行为；文化领域中的诚信缺失，主要表现为学术造假、考试作弊、假文凭、假学历等等。诚信缺失扰乱了社会经济、政治和生活秩序，造成极大的经济风险、政治风险和道德风险，不仅增加了交易成本，造成社会资源的浪费，而且败坏了社会风气，直接导致社会伦理关系的不和谐。

当前我国社会伦理关系中存在的这些消极现象，对和谐社会建设提出了直接挑战。这些问题如果得不到及时有效的解决，势必影响社会关系的和谐，进而影响社会的整体和谐，从而损害我国和谐社会建设的大局，应该引起全社会的高度重视。

三、调整伦理关系，促进社会和谐

通过道德调整实现伦理关系的和谐，进而促进社会的整体和谐，应该成为我们构建社会主义和谐社会的一条重要思路。当前我国社会伦理关系的调整必须注意以下三个方面的问题：

（一）调整社会伦理关系，必须十分注重层次性

道德的层次性问题虽然早在上世纪80年代就开始受到少数学者的关注，但从总体上看，在我国伦理学研究和道德建设的传统理路中，道德的层次性问

题并未受到应有的足够重视。事实上，层次性问题是对道德研究的深化和精确化，关系到道德功能的发挥和道德建设的成效。因此，伦理学研究和道德建设都必须避免泛泛而论，而应该按照层次性的要求多角度、多层面地进行研究，从而把道德建设落到实处。就伦理关系的调整而言，层次性问题显得尤为重要。这是因为，如果不注重伦理关系调整的层次性，而仅仅停留在对道德调整的泛泛而论上，社会伦理关系的调整是不可能实现应有的目标的。具体地说，社会伦理关系调整的层次性主要包括主体层次、规范层次、目标层次等三个方面。

先看主体层次。从目前我国伦理关系的主体看，既有共产党员和领导干部，也有包括广大农民和工人、私营企业主和个体户等在内的普通群众；既包括成年人也包括未成年人。从主观方面看，不同的主体都会有不同的道德认识、道德情感和道德意志，从而产生不同的道德行为选择，并在很大程度上决定着其道德行为的善恶性质及其程度；从客观方面看，由于不同的主体在社会上扮演着不同的角色，承担着不同的道德责任和义务，因而用以调整其行为和关系的道德规范也不一样，应该有不同层次的道德要求：对共产党员和领导干部要有先进性的要求，对普通群众则要有广泛性要求，对成年人要有高标准的要求，对未成年人则要有低标准的要求。比如，对共产党员和领导干部要求他们先公后私甚至大公无私，对普通群众则仅要求他们辩证统一地对待个人与集体的关系，在不损害他人、集体和社会利益的前提下追求个人的正当利益。

再看规范层次。从道德规范对主体行为的要求看，道德规范可以分为从低到高许多不同的层次。这是因为，道德作为一种特殊的规范调解方式和实践精神，是现实性和理想性的统一：它不仅是对实然性伦理关系的反映，更重要的是以应然的方式能动地反映社会伦理生活。所谓道德规范的层次性，就是指在实然性与应然性、现实性和理想性之间存在不同的层次要求。从道德规范的总体看，我们至少可以把它划分为三个不同的层次：底线层次的"不损害他人"、中间层次的"利己利他"以及最高层次的"舍己利他"。《公民道德建设实施纲要》提出了二十字公民基本道德规范，即"爱国守法、明礼诚信、团结友善、勤俭自强、敬业奉献"，就是既有诸如"守法"这样的底线层次的道德要求，也有诸如"爱国"、"明礼"、"诚信"、"团结"、"勤俭"、"敬业"这样的中间层次的道德要求，还有诸如"友善"、"自强"、"奉献"这样的高层次的道德要求。

再看目标层次。对不同的主体适用不同的道德规范，因而在调节的手段上也应该有所区别。如《纲要》第一次把"守法"作为公民道德的一个基本规范,"守法"行为显然也是一种道德的行为。用守法这一规范去调节人们的行为,显然需要国家强制力作为后盾。而对于"友善"、"自强"、"奉献"这些高层次的道德要求,恐怕不能运用强制手段,更多只能诉诸舆论导向、教育感化等方式。不同的调整手段必然产生不同的效果,这就决定了调整的目标也应该具有层次性:对普通群众这一主体的调整目标与对共产党员、领导干部这种主体的调整目标应该有所区别;就普通群众而言,由于普通群众是一个范围非常广泛的概念,在它内部也包括不同年龄、不同文化程度、不同道德认识和觉悟水平,也可以分为许多不同的层次,因而对不同的主体应该确立不同的目标,根据不同的目标运用从"守法"到"奉献"不同层次的道德规范进行调整。

(二)调整社会伦理关系的着力点,是提倡角色美德、加强角色美德建设

如前所述,在伦理关系的网状体系中,每个人都是以一定的角色身份与他人、社会发生关系的。对于每一种社会角色,人们都有一定的道德要求和道德期待,社会总是根据人的角色身份对其进行道德评价。具有特定角色身份的人能否按相应的角色道德要求和道德期待来履行职责和义务,从根本上决定着该伦理关系是否和谐。从这个角度看,调整人与人之间的伦理关系,实质上就是要促使每个人都正确认识自己的角色身份,切实履行自己的角色职责和义务,从而实现主体双方的权利与义务,实现伦理关系的和谐。因此,提倡角色美德,加强角色美德建设,就成为当前我国社会主义伦理关系调整的着力点。

具体地说,当前加强角色美德建设主要应该从三个方面努力:一是要增强人们的角色意识。角色意识是具有特定角色的人认识到自己的社会角色身份,明确自己作为这一角色应该履行的职责和义务。显然,在角色意识中渗透着角色主体的自我认同、自我评价。角色意识的形成,既需要社会对特定角色的道德期待和培养教育,也需要角色主体自身加强道德修养。要使伦理关系主体正确认识和处理各种伦理关系,作出正确的行为选择,首先必须使之增强角色意识,正确认识自己在该伦理关系中的角色身份及相应的职责和义务。

二是要加强角色道德建设。角色道德是人们在伦理关系和社会生活中承担一定角色时所必须遵循的道德要求、行为准则及价值观念,其任务是调整角色之间以及特定角色与社会整体之间的利益关系。简言之,角色道德是基于调整角色利益关系的需要而形成的对社会角色的行为规范和道德要求。显然,建立应有的角色道德规范体系,也是当前加强角色美德建设的重要一环。只有这

样，才能使角色美德建设有章可循。

三是当不同的角色美德行为之间发生冲突的时候，必须增强人们的行为选择能力，化解角色道德冲突，走出角色道德困境。在现实社会生活中，人的社会角色往往是多重的。人的社会角色不同，社会对他的道德要求也不一样。从理论上说，人们对自己的每一种角色职责和义务都必须认真履行。在现实生活中，每个人必须履行的多重角色职责和义务之间，有些并不矛盾，有时则会发生矛盾甚至冲突。这种矛盾或冲突表现为人们对社会赋予自己作为不同角色的职责和义务的履行出现"顾此失彼"、"分身乏术"的局面。在现实性上，角色美德行为之间的矛盾和冲突往往使人在社会道德生活中面临困境：在互相冲突的多重角色美德行为之间，即在善与善、正价值与正价值之间的选择，往往会把人推向道德两难的境地。在这样的情况下，就需要主体进行正确的角色美德行为选择。为此，必须从提高主体的道德认识和道德选择能力入手，坚持正确的选择尺度，确立最优价值目标，自主地进行选择并勇于承担相应的道德责任，不断积累经验，从而使自己的角色美德行为选择更加理性、合理，从而减少角色道德困境。

（三）调整社会伦理关系，必须坚持道德教育与社会管理相结合，为实现伦理关系的和谐营造良好的社会伦理环境

伦理关系的调整是一项复杂的社会系统工程。在当前社会主义市场经济条件下调整各种伦理关系，应该从提升主体内在的道德品质、道德修养和加强外部制度的规范和制约两个方面同时努力，既要加强道德教育，普及道德知识和道德规范，促使人们加强道德修养，形成良好的道德品质，提升自己的道德境界，又要建立健全有关的法律法规和制度，把伦理关系的调整纳入有效的社会管理之中。

一般地说，道德教育的根本任务就是要提高人们的道德认识水平，倡导诸如伦理正义的伦理共识和道德观念，引导人们把规范、制度的外在约束转化为自身的内在约束，充分发扬人的主体自觉性和人类精神的自律。因此，只有继续加强道德教育，从知、情、意等方面提高人们的道德认知水平，通过道德的教化、激励以及自觉修养等手段，才能使人们养成道德习惯，形成道德品质，提升道德境界。同时，光有道德教育是不够的，道德教育必须与社会管理相结合，"逐步完善道德教育与社会管理、自律与他律相互补充和促进的运行机制，综合运用教育、法律、行政、舆论等手段，更有效地引导人们的思想，规

范人们的行为。"①

    当前,加强社会管理最重要的途径是通过建立道德立法和制定道德政策来加强国家的道德干预。"只有通过道德法和道德政策的途径","按照善的现代目标进行道德法与道德政策的制定和实施,通过它们使人走向更高的生活目标,直至达到那个最高的善——那个和谐与有序的人类生活状态"②。可见,只有在加强道德教育的同时,建立健全相关法律和制度,把伦理秩序的构建纳入有效的社会管理之中,综合运用教育、法律、行政、舆论等各种手段,才能真正把德性伦理和制度伦理的建设结合起来,把自律与他律结合起来,从而在全社会形成良好的伦理环境,为人们正确认识和处理各种伦理关系提供坚实的社会基础。

---

① 转引自《<公民道德建设实施纲要>学习读本》,人民出版社2001年版,第4页。

② 丁大同:《国家与道德》,山东人民出版社2007年版,第170页。

参考文献

一、中文文献

（一）中文著作

1. 蔡守秋：《调整论》，北京，高等教育出版社 2003 年版。

2. 柴文华，孙超，蔡惠芳著：《中国人伦学说研究》，上海，上海古籍出版社 2004 年版。

3. 陈瑛：《中国伦理思想史》，贵阳，贵州人民出版社 1985 年版。

4. 崔平：《道德经验批判》，上海，上海文化出版社 2006 年版。

5. 丁大同：《国家与道德》，济南，山东人民出版社 2007 年版。

6. 樊公裁：《黑格尔的实体学说与当代哲学思潮》，天津，天津人民出版社 1995 年版。

7. 樊浩：《道德形而上学体系的精神哲学基础》，北京，中国社会科学出版社 2006 年版。

8. 费孝通：《乡土中国》，北京，北京出版社 2005 年版。

9. 高兆明：《制度公正论》，上海，上海文艺出版社 2001 年版。

10. 高兆明、李萍等著：《现代化进程中的伦理秩序研究》，北京，人民出版社 2007 年版。

11. 葛晨虹：《德化的视野——儒家德性思想研究》，北京，同心出版社 1998 年版。

12. 龚群：《当代中国社会伦理生活》，成都，四川人民出版社 1998 年版。

13. 郭湛：《主体性哲学》，昆明，云南人民出版社 2002 年版。

14. 何怀宏：《契约伦理与社会正义》，北京，中国人民大学出版社 1993 年版。

15. 洪远朋，卢志强，陈波：《社会利益关系演进论》，上海，复旦大学出版社 2006 年版。

16. 胡守钧：《社会共生论》，上海，复旦大学出版社 2006 年版。

17. 胡必亮：《关系共同体》，北京，人民出版社 2005 年版。

18. 胡贤鑫：《〈资本论〉伦理思想研究》，武汉，湖北人民出版社 2006 年版。

19. 黄建中：《比较伦理学》，济南，山东人民出版社 1998 年版。

20. 蒋庆著：《政治儒学——当代儒学的转向、特质与发展》，北京，三联书店 2003 年版。

21. 焦国成：《中国古代人我关系论》，北京，中国人民大学出版社 1991 年版。

22. 李德顺，孙伟平：《道德价值论》，昆明，云南人民出版社 2005 年版。

23. 李建华：《法治社会中的伦理秩序》，北京，中国社会科学出版社 2004 年版。

24. 李泽厚：《论语今读》，北京，三联书店 2004 年版。

25. 梁漱溟：《梁漱溟全集》第 1 卷，济南，山东人民出版社 1989 年版。

26. 廖申白，孙春晨：《伦理新视点——转型期社会伦理与道德》，北京，中国社会科学出版社 1997 年版。

27. 廖小平：《伦理的代际之维》，北京，人民出版社 2004 年版。

28. 林春逸：《发展伦理初探》，北京，社会科学文献出版社 2007 年版。

29. 卢风，肖巍：《应用伦理学导论》，北京，当代中国出版社 2002 年版。

30. 罗国杰，宋希仁：《西方伦理思想史》上、下卷，北京，中国人民大学出版社 1985 年版。

31. 罗国杰：《伦理学》，北京，人民出版社 1989 年版。

32. 罗国杰：《道德建设论》，长沙，湖南人民出版社 1997 年版。

33. 陆学艺：《社会学》，北京，知识出版社 1996 年版。

34. 茅于轼：《法律 道德 制度》，郑州，河南人民出版社 2002 年版。

35. 蒙培元：《情感与理性》，北京，中国社会科学出版社 2002 年版。

36. 倪愫襄：《善恶论》，武汉，武汉大学出版社 2001 年版。

37. 庞树奇，范明林：《普通社会学理论》，上海，上海大学出版社 2000 年版。

38. 强昌文：《契约伦理与权利》，济南，山东人民出版社 2007 年版。

39. 任剑涛：《道德理想主义与伦理中心主义》，北京，东方出版社 2003 年版。

40. 任平：《交往实践与主体际》，苏州，苏州大学出版社 1999 年版，

41. 沈亚平：《社会秩序及其转型研究》，保定，河北大学出版社 2002 年版。

42. 宋希仁：《伦理的探索》，河南，河南人民出版社 2003 年版。

43. 宋希仁：《社会伦理学》，太原，山西教育出版社 2007 年版。

44. 唐凯麟：《伦理学》，北京，高等教育出版社 2001 年版。

45. 魏英敏：《新伦理学教程》，北京，北京大学出版社 1993 年版。

46. 万俊人：《寻求普世伦理》，北京，商务印书馆 2001 年版。

47. 万俊人：《现代西方伦理思想史》上下册，北京，北京大学出版社 1990、1992 年版。

48. 汪怀君：《人伦传统与交往伦理》，济南，山东大学出版社2007年版。

49. 王浦劬：《政治学基础》，北京，北京大学出版社1995年版。

50. 王伦光：《价值追求与和谐社会构建》，杭州，浙江大学出版社2006年版。

51. 王先谦：《荀子集注》，北京，中华书局1988年版。

52. 谢晖：《法学范畴的矛盾辨思》，济南，山东人民出版社1999年版。

53. 夏伟东：《道德本质论》，北京，中国人民大学出版社1991年版。

54. 夏伟东，李颖，杨宗元：《论个人主义思潮》，北京，高等教育出版社2006年版。

55. 夏甄陶：《人是什么》，北京，商务印书馆2000年版。

56. 肖群忠：《伦理与传统》，北京，人民出版社2006年版。

57. 刑建国，汪青松，吴鹏森：《秩序论》，北京，人民出版社1993年版。

58. 徐大同主编：《西方政治思想史》，天津，天津人民出版社1985年版。

59. 徐儒宗：《人和论——儒家人伦思想研究》，北京，人民出版社2006年版。

60. 严士凡：《秩序与繁荣》，北京，中国社会科学出版社2005年版。

61. 杨伯峻：《论语译注》，北京，中华书局1980年版。

62. 杨伯峻：《孟子译注》，北京，中华书局2003年版。

63. 杨方：《第四条思路——西方伦理学若干问题宏观综合研究》，长沙，湖南大学出版社2003年版。

64. 杨国荣：《理性与价值》，上海，三联书店1998年版。

65. 杨弘，刘彤：《现代政治学分析基础》，北京，人民出版社2004年版。

66. 杨金海：《人的存在论》，南宁，广西人民出版社1995年版。

67. 姚纪纲：《交往的世界——当代交往理论探索》，北京，人民出版社2002年版。

68. 姚新中：《道德活动论》，北京，中国人民大学出版社1990年版。

69. 易法建：《道德场论》，长沙，湖南教育出版社2001年版。

70. 衣俊卿：《现代化与日常生活批判》，北京，人民出版社2005年版。

71. 余涌：《道德权利研究》，北京，中央编译出版社2001年版。

72. 张岱年：《中国伦理思想研究》，上海，上海人民出版社1989年版。

73. 张岱年，方克立：《中国文化概论》，北京，北京师范大学出版社1994年版。

74. 张康之：《公共管理伦理学》，北京，中国人民大学出版社2003年版。

75. 张文显：《法理学》，北京，高等教育出版社2003年版。

76. 张再林：《中西哲学的歧异与会通》，北京，人民出版社2004年版。

77. 章海山：《西方伦理思想史》，沈阳，辽宁人民出版社1984年版。

78. 郑杭生：《社会行动的意义效应》，北京，中国人民大学出版社2005年版。

79. 曾钊新，吕耀怀：《伦理社会学》，长沙，中南大学出版社2002年版。

80. 《中国大百科全书·社会学卷》，北京，中国大百科全书出版社1991年版。

81. 周辅成主编：《西方伦理学名著选辑》上下册，北京，商务印书馆1964年版

82. 周志山：《马克思社会关系理论及其当代意义》，济南，齐鲁书社 2004 年版。

83. 周中之，黄伟合：《西方伦理文化大传统》，上海，上海文化出版社 1991 年版。

84. ［宋］朱熹：《四书章句集注》，北京，中华书局 2003 年版。

85. 朱贻庭主编：《伦理学大辞典》，上海，上海辞书出版社 2002 年版。

86. 竹立家：《道德价值论》，北京，中国人民大学出版社 1998 年版。

（二）中文译著

1. ［苏］阿尔汉格尔斯基主编，赵春福等译：《伦理学研究方法论》，北京，中国广播电视出版社 1992 年版。

2. ［古希腊］柏拉图著，郭斌和等译：《理想国》，北京，商务印书馆 1986 年版。

3. 北京大学哲学系外国哲学史教研室编译：《古希腊罗马哲学》，北京，商务印书馆 1961 年版。

4. ［美］汤姆·L·彼彻姆著，雷克勤等译：《哲学的伦理学》，北京，中国社会科学出版社 1990 年版。

5. ［意］丹瑞欧康波斯塔著，李磊，刘玮译：《道德哲学与社会伦理》，哈尔滨，黑龙江人民出版社 2005 年版。

6. ［德］尤尔根·哈贝马斯著，洪佩郁，蔺青译：《交往行动理论》第 1 卷，重庆，重庆出版社 1994 年版。

7. ［德］尤尔根·哈贝马斯著，张博树译：《交往与社会进化》，重庆，重庆出版社 1989 年版。

8. ［英］哈耶克著，邓正来译：《自由秩序原理》，北京，三联书店 1997 年版。

9. ［德］黑格尔著，范扬，张企泰译：《法哲学原理》，北京，商务印书馆，1996 年版。

10. ［德］康德著，关文运译：《实践理性批判》，北京，商务印书馆 1960 年版。

11. ［苏］拉契科夫主编，王中宪，谭英秋译：《社会关系》，北京，东方出版社 1991 年版。

12. ［法］卢梭著，李平沤译：《爱弥儿》，北京，商务印书馆 1978 年版。

13. ［法］卢梭著，何兆武译：《社会契约论》，北京，商务印书馆 1980 年版。

14. ［美］约翰·罗尔斯著，何怀宏，何包钢，廖申白译：《正义论》，北京，中国社会科学出版社 1988 年版。

15. 《马克思恩格斯全集》第 1、3、42、46（上）（下）等卷，北京，人民出版社 1956、1960、1979、1980 年版。

16. 《马克思恩格斯选集》第 1~4 卷，北京，人民出版社 1995 年版。

17. ［美］麦金太尔著，万俊人译：《谁之正义？何种合理性》，北京，当代中国出版社 1996 年版。

18. ［法］孟德斯鸠著，张雁深译：《论法的精神》，北京，商务印书馆 1961 年版。

19. ［苏］M. A. 帕尔纽克等著，安启念等译：《主体与客体》，沈阳，辽宁大学出版社 1990 年版。

20. ［德］斐迪南·滕尼斯著，林荣远译：《共同体与社会》，北京，商务印书馆 1999 年版。

21. ［美］乔纳森·特纳著，邱泽奇等译：《社会学理论的结构》，北京，华夏出版社 2001 年版。

22. ［英］休谟：《道德原则研究》，北京，商务印书馆 2001 年版。

23. ［古希腊］亚里士多德著，吴寿彭译：《政治学》，北京，商务印书馆 1965 年版。

24. ［古希腊］亚里士多德著，苗力田译：《尼各马可伦理学》，北京，中国人民大学出版社 2003 年版。

（三）期刊文章

1. 曹鸿飞，吕锡琛：《从马斯洛的需要理论看个体的道德需要》，《现代大学教育》 2004 年第 2 期。

2. 程立显：《试论道德权利》，《哲学研究》1984 年第 8 期。

3. 陈爱华：《当前我国道德生活中伦理关系及其新问题的探索与思考》，《晋阳学刊》 2010 年第 2 期。

4. 丁大同：《论道德秩序》，《理论与现代化》2003 年第 6 期。

5. 樊浩：《人伦坐标与伦理秩序》，《学术研究》1998 年第 1 期。

6. 樊浩：《道德哲学体系中的个体、集体与实体》，《道德与文明》2006 年第 3 期。

7. 冯契：《论社会伦理关系和道德品质》，《华东师范大学学报（哲学社会科学版)》 1996 年第 2 期。

8. 高兆明：《"伦理秩序"辨》，《哲学研究》2006 年第 6 期。

9. 葛晨虹：《建立道德奉献与道德回报机制》，《道德与文明》2001 年第 3 期。

10. 葛晨虹：《道德是什么及其在社会中的功能体现》，《西北师范大学学报》2004 年第 6 期。

11. 葛晨虹，朱海林：《伦理信用与信用伦理》，《江西社会科学》，2006 年第 9 期。

12. 龚群：《论社会伦理关系》，《中国人民大学学报》1999 年第 4 期。

13. 韩升：《伦理与道德之辨正》，《伦理学研究》2006 年第 1 期。

14. 贺来：《'群'与'己'：边界及其规则》，《学术月刊》2006 年第 12 期。

15. 焦国成：《试论社会伦理关系的特质》，《哲学研究》2009 年第 7 期。

16. 康健：《个人与社会关系问题的传统理解及其出路》，《上海行政学院学报》2001 年第 3 期。

17. 李宏：《论马克思对黑格尔法哲学的超越》，《河南师范大学学报（哲学社会科学版）》2005 年第 9 期。

18. 李建华，张善焱：《市场秩序、法律秩序、道德秩序》，《哲学动态》2005 年第 4 期。

19. 李秀筠：《试论伦理关系范畴》，《河南大学学报（哲学社会科学版）》1988 年第 3 期。

20. 刘晓虹：《从群体原则到整体主义》，《文史哲》2002 年第 4 期。

21. 刘作民：《二十年来我国道德原则研究综述》，《理论学刊》2003 年第 6 期。

22. 鲁洁：《关系中的人：当代道德教育的一种人学探寻》，《教育研究》2002 年第 1 期，

23. 马尽举：《论道德秩序》，《河南大学学报（社会科学版）》1991 年第 6 期。

24. 庞正：《论法律调整的内在局限性及其与道德调整的协调发展》，《社会科学战线》2002 年第 6 期。

25. 宋成一：《价值关系：人与外部世界的最高关系范畴》，《学术论坛》2001 年第 1 期。

26. 宋惠昌：《社会结构的变革和集体主义道德原则的发展》，《理论前沿》2002 年第 13 期。

27. 宋希仁：《论伦理关系》，《中国人民大学学报》2000 年第 3 期。

28. 宋希仁：《论伦理秩序》，《伦理学研究》2007 年第 5 期。

29. 唐克军，赵北平：《孔子的人伦观与马克思的社会关系论》，《江汉论坛》1996 年第 9 期。

30. 田海平：《全球化、高技术、市场经济背景下中国和谐伦理关系的调查研究》，《江海学刊》2010 年第 3 期。

31. 王晓霞：《当代中国人际关系的文化传承》，《南开学报》2000 年第 3 期。

32. 吴洁珍，万俊人：《伦理秩序与道德资源》，《马克思主义与现实》1999 年第 6 期。

33. 吴沁芳：《社会分层与和谐伦理关系的构建》，《学术交流》2009 年 2 月。

34. 夏伟东：《需要与道德关系的马克思主义诠释》，《南京社会科学》1991 年第 2 期。

35. 肖群忠：《道德究竟是什么》，《西北师大学报》2004 年第 6 期。

36. 肖群忠：《伦理学基本问题新论》，《道德与文明》2007 年第 1 期。

37. 肖雪慧：《论调节个人与社会之间关系的道德原则》，《学习与探索》1988 年第 4 期。

38. 徐惟诚：《六十年来中国人伦理关系变化的客观条件》，《道德与文明》2010 年第 1 期。

39. 阎云翔：《差序格局与中国文化的等级观》，《社会学研究》2006 年第 4 期。

40. 杨清荣：《略论制度伦理与德性伦理的关系》，《道德与文明》2001 年第 6 期。

41. 杨楹：《论马克思解放理论的伦理旨趣》，《哲学研究》2005 年第 8 期。

42. 尧新瑜：《"伦理"与"道德"的三重比较义》，《伦理学研究》2006 年第 4 期。

43. 余常德：《简论社会关系"总和"的实现过程》，《探索》1996 年第 3 期。

44. 郁建兴：《黑格尔伦理实体的自由概念》，《社会科学战线》2000 年第 3 期。

45. 詹世友：《伦理实体：道德教化的社会环境支持》，《甘肃理论学刊》2000 年第 1 期。

46. 张岱年：《中国伦思想的基本倾向》，《社会科学战线》，1989 年第 1 期。

47. 张宏：《个人与社会价值的选择》，《学术研究》1995 年第 6 期。

48. 张尚仁：《简论社会关系的层次》，《现代哲学》1989 年第 1 期。

49. 曾钊新：《道德关系的特殊矛盾》，《道德与文明》1985 年第 6 期。

50. 郑也夫：《伦理与道德的局限和代价》，《浙江学刊》1995 年第 2 期。

51. 邹渝：《厘清伦理与道德的关系》，《道德与文明》2004 年第 5 期。

52. 朱海林：《论伦理关系的本质》，《道德与文明》2008 年第 4 期。

53. 朱海林：《伦理关系是实体性的还是非实体性的》，《湖南科技大学学报》（社科版）2010 年第 4 期。

54. 朱海林：《论伦理关系的结构》，《河南师范大学学报》（哲社版）2010 年第 3 期。

55. 朱海林：《角色美德与行为选择》，《湖州师范学院学报》2010 年第 3 期。

56. 朱海林：《道德调节：和谐社会的伦理支撑》，《湖南科技大学学报》2008 年第 2 期。

57. 朱海林：《自爱、自私、利己辨析》，《沈阳建筑大学学报》，2007 年第 1 期。

58. 朱海林：《自爱与利己：西方德性论与功利论伦理学对立的元点》，《兰州学刊》2006 年第 9 期。

59. 朱海林：《略论先秦诸子义利观》，《船山学刊》2005 年第 1 期。

二、英文文献

1. Blum, Lawrence A.：Friendship, altruism, and morality. London ：Routledge & Kegan Paul, 1980.

2. Gert, Bernard：Morality ：a new justification of the Moral rules. New York ：Oxford University Press, 1988.

3. Triandis, H. C. Individualism & Collectivism. Boulder, San Francisco and Oxford：Westview Press, 1995.

4. Emile Durkeim：On Morality and Society. ed. by R. N. Bellah, University of Chicago Press, 1973.

5. Peffer, R. G. ：Marxism, morality, and social justice. Princeton, N. J. ：Princeton University Press, c1990.

6. Jekins, Iredell: Social Order and the Limits of Law. Princeton, N, J. : Princeton University Press, 1980.

7. Kurtines, William M. : Morality, moral behavior, and moral development. New York : Wiley, c1984.

8. Seib, Philip M. : Public relations ethics. Fort Worth, TX : Harcourt Brace College Publishers, c1995.

9. Cane, Peter: Responsibility in law and morality. Oxford ; Portland, Ore. : Hart, 2002.

10. Kagan, Shelly: The limits of morality. Oxford : Clarendon Press ; New York : Oxford University Press, 1989.

11. Hampshire, Stuart: Public and private morality. Cambridge ; New York : Cambridge University Press, 1978.

后 记

　　本书是在我的博士论文的基础上完成的。在本书付梓之际，我首先要感谢我的导师葛晨虹教授。从论文的选题、构思、写作到本书的完成，都凝聚着葛老师的心血和汗水。葛老师担负着繁重的教学、科研和行政工作，但自始至终都密切关注着本书的写作。葛老师不仅是我的授业恩师，更是我的人生导师。多年来，葛老师严谨求实的人品学品、积极乐观的处世态度时时感染、激励着我，葛老师的备至关怀、谆谆教诲，使我如沐春风，受益终生。

　　宋希仁教授也对本书的写作给予了亲切关怀和切实指导。在论文的写作过程中我曾几度拜望宋老师，宋老师每次都不惜腾出很长时间为我解迷解惑；在成书的过程中，宋老师又提出了许多极富针对性的建设性意见。本书许多地方都能明显看出宋老师的思想印记。这么长时间过去了，宋老师那"既然你是人大的学生，那也就是我的学生"的话语言犹在耳，其师德、其人品令我感动不已，终生难忘。

　　在博士论文的写作过程中，还得到了人大伦理学教研室焦国成、龚群、肖群忠、吴潜涛、曹刚、许茂森、郭清香等各位老师的指导和帮助。在论文评审和答辩过程中，宋希仁、龚群、竹立家、田秀云、曹刚等各位老师对论文给予了充分的肯定，并提出了很多宝贵的建设性意见。这一切都为本书的修改和完善打下了坚实的基础。

　　我的工作单位昆明理工大学党委副书记孙书行同志、社科学院樊勇书记、韩跃红院长等诸位领导对本书的出版给予了真诚关怀；光明日报出版社责任编辑宋悦同志为本书的出版倾注了大量心血；同时，本书吸收了很多学术界已经取得的研究成果，参考了大量的相关文献，在此一并表示谢意。尽管如此，本书对伦理关系的研究还只是初步的，一些见解和观点不免浅陋，唯盼同仁和读者批评指正，亦望更多学人关注伦理关系研究。

在博士求学期间，人大哲学院的诸多同学都给了我许多无私帮助。特别是师门内外众位同学的互相扶携，3号楼201室众位室友的真诚无间，不仅使我收获到一份份纯真的友情，也为我学业上的不断进取提供了不竭动力。张霄、胡启勇、王常柱、杨豹、贾雪丽、刘玮玮、周才春、孙会娟、金焕玲、王彦东、郑小九……一个个温暖璀璨的名字，都成了我记忆中一道道永恒亮丽的风景；201这个简单而又特殊的数字，也已成为我一生都永远删之不去的美好记忆。

感谢我的硕士同学李涛、吉凯给予我的精神支持和物质帮助。与他们的相识相知，是上天赐予我们不可多得的缘分。他们的同窗之谊和手足之情，是我永远无法忘却的美好记忆，更是我一生都无比受用的精神财富。

还要特别感谢我的妻儿。妻子的理解和支持是我最大的动力，在我读硕士、博士长达六年的时间里，在本书的修改和完善过程中，她都承担了持家和照顾儿子的全部重任，使我没有后顾之忧；儿子的向上和可爱是我最大的慰藉，在我在外求学的日子里，儿子的笑脸犹如希望之灯，使我在困难中勇往直前，在曲折中看到希望。

刚刚过去的几年，我是紧张的，也是充实的；走在"问学"的道路上，我是艰苦的，也是幸福的。在学业、工作、生活上的各种压力面前，至爱师友和亲朋的关心、帮助和鼓励，给了我无尽的力量，使我的学业终于有了一个新的开始。《诗经》有云："靡不有初，鲜克有终"。虽然学术的道路充满艰辛，但我会伴着师友和亲朋的教益和关怀坚持走下去，直到永远。

朱海林

2010年10月于昆明理工大学